创业实务教程（第三版）

Entrepreneurial Practice

3rd edition

李宇红　王思鸣　主编

北京大学出版社
PEKING UNIVERSITY PRESS

图书在版编目(CIP)数据

创业实务教程/李宇红,王思鸣主编.—3版.—北京:北京大学出版社,2023.8
ISBN 978-7-301-34243-5

Ⅰ.①创… Ⅱ.①李… ②王… Ⅲ.①大学生—创业—教材 Ⅳ.①G647.38

中国国家版本馆CIP数据核字(2023)第137696号

书　　　名	创业实务教程(第三版)
	CHUANGYE SHIWU JIAOCHENG(DI-SAN BAN)
著作责任者	李宇红　王思鸣　主编
责 任 编 辑	任京雪
标 准 书 号	ISBN 978-7-301-34243-5
出 版 发 行	北京大学出版社
地　　　址	北京市海淀区成府路205号　100871
网　　　址	http://www.pup.cn
微信公众号	北京大学经管书苑(pupembook)
电 子 邮 箱	编辑部 em@pup.cn　　总编室 zpup@pup.cn
电　　　话	邮购部 010-62752015　发行部 010-62750672　编辑部 010-62752926
印 刷 者	河北滦县鑫华书刊印刷厂
经 销 者	新华书店
	787毫米×1092毫米　16开本　18.25印张　440千字
	2012年1月第1版　2015年1月第2版
	2023年8月第3版　2023年8月第1次印刷
定　　　价	48.00元

未经许可,不得以任何方式复制或抄袭本书之部分或全部内容。
版权所有,侵权必究
举报电话:010-62752024　电子邮箱:fd@pup.cn
图书如有印装质量问题,请与出版部联系,电话:010-62756370

第三版前言

党的二十大在我国进入全面建设社会主义现代化国家新征程的关键时刻召开。大会科学谋划部署了未来五年乃至更长时期党和国家事业发展的战略任务与重大举措。未来五年是全面建设社会主义现代化国家开局起步的关键时期,对国家的发展至关重要。对于创新创业,大会强调推动中华优秀传统文化创造性转化、创新性发展;坚持科技是第一生产力、人才是第一资源、创新是第一动力,深入实施科教兴国战略、人才强国战略、创新驱动发展战略,开辟发展新领域新赛道,不断塑造发展新动能新优势。

世界各主要发达国家的高等院校对创业教育非常重视,仅以美国为例,创业教育教学成为其商学院与工程学院中发展最快的专业学术领域之一,有近千所学院的本科和研究生都开设了与创业相关的课程。近十年来,我国各地各部门深入实施创新驱动发展战略,大力推进创新创业工作,催生了大量市场主体,有力支撑了就业特别是高校毕业生就业,促进了新动能快速成长,增强了经济发展内生动力。创业教育教学也随着经济的快速发展以及社会就业需求和结构的变化而迅速发展。一半以上的院校都开设了与创业相关的课程。本书正是在这样的背景下,坚持正确的政治方向,明确正确的价值导向,坚持马克思主义指导地位,充分反映党的二十大精神及党的理论创新成果,注重发挥教材立德树人的作用,深入挖掘市场规律和创业相关理论,结合社会经济发展对创业人才的素质能力需要,对创业理论及实践体系进行创新性的整合。本书打破传统的章节编排方式,跳出理论知识框框,以创业典型任务和职业能力分析为依据,按照创业过程展开教材内容,以实践活动为核心,带动相关知识学习,边做边学;通过实际创业情境提供落地的理论和操作方法,强化技能训练,达到理论与实践融会贯通,实现能力导向的目标。

本书第一版、第二版由北京联合大学李宇红教授主编,第三版由北京经贸职业学院王思鸣老师对全书结构进行了调整,新编了大部分案例,并根据党的二十大以来国家颁布的相关制度规定和要求,按照新的创业相关法律法规进行了修订,增加了素质教育的内容。

本书第一版和第二版的其他作者也参与了新版的编写工作:殷智红老师和吕广革老师负责第一章;陈道志老师和彭爱美老师负责第二章;赵玮老师和张苏雁老师负责第三章和第四章;杨洁老师和李亚梅老师负责第五章;王文媛老师和韩维熙老师负责第六章;覃永贞老师和敖静海老师负责第七章;彭爱美老师和殷智红老师负责第八章和第九章。

本书的设计借鉴了国际劳工组织的创业教育理念,并参考了人力资源和社会保障部SYB(Start Your Business,创办你的企业)师资培训体系,在此鸣谢。同时也感谢许多同行和亲朋好友在本书编写过程中的鼎力相助。感谢本书所参阅的文献的作者给予的灵感。

作者于北京

2023 年 3 月

目 录
contents

第一章　创业者评估 / 001
　　第一节　创业概述 / 003
　　第二节　创业精神与创业意识 / 007
　　第三节　国内外大学生的创业发展进程 / 010
　　第四节　创业素质评估 / 016
　　第五节　创业条件评估 / 026

第二章　了解创业 / 048
　　第一节　企业及其类型 / 049
　　第二节　企业法律常识 / 052
　　第三节　创业政策 / 067
　　第四节　创办企业准备——企业构思 / 068

第三章　分析创业环境 / 074
　　第一节　创业的外部环境 / 075
　　第二节　创业环境的分析方法 / 079
　　第三节　创业信息的收集方法 / 080

第四章　分析顾客和市场 / 087
　　第一节　了解顾客 / 088
　　第二节　确定目标顾客 / 089
　　第三节　评估目标市场 / 094
　　第四节　收集竞争对手信息 / 097
　　第五节　确定盈利模式 / 098

第五章　确定营销策略　/ 107

第一节　产品策略　/ 108

第二节　价格策略　/ 115

第三节　渠道策略　/ 118

第四节　促销策略　/ 128

第六章　创业财务分析　/ 140

第一节　创业资金需求　/ 141

第二节　流动资金预算　/ 143

第三节　销售预测分析　/ 145

第四节　利润计划方法　/ 149

第七章　制订创业计划　/ 158

第一节　创业计划书的构思与构成　/ 158

第二节　创业计划书的编写案例　/ 160

第三节　创业计划书的编写说明　/ 171

第四节　创业计划书的评估　/ 172

第八章　开办企业　/ 178

第一节　办理工商登记　/ 178

第二节　办理税务登记　/ 182

第三节　购买商业保险　/ 184

第九章　创业企业管理　/ 186

第一节　组织构建与管理　/ 187

第二节　建立管理制度和工作流程　/ 198

附　件　/ 215

参考文献　/ 283

第一章

创业者评估

知识与能力目标

了解创业的概念、创业精神与创业意识,熟悉国内外大学生的创业发展进程,掌握创业素质评估的基本内容和条件。

实训与素养目标

培养学生初步的创业意识和正确的就业观念;通过相关评估方法,使学生更好地把握自身特点并合理规划未来发展方向;结合当前市场环境,多元化、多角度提升学生的就业能力。

创业情境

张伟和王军的创业历程(1)

张伟和王军是电子商务专业的学生,经过大学期间长时间的学习,二人掌握了本专业相关的理论知识,同时也成为生活中的好朋友。大学期间,他们作为项目发起人,联合计算机专业、设计专业的学生组成项目组,参加了"大学生创业大赛",其"×××乡村电商文创改造建设"项目获得了大学生创业大赛一等奖。初入大学时,张伟就对电子商务专业有着自己独到的见解,对各类理论课程掌握得都比较扎实,而且作为班长,他经常组织班里的同学开展班级活动,积累了较丰富的团队领导经验。通过理论学习并不断积累市场经验,他对市场中的新需求比较敏感,基于当前互联网技术以及新媒体运营技术的不断完善,他策划并实施了个人第一次创业实践项目。

通过调研,张伟了解到,由于学校距离市中心较远,地理位置偏僻,许多日常生活用品和食品无法快速地送到学生手中;同时,校园周边便利店较少,商品较为缺乏,从而导致市场需求与供给之间存在"时间差"。为了解决这一问题,张伟联系好友王军从流通速度较快的日用品下手,以电子商务专业学生为基础,开始了校园拼团活动。最初,张伟和王军的校园团购群中不足50人,但他们每天向群内发布商品团购信息,通过各类宣传手段提升校园拼团的规模。3个月后,群中人数达到了300人,订单量能够达到日均20单,并将商品的品类扩充到了人气火爆的"网红"类产品。"高峰期时,一个月的收入能够达到3万～5万元",王军说。

校园拼团项目使张伟和王军赚到了人生的第一桶金,但由于管理效率、技术能力等问题的困扰,他们的拼团热度只持续了一个学期,假期后就鲜为人知了。本次创业实践项目结束后,二人总结了相关经验,也收集了当前电子商务行业的热点和动向,准备重新组建团队,开启新一阶段的创业实践。作为电子商务专业的学生,他们具备较强的理论功底和创新能力,能够捕捉身边的需求空白点,完成前期调研和项目计划书的撰写,但在财务管理、资金管理、成本管理、数据分析以及新媒体运营等方面还缺乏实战经验。要完成一次成功的创业实践,他们需要对自身的能力有一个客观的认识,树立创业精神和创业意识,组建完整的创业团队,使项目具备差异性、持续性和成长性。创业是一项伟大的事业,需要团队树立坚定的目标,坚韧不拔地曲折前行,张伟和王军即将重新起航。

当今的中国对创新创业高度重视,在产业结构调整、加速转型升级的背景之下,对于个人来说,无论年龄大小、学历高低、出身如何,当具备充分的创业条件时,选择成为一名创业者,就是选择了成功的可能。重点是潜在的创业者是否有创业的想法?是否有创业的勇气?能否承担创业的风险?在成为一名创业者之前,评估自身是否具备创业精神和创业意识是关键的一步。通过本章的学习,你要确定以下几个方面:

- 你是否了解创业?
- 你的创业精神是什么?它有哪些优势与不足?
- 你的创业意识是什么?它有哪些优势与不足?
- 你的就业观念是什么?
- 你如何选择创业项目?

2019年以来,受新冠疫情的影响,大学生就业工作迎来了更多的挑战和不确定性。首先,就业岗位数量的减少导致毕业生的可选择范围变小,竞争压力增大。BOSS直聘发布的《2020应届生春招求职趋势报告》显示,2020年春招企业的招聘需求量同比下降22%。疫情的暴发使部分行业不断延迟复工时间,特别是服务、餐饮、旅游等行业受创严重,招聘需求量急剧下降。庞大的毕业生数量与招聘需求量不匹配,导致部分大学生陷入就业困境。

面对严峻的就业压力,高校大学生毕业后直接就业已不再是其唯一的选择,党的二十大报告提出,完善科技创新体系,坚持创新在我国现代化建设全局中的核心地位,必须坚持科技是第一生产力、人才是第一资源、创新是第一动力,完善促进创业带动就业的保障制度,支持和规范发展新就业形态,这充分表明了国家对大学生创新创业工作的关注与重视。高校大学生拥有丰富的理论知识和灵活的创新思维,在当前素质教育的大环境之下,进一步提升大学生的创新创业能力,为其开拓新的创业思路,已经成为高校的发展重点。与此同时,互联网的发展进一步丰富了学生创业过程中接触到的信息,打造了良好的创新创业途径和空间。

2021年9月《国务院办公厅关于进一步支持大学生创新创业的指导意见》中提出"以习近平新时代中国特色社会主义思想为指导,深入贯彻落实党的十九大和十九届二中、三中、四中、五中全会精神,全面贯彻党的教育方针,落实立德树人根本任务,立足新发展阶段、贯彻新发展理念、构建新发展格局,坚持创新引领创业、创业带动就业,支持在校大学生提升创新创业能力,支持高校毕业生创业就业,提升人力资源素质,促进大学生全面发展,实现大学生更加充分更高质量就业"的总体要求;同时通过提升大学生创新创业能力、优化大学生创新创业环境、加强大学生创新创业服务平台建设、推动落实大学生创新创业财税扶持政策、加强对大学生创新创业的金融政策支持、促进大学生创新创业成果转化、办好中国国际"互联网+"大学生创新创业大赛和加强大学生创新创业信息服务八个方面的具体措施为大学生创新创业增添活力,进一步支持大学生创新创业。

我国一直以来都鼓励大学生自主创业,但就业与创业的选择就像是一场博弈,谁也无法预测现阶段的决策会对未来产生怎样的影响。《2020年中国大学生就业报告》显示,2019届本科毕业生自主创业比例仅为1.6%。和其他专业相比,经管类专业的大学生可利用的资源相对来说更为丰富,在创新创业上具有一定的专业优势。而且创业的过程涉及经管类专业教育体系中的管理、金融、人力资源、财务会计、市场营销等多方面的知识,这些也正是创新创业人才需要的知识素养。但在创业大潮中,只有极少数大学生能够达到期望、成功创业,创业的成功率仅为1%左右。其实,大学生创业并没有想象得那么复杂,但也确实是道阻且长的探索。具备创业精神与创业意识,将专业的理论知识与创新精神进行合理组合,是成功创业的关键一步。

第一节 创业概述

一、什么是创业

创业既是一种精神,又是一种意识,更是一种行动,是创业者自身和团队综合素质能力的体现。然而关于什么是创业,可谓仁者见仁、智者见智,至今没有一个公认的统一标准定义。

(一)创业的概念

"创业"二字,自古有之。如《出师表》中"先帝创业未半而中道崩殂"、《资治通鉴·唐纪》中"创业与守成孰难?"等处均出现过"创业"二字。但古文中的"创业"更接近《辞海》中"创立基业"的解释。今天所讲的创业,其内涵可谓丰富多彩。

"创业"一词在英文中有多种表述方式。例如,表示创业企业的有 venture 和 start-up,表示创业者的有 entrepreneur,表示创业行为、创业活动的有 venturing 和 entrepreneurship。需要指出的是,我们通常所说的风险投资的英文是 venture capital,其中 venture 虽然是由风险转义而来,却不是风险的意思,而是指创业企业。因此 venture capital 的正确译法应该是创业投资,即专门为创办企业进行的投资。新创企业也可以用 business venture 或 new business venture 来表示。entrepreneur 有两个基本的含义:一是"企业家",我们通常理解为在一个已经成型的企业中负责经营和决策的领导;二是"创办者",我们通常理解为即将创办新企业或是刚刚创办新企业的领导。需要强调的是,创办者本质上是创业者,而企业家本质上也是创业者,企业家应该是那些在现有企业中具有创业心态和创业行为的领袖型人物。我们所说的创业者,无论是创办者还是企业家,都不是指企业中执行日常管理功能的普通经理人员,二者之间是有明显差别的。在一家企业中,可能不存在大量的企业家,但可以有大量的经理人员。创业者是企业的开创者,是核心价值的发明者,更像是一名"船长"。1986年,学者乔恩·G.伯奇(Jone G. Burch)将"创业"定义为"创造企业的活动"。学者张竹筠认为,创业就是创立一个以创新为手段,以盈利和持续发展为目标的企业。

目前被人们普遍接受的创业的定义是:一个精英团队在洞悉某一行业的市场现状和需求的基础上,经过慎重研究、思考寻找出创新的、未来有较大需求且可行的经营模式之后,通过管理、技术、市场、公关等手段或途径最大限度地实现团队预期目标,并为社会创造较大财富的过程。

(二)创业的内涵

创业者即创业主体,是整个创业活动的核心。没有创业主体,创业就无从谈起。个人、团队乃至组织都可以成为创业者。国外对创业者的研究主要关注创业者的基本职能、行为特征、个性特征等问题,以及从心理学、行为学、社会学等角度分析创业者的心理特征,进而分析其认知行为。如 Kirzner(1979)认为,创业者具有一般人不具备的能够发现市场机会的敏锐洞察力;Sternberg and Lubart(1999)提出,成功的创业者需要创新技能、实践技能和分析技能,其中创新技能会引导创业者产生新想法,实践技能可以帮助创业者找出实施这些想法的方法,最后,创业者用分析技能来评价这些想法,并决定它们是否值得去做。

因此,创业者必须具备如下几个方面的能力:

- 诚信——创业立足之本;
- 自信——创业的动力;
- 勇气——视挫败为成功之基石;
- 领袖精神——创业的无形资本;
- 社交能力——借力打力觅捷径;
- 合作能力——趋利避害形成合力;
- 创新精神——创业的精神支柱;
- 魄力——该出手时就出手;
- 眼光——识时务者为俊杰。

二、从创新到创业

创新是人类社会发展与进步的永恒主题:

- 当今世界正在从传统工业文明向现代信息文明迈进,知识经济初见端倪,而知识经济的核心恰恰在于创新;
- 在知识经济条件下,国家间综合国力的竞争越来越多地表现为创新型人才水平和数量的竞争;
- 创业与创新的教育和实践是培养民族创新精神的主要动力,是实现21世纪中华民族伟大复兴的关键,也是把我国巨大的人口压力转化为丰富的人力资源的根本出路;
- 创新是世界上许多国家教育改革的焦点和核心,是我国实施科教兴国战略和素质教育必须重视的问题。

"创新"和"创业"并不是两个可以等同的概念,尽管创业活动必然涉及某些创新活动,但创新活动并不一定就是创业,二者既有区别,又有密切联系。

创新(innovation)是一个经济学概念,从狭义上讲,创新是指一个从新思想的产生到产品设计、试制、生产、营销和市场化的一系列行动;而广义的创新概念认为,创新表现为不同参与者和机构(包括企业、政府、学校、科研机构等)之间交互作用的网络,在这个网络中,任何一个节点都可能成为创新行为实现的特定空间,因而创新行为可以表现在技术、体制或知识等不同方面。这里所讨论的"创新",是指不同参与者和机构作为一个独立的个体,能够善于发现和认识有意义的新知识、新思想、新事物、新方法,掌握其中蕴含的基本规律,并具备相应的能力,为将来成为创新型人才奠定全面的素质基础。创新与创业之间具备如下相关性:

- 创新是创业的基础;
- 创新的成效,只有通过未来的创业实践来检验;
- 创业是创新的载体和表现形式,创业的成败在根本上依赖于创新教育的根基扎实程度;
- 创新是对人的发展的总体把握,创业着重于体现人的价值。

创新与创业既相互促进又相互制约,是密不可分的辩证统一体。创新与创业虽然内容相似,但这并不能说明二者可以相互替代,因为仅仅具备创新精神是不够的,它只是为创业成功提供了可能性和必要的准备;如果脱离创业实践,缺乏一定的创业能力,创新精神也就成了无源之水、无本之木。创新精神所具有的意义,只有作用于创业实践才能有所体现。反过来说,只有具备创新精神,创业才有可能成功。创新与创业二者目标同向、内容同质、功能同效、殊途同归。围绕创业实践,通过多种途径,创新与创业在结构和内容上应实现有机融合,相辅相成。

创业者一方面要具备创新精神和创新能力,另一方面要不断开发、提高自己的创业基本素质,培养创业意识和创业能力。

三、创业与学业

在众多创业成功的案例中,很多大学生在选择创业的同时放弃了自己的学业,这不是一个简单的决定,而是一个需要将职业规划与学业以及未来人生目标综合起来进行思考的问题。1975年比尔·盖茨(Bill Gates)从哈佛大学辍学后创立微软公司并获得巨大成功,但是当谈到大学生是否应该放弃学业去创业时,比尔·盖茨则建议大学生要努力完成自己的学业,而不是模仿他中途辍学创业,因为学业对创业成功的作用不言而喻。

学业是积累知识、增强能力、提高素质、培养创新精神和实践能力的过程,是创业的基础。互联网时代背景下,大数据、新媒体等新技术的广泛应用,要求创业者具备过硬的素质能力,创业不再是满足一些简单的需求就能够持续赢得市场的时代。在琳琅满目的产品市场中,选择一个合适的、有深度挖掘潜力并能够持续产生价值的产品是需要丰富的学业经验的。在不断地深耕各自专业领域知识的同时,人们会发现更多的"规律"和"空白",应用这些规律并填补这些空白能够让生活更加丰富、完善,能够提高需求被满足的程度。不同赛道上的创业对创业者有着不同的要求,创业者的学业经历决定了其是否拥有一个坚实的基础开启创业之路;而创业者拥有怎样的资源以及如何去配置这些资源,决定了其在创业的道路上能否越走越远。如果没有完备的学业经历,创业者就无法筛选出好的创业项目。总之,学业是创业的前提,创业是创业者的学业水平在应用领域的展现。

四、创业与就业

无论时代如何发展,创业与就业一直都是即将毕业的大学生所面临的选择,他们总是把创业与就业放在一个非此即彼的位置,实际上创业即就业。就业是指在现成的岗位中找到适合自己的工作岗位,是人们所从事的为获取报酬或经营收入而进行的活动。大学生在完成学业后通过就业在社会中找到自己的位置,为社会做出应有的贡献,同时还能够获得相应的保障生活的经济来源,在社会中稳步提升,实现相应的人生价值和社会价值。而创业是就业的另一种形式,是更加积极的就业。在解决个人就业问题的前提下,创业者拥有更多的自主权,更能够展现其才华和综合素质能力,促进其社会价值的实现。

从创业与就业的关系来看,二者是相互依存的,我们所选择的就业岗位来源于企业的用人需求及其业务发展需要,而企业能够在市场竞争中不断发展壮大,离不开创业者创业的成功和管理经营的成效。可以说没有创业就没有就业,创业能够为社会提供一定数量的就业岗位,缓解就业压力。比如,2021年全国高校毕业生人数达909万,同比增加35万,就业形势复杂严峻。如果全国高校毕业生中的10%选择创业,那么就有90余万人创业,若一名创业者提供10个岗位需求,那么909万高校毕业生的就业问题便迎刃而解。若全体高校毕业生都不选择创业,那么社会和国家就要提供至少909万个岗位供毕业生们选择。现实中,协调创业与就业的关系,能够较好地缓解大学毕业生"就业难"的现状。

五、创业是一项伟大的事业

创业是一项伟大的事业,所有的创业者都会得到应有的尊重。

1. 坚定的创业信念

首先,创业者要有创业成功的自信。人相信有什么结果,就可能有什么作为,一个人如果连自己都不相信能创业成功,那么他是不可能去争取和追求机会的。其次,创业者要有创业的责任感。现代大学生应担当创业重任,上为国家做贡献,下为自己谋出路。最后,创业者要有逆境中永不言败的创业精神。虽然身处逆境,却能拼力抗争、不断追求,只有这样才能造就壮丽的创业人生。

2. 积极的创业心态

创业者只有拥有积极的创业心态才能发现潜能、激发潜能、拓展潜能和实现潜能,进而帮助创业者获得事业上的成就和巨大的财富。积极的创业心态应包括:一是拥有巨大的创业热情;二是要清除内心障碍;三是要努力克服困难、创造条件,变不可能为可能。

3. 顽强的创业意志

创业意志是指个体能百折不挠地把创业行动坚持到底以达到目的的心理品质。创业意志包括:一是创业目的明确;二是决断果敢;三是具有恒心和毅力。

4. 鲜明的创业个性

大凡创业成功者,一般都有鲜明、独特的个性品质:一是敢冒风险,创业的价值就在于创造出自己独特的东西,要敢于冒风险,敢于走前人和别人没有走过的路。敢冒风险是理智基础上的大胆决断,是自信前提下的果敢超越,是新目标面前的不断追求。二是痴迷,对目标如痴如醉,全身心投入创业行动。三是独立自主,独立自主地解决困难和问题,不受各种外来因素的干扰。

第二节 创业精神与创业意识

创业是一项伟大的事业,面临诸多挑战,需要创业者付出艰辛的努力。回望那些知名的成功创业者(如马化腾、俞敏洪、张一鸣等人)的创业历程,尽管其创业背景、创业动机不同,但这些成功的创业者都具备同样的一种品质——创业精神。

一、创业精神

创业精神(entrepreneurship)既是创业的动力源泉,又是创业的精神支柱,是成功创业的前提条件。没有创业精神一般不会有创业行动,也就无从谈起创业,即使创业者已经开始创业,也会因创业道路上的困难而半途而废,因此,创业精神对成功创业至关重要。

创业精神是一个过程,即某个人或某个群体通过有组织的努力,以创新和独特的方式追求机会、创造价值并谋求持续发展,不管这些人手中是否拥有资源,他们都会朝着共同的创业目标不断前行。创业精神包括发现机会和调度资源去开发这些机会。哈佛商学院将创业精神定义为"追求超越现有资源控制下的机会的行为",认为创业精神代表一种突破资源限制、通过创新来创造机会的行为。创业精神隐含的是一种创新行为,而不是一个特别的经济现象或个人的特质表现。创业精神是指在创业者的主观世界中,那些具有开创性的思想、观念、个性、意志、作风和品质等。

创业精神有三个层面的内涵:一是哲学层次的创业思想和创业观念,是人们对创业的理性认识;二是心理学层次的创业个性和创业意志,是人们创业的心理基础;三是行为学层次的创业作风和创业品质,是人们创业的行为模式。

创业精神的定义包括三个重要的主题:

- **对机会的追求**。创业精神追求环境的趋势和变化,而且往往是尚未被人们注意的趋势和变化。
- **创新内涵**。创业精神包含变革、革新、转换和引入新方法,即新产品、新服务或是做生意的新方式。
- **发展内涵**。创业者追求发展,他们不满足于停留在小规模或现有的规模上,希望他们的企业能够尽可能地发展,员工能够尽力工作。因而他们不断寻找新趋势和新变化,不断创新,不断推出新产品和新的经营方式。

创业精神这个概念最早出现于18世纪,其含义一直在不断演化,很多人仅把它等同于创办个人的工商企业。但大多数经济学家认为,创业精神的含义要广泛得多。

在20世纪,经济学家约瑟夫·熊彼特(Joseph Schumpeter)专门研究了创业者创新与追求进步的积极性所导致的动荡和变化。熊彼特将创业精神看作一股创造性的"破坏力量"。创业者采用的"新组合"使旧产业遭到淘汰,原有的经营方式被新的、更好的方式摧毁。

"现代管理学之父"彼得·德鲁克(Peter Drucker)将这一理念更推进了一步,称创业者是主动寻求变化、对变化做出反应并将变化视为机会的人。例如,我国每年除夕的春节联欢晚会传统媒体所经历的转型——从单纯的电视直播到官方自媒体平台、微博、抖音等新媒体平台的互动元素加持,再到跨区域多现场的交互——就充分体现了创业者在把握机会、主动寻求变化和打破传统方面的创业精神。

创业精神是在各类社会中刺激经济增长和创造就业机会的一个必要因素。在发展中国家,成功的小企业是创造就业机会、增加居民收入和减少贫困的主要动力。因此,政府对创业的支持是促进经济发展的一项极为重要的策略。

二、创业意识

创业意识是指在创业实践活动中对人起动力作用的个性心理倾向,包括需要、兴趣、思想、信念和世界观等心理成分。创业意识支配着创业者对创业实践活动的态度和行为,是创业素质的重要组成部分。

当今的创业时代是信息化时代,是互联网时代,每一个创业者都必须培养和具备现代创业意识与品格。因此,创业者应该掌握以下几方面的创业意识。

1. 创业主体意识

创业是艰难的事业。过去中国的百姓很少有创业的条件和机会,更无法想象成为一名创业者是何种体验。但改革开放的不断深化发展、下岗再就业大潮的推动以及党的富民政策的鼓励,将人力资源的潜能最大限度地发挥了出来,使普通人有了成为创业者的机会,创业的主体也发生了改变。

这种创业的主体意识、主体地位、主体观念,成为创业者在风口浪尖上拼搏的巨大力量。这种力量会鼓舞他们抓住机遇,迎战风险,努力实现自身的价值,同时也会使他们承受更多的压力和困难。因此,创业主体意识的树立,就成为创业者在创业中必须具有的、十分宝贵的内在要素。创业是人生路上的一个转折点,是增加知识、提升能力的极好机会。创业者把握机会的第一步,是树立创业主体意识。

2. 风险经营意识

风险经营意识是中国企业在国际接轨中应着重增强的一种现代经营意识,也是创业企业和创业者亟须培养与增强的一种重要的创业意识,因为创业是充满风险的。

创业者对可能出现和遇到的风险准备与认识不足,是我国当前创业活动中的一个普遍现象。这种创业风险经营意识的缺位,突出表现在以下四个方面:

- 在心理准备上,表现为对创业可能遇到的困难准备不足;
- 在决策上,表现为不敢决策,盲目决策,随意决策;
- 在管理上,表现为不抓管理,无序管理,不敢管理;
- 在经营上,表现为盲目进入市场,随意接触客户,轻率签订商务合同。

这种做法恰恰是创业者经验不足、风险经营意识不强的典型表现。正确的做法是从害怕风险、不敢迈步之中解放出来,敢于参与竞争,在市场经济的大潮中劈风斩浪,在经受创业过程的磨炼和锻造中合理规避风险、化解风险,曲折前行,持续发展。

3. 知识更新意识

创业者创业后面对的最普遍的问题就是知识恐慌,因为原有的知识积累和劳动技能已不足以支持他们应对创业中出现的大量新情况与新问题。这就使创业者面临知识更新的繁重任务。因此,创业者应树立终身学习的意识观念,结合自身及市场需求,及时进行知识更新,只有这样才能适应和满足充满挑战的创业需求。

4. 资源整合意识

整合是现代营销学中的理念。1993年,美国西北大学教授唐·舒尔茨(Don Schultz)等人首次提出整合营销的概念,它是在全球经济一体化的新形势下,跨国集团寻求企业最大利润空间的一种战略能力,一种进击能力。任何一个创业者都不可能把创业中所涉及的问题都解决好,也不可能把一切创业资源都准备充足。这里关键的一点在于学会进行资源整合,通过合理的资源配置实现最终的目标。因此,资源整合意识不仅是创业者在创业设计中应具备的一个重要素质,还是创业者在创业过程中借势发展、巧用资源、优势互补、实现双赢的重要方法。

5. 创业战略策划意识

策划是一种思维的科学。它是用辩证的、动态的、发散的思维来整合行为主体的各种资源和行动,使其达到效益或效果最大化的一个智力集聚的过程。大到企业发展战略,小到一句广告语,策划都是必不可少的环节。因此,从本质上讲,策划就是进行战略设计的过程,同时也是对每一个具体事件和行动进行战略思索的过程。但是相当多的创业者都习惯着眼于眼前工作,"两眼一睁,忙到三更",不善于研究企业发展战略,不善于进行市场策划,因此创业失败、资金链断裂的例子在当前的市场竞争中屡见不鲜。

2014年,北京大学毕业生戴威与四名合伙人提出了"以共享经济+智能硬件,解决最后一公里出行问题"的理念,共同创立了国内首家以平台共享方式运营校园自行车业务的新型互联网科技公司——ofo。ofo曾经是资本竞相追逐的宠儿,不到3年就获得了超过20亿美元的融资,可以说是近年来中国最受资本追捧、融资速度最快的互联网公司之一。自2015年10月至2018年3月,ofo完成了多轮融资,规模迅速扩张,共享单车服务区域涉及多个国家和地区。但在订单数量快速增长的同时,ofo忽视了包括市场定位、产品创新和企业文化等战略策划方面的建设,野蛮扩张导致资金链断裂,最终被美团、青桔、哈啰等产品替代。

6. 开发信息资源意识

信息是资源,也是财富。但是,很多创业者都不懂得信息的价值和信息资源的重要性,不会寻找和利用信息资源,更不懂得去开发信息资源中的价值。

正如一个创业者所讲的:"刚创业时,我不懂得查寻信息,不懂得寻找商机。每天只懂得'傻愣愣地站着,傻愣愣地喊'。结果,一天下来,腰酸腿疼,还不挣钱。"后来经过创业培训,这个创业者学会了如何在浩瀚的信息海洋中筛选对自己有用的信息。从对这些信息的筛选中,她获知国际上有超薄型针织服装方面的需求,她立刻加紧运作,从我国香港地区引进了用细羊绒和蚕丝制成的冬暖夏凉且重量十分轻的超薄型针织面料,还添置了先进设备并培训员工,充实了技术人员,很快就让自己生产的春、夏、秋、冬四季超薄型针织服装上市,尝到了开发信息资源的甜头。

当今是流量为王的时代,信息资源是各类企业的必争之地,在电子商务行业的竞争中,从流量巨大的头部企业,到新生代的从业者,都在绞尽脑汁开发信息资源。可见一次成功的创业与信息资源的开发整合密不可分。

7. 寻找和抓住创收点意识

创业者进行创业一方面是为了获得经济利益,改善生活现状;另一方面更是追求自身价值的实现,并为社会做出相应的贡献。但是,相当多的创业者都很难平衡个人经济利益与社会价值,最终所追求的目标一个也没有实现。这一点突出地表现在经营中抓不住创收点上。

创收点是企业的获利点,是利润进一步释放、经济利益得以实现的关键。现代商业中知识和科技的含量越来越高,其已经成为重要的创收点。创业者一定要认识到商机是商业模式设计的着眼点,创收是经营运作的落脚点。好的商业模式应能够最大限度地创造商业价值。

因此,每一个创业者在设计商业模式时,首先应该寻找符合市场需求和市场规律的创收点、空白点,同时紧紧围绕这些创收点进行商业运作和打磨,实现个人经济利益与社会价值的平衡。

8. 比选最优环境意识

创业环境是重要的创业要素,也是创业企业快速崛起的重要支撑要素。一个十分优越的创业环境,对于创业企业的快速发展与崛起具有十分重要的意义和作用。《孙膑兵法·月战》中提到"天时、地利、人和,三者不得,虽胜有殃",强调了时间节点、环境和人员配置的重要性。而对于创业实践来说亦是如此,在创业前期,创业者应选择优质的创业赛道,并选择对项目进展有利的发展环境。

第三节　国内外大学生的创业发展进程

一、国内外大学生创业研究

(一) 国外大学生创业研究

早在1755年,法国经济学家理查德·坎蒂隆(Richard Cantillon)就把entrepreneur(创业者,企业家)一词作为术语引入经济学。他认为,创业者要承担以固定价格买入商品并以不确定的价格将其卖出的风险。创业者的报酬就是卖出价与买入价之差。如果创业者准确地洞察、把握了市场机会,则会赚取利润;反之,则要承担风险(黄群慧,2000)。美国经济学家弗兰克·奈特(Frank Knight)赋予了创业者(企业家)不确定性决策者的角色,他认为有更好管理才能(远见和统治他人的能力)的人具有控制权,而其他人在他们的指挥下工作;对自己的判断有自信心且在行动中能坚持这一判断的人应更好地防控风险和承担风险;在企业中存在一个特殊的创业者(企业家)阶层负责指导企业的经济活动,创业者向那些提供生产服务的人保证一份固定的收入；"自信和敢于冒险的人通过保证多疑和胆小的人有一确定的收入以换取对实际结果的拥有而承担风险或对后者保险"。

国外对创业的研究始于20世纪中后期，主要的研究成果都集中在以美国为首的西方国家。1947年，哈佛商学院的迈尔斯·梅斯（Myles Mace）教授通过整合一些创业方面的研究成果和实践经验，率先开设了一门创业课程——新创业管理（management of new enterprise），这可以被认为是最早对"创业"理论进行系统性研究、整理和传播的活动。但在此后的很长一段时间内，对创业的研究一直停滞不前。直到20世纪60年代，硅半导体技术的飞速发展催生了大量新创企业和小企业，仙童半导体公司以及由其分拆出来的ITEL、AMD等企业的创业活动成为全球瞩目的焦点，硅谷地区迅速形成了硅半导体产业集群，并催生了专业的创业投资行业，由此引发了学术界对创业活动的系统研究。1970年，在美国的普渡大学第一次召开了以创业为主题的学术会议，有40多位专家和学者针对创业成功的案例进行了分析与交流，其主要的研讨内容就是"硅谷的启示"。

此后，针对创业的研究如火如荼地开展：1973年在加拿大多伦多召开了第一届创业研究国际会议；1974年，"创业研究兴趣团队"在美国管理学会（AOM）年会上正式成立；1980年在美国贝勒大学召开了"第一届当前创业研究发展水平研讨会"，该会议在此后的每5年召开一次；1981年，在创业研究领域享有盛誉的"百森创业研究年会"在美国百森商学院召开了第一次会议；1987年，美国管理学会把创业研究纳入管理学科的研究领域。至此，"创业学"正式确立了其在学术研究领域的地位。

国外大学生的创业最早开始于美国。美国大学生毕业后基本都是自谋职业，政府、社会和学校更大力提倡他们进行自主创业。在美国，大学生自主创业遍及全国，成功的故事很多。苹果、雅虎、网景、戴尔等一大批高科技公司都是在美国高校的创业氛围中诞生的。大学生创业已经成为美国经济发展的重要驱动力。

美国大学生自主创业主要源于美国大学校园中十分流行的创业计划竞赛。美国大学校园的创业计划竞赛是以实际技术为基础、跨学科的优势互补的团队之间的综合较量。竞赛的意义也不局限于大学校园，从某种程度上说，创业计划竞赛是高校与社会、企业之间的一种重要的沟通和互动。

美国大学校园的创业计划竞赛源于1983年，当时得克萨斯州立大学奥斯汀分校的两名MBA（工商管理硕士）学生希望借鉴法学院"模拟法庭"的形式举办创业计划竞赛。两位创业计划竞赛创办人历经千辛万苦，终于成功举办了世界上首次大学生创业计划竞赛，并引起了媒体和企业界的关注，许多著名高校争相效仿。麻省理工学院、斯坦福大学和哈佛大学等一流高校先后创办了类似的竞赛，其中又以麻省理工学院的创业计划竞赛最为著名。

麻省理工学院的"10万美元创业计划竞赛"已有30余年的历史，影响巨大。那些从麻省理工学院创业计划竞赛中诞生的公司大都发展迅速，年成长率通常在50%以上。最近一项统计表明，美国高科技行业表现最优秀的100家公司中有46%出自麻省理工学院的创业计划竞赛。

据麻省理工学院的统计，自1990年以来，该校毕业生和教师平均每年创建超过150家新公司。麻省理工学院已经累计创办上万家公司，雇用了数百万人，创造出数千亿美元的销售业绩，称得上"富可敌国"，对美国经济的发展做出了卓越贡献。

（二）国内大学生创业研究

中国大学生的创业活动开展得比较晚，最早的创业教育实践探索是自1989年联合国教科文组织在"面向21世纪教育国际研讨会"上提出"第三本教育护照"即创业教育后，中国作为项目参与国加入联合国教科文组织国际职业技术教育培训中心（UNEVOC）"开发小企业创业技能"课程，并于1991年在北京、江苏、湖北、辽宁、河北和四川6个省市、20个县乡共计30多所中学进行布点研究与实验。1998年5月，在清华大学举行的中国首届大学生创业计划大赛上，来自清华大学和北京其他高校的300多名学生组成90多个竞赛小组，递交了100多份创业计划书，开始了中国高校大学生创业探索的步伐。

1999年3月，清华大学学生创业者协会又举办了第二届创业计划大赛，这次大赛更加火爆，北京大学、中国人民大学等高校的学生也纷纷参与，共组成60个参赛小组，3 000多人次参加大赛的各项活动。这次大赛的一些参赛学生后来都注册了自己的公司，开始了真正的创业。清华大学还专门为学生创业探索开辟了"清华创业园"。同年，共青团中央、中国科学技术协会、全国学生联合会决定把创业计划大赛推向全国，并于1999年3月到2000年1月举办了首届"挑战杯"中国大学生创业计划竞赛。这种创业大赛实际上是学生自主创业意识的启蒙。竞赛使创业的意识深深地根植在参赛者的心中，迅速而广泛地影响着广大高校学生。

为了鼓励大学生创业，政府部门推出了相应的优惠政策。由于政府、学校及社会的重视和大力支持，大学生创业热潮在短短几年的时间里扩散到了全国高校，发展势头迅猛。以上海为例，截至2023年1月底，"天使基金"累计受理创业项目申请13 181个，资助项目3 728个，包括上海交通大学的柏楚电子、复旦大学的爱回收、上海市科技创业中心的泰坦科技等，累计带动就业超过3万人；越来越多有梦想、有激情、有准备、有能力的青年创业者在"天使基金"的陪伴下起航、成长，优秀创业企业不断涌现。

2008—2010年，中国大学生创新创业教育主要集中在三方面，分别是创业市场、创业能力培养与指导以及创业实践。这一阶段，在创业市场这只无形的手的推动下，高校创新创业教育注重培养大学生的创业能力，指导大学生的创业实践。在新兴产业市场推动下，创业指导与实践成为这一阶段大学生创新创业教育的主要模式，同时高校外围的创业环境助力高校创新创业教育发展。2008年，苹果公司推动了智能手机的发展，互联网时代开始进入移动互联时代，美团、大众点评、滴滴、高德地图、饿了么、唱吧等移动终端大量兴起，"拇指经济"时代到来。2009年，在"KAB创业教育（中国）项目年会"上，国际劳工组织KAB（了解企业）项目全球协调人克劳斯·哈弗腾顿（Claus Hverton）教授强调了中国创业市场的广袤："目前，全球任何一个地方都不像中国那样有这么多的创业机会。"良好的创业环境和大量的创业机会促使众多大学生瞄准中国市场蓝海，因此也加速推进了大学生创新创业教育。然而，这一阶段中国高校创新创业教育还比较单一，大学生主要通过第一课堂学习创业理论知识，然后再通过第二课堂进行创业实践活动。由于创业的主要目的是促进就业，其落脚点在于创业本身。

2011—2013年，中国大学生创新创业教育主要集中在三方面，分别是创业政策、创业服务以及创业平台。自2010年教育部发布《关于大力推进高等学校创新创业教育和大学生自主创业工作的意见》、人力资源和社会保障部发布《关于实施大学生创业引领计划的通知》以来，国家相继颁布出台了很多政策，鼓励大学生创新创业。例如，2011年实行高校毕业生自主创业证制度，创业学生享受税收优惠政策；2012年，教育部办公厅又下达《关于印发〈普通本科学校创业教育教学基本要求（试行）〉的通知》。根据科技网站的资料，自2001年在清华大学等22所高校首批设置国家大学科技园以来，截至2013年1月，共有94所高校被认定为国家大学科技园依托高校。各类创业教育平台通过线上与线下、课堂与实训、院校教师与行业专家相结合的教育模式，为大学生提供援助。除此之外，这一阶段，高校利用校友、科创导师等资源，为大学生提供便捷的创业服务，助力学生创业项目完成初期孵化。政府优惠的创业政策，高校与科研机构各类创业平台、便捷的创业服务，让大学生的创新创业不像以前那么困难，创业的基础条件相对完善，大学生的创意被激发，创业信心高涨，形成了蓬勃发展的局面。

2014—2017年，随着科技创新的发展，创新创业环境发生前所未有的新变化。中国制造正向中国智造改变，新形势下我们既需要有创新能力的专业人才，又需要有社会责任感的企业家。2014年，李克强总理提出"大众创业，万众创新"；2017年，国务院颁布《关于做好当年和今后一段时期就业创业工作的意见》。创新创业的新环境中挑战与机遇并存，在倒逼机制下，高校创新创业教育也加大改革的步伐，如火如荼地进行。

二、大学生创业项目的选择

创业项目选择是大学生创业过程中最先遇到的问题，能否找到好的创业项目在很大程度上决定着创业的成败。

创业项目是指创业者进行创业所从事的某一具体方向或具体行业，是一种具有吸引力、较为持久和适时的商务活动内容，并最终表现在可以为客户和最终用户创造或增加价值的产品或服务中。

通常，由4~8人组成一个创业团队，以创办一个小企业为目标。其经营领域和业务范围可以依据小组成员兴趣，在不同的产业领域进行选择，如汽车、通信、餐饮、社区、店铺经营、文化创意等。大学生选择创业项目，是创造一个切入社会的端口，找到一个自身与社会结合的契合点。所以创业项目的选择要舍得下功夫，要进行充分调查和论证，做到"知己知彼"。其中，"知己"就是要清醒地审视自己的优势与强项、兴趣所在、知识经验积累、性格与心理特征、资源拥有情况等；"知彼"是对社会未来发展趋势的判断，对稳定的、恒久的、潜在的需要的认识。

大学生一般可根据如下几个方面选择自己的创业项目：

1. 兴趣爱好

创业的过程往往是实现人的爱好和梦想的过程。每个人都有自己的兴趣爱好，把兴趣爱好与创业项目联系起来，成为生活的内容与生存状态，能够对自己的事业起到推动作用。我国台湾地区出生的杨致远在10岁时来到美国，在斯坦福大学获得硕士学位后留校，结识了大卫·费罗(David Filo)。在斯坦福大学里,两人在一辆学校拖车上成立了一间小型办公室。恰在这时他们迷恋上了互联网。每天,他们有数小时泡在网上,分别将自己喜欢的信息链接在一起,其中包括各种内容,如科研项目信息、相扑信息、网球比赛信息等。开始时他们各自独立地建立自己的网页,只是在偶尔对彼此的内容感兴趣时才相互参考,随着链接的信息越来越广,他们的网页也就放到了一起,并称为"杰里万维网向导",也就是后来的"Yahoo!"。

2. 所学专业

大学生创业者可以依靠自己的学科专业,利用科学发现,寻找创业项目。美国工程师珀西·斯宾塞(Percy Spencer)在做雷达起振实验时,发现兜里的巧克力融化了,由此发现了新的加热方法并发明了微波炉。美国大学二年级学生比尔·休利特(Bill Hewlett)与戴维·帕卡德(Dave Packard)在撰写论文《制造和评价一个可变频振荡器》的过程中发现了新技术并为其申请了专利,后来他们租了公寓和车库成立了休利特–帕卡德公司,即惠普公司。后来太平洋战争爆发,休利特入伍,负责太平洋部队信号设备的调查,惠普抓住了这一机遇迅速壮大。黑龙江大学的王郑涵从自己的学科专业出发,在大学三年级时在黑龙江大学创业园组建了创业团队,并于2009年创立了哈尔滨金泰科技开发有限公司。

3. 需要解决的问题

从需要解决的问题中可挖掘出创业项目。日常生活中,每个人都能碰到或大或小的让人烦恼的问题,我们需要从中发现创业项目。企业家约翰·加德纳(John Gardner)曾说:"每个问题都是一个绝佳的隐藏着的机会。"例如,无法在互联网上播放音频和视频使罗布·格拉泽(Rob Glaser)开发出Real Player软件,创建了Real Networks公司。比尔·巴蒂亚(Bill Bartia)与杰克·史密斯(Jack Smith)由于无法越过公司防火墙登陆美国在线的电子邮件,于是开发出网页电子邮件,成立了hotmail公司。斯坦福大学的桑德拉·勒娜(Sandy Lerner)和莱昂纳多·波萨克(Leonard Bosack)想发情书,但他们属于不同的计算机网络,因此他们发明了路由器,创建了思科公司。

4. 市场遗留的缝隙

从市场遗留的缝隙中可寻觅创业项目。很多大企业在实现规模经济的同时留下了许多市场缝隙,一旦创业者从中找到了合适的市场空白点,就意味着抓住了一个能够持久盈利的创业机会。例如,北京中星微电子有限公司避开CPU(中央处理器)和存储芯片等主流市场的激烈竞争,瞄准多媒体应用领域的市场空白,展开技术攻关,推出"星光一号",占据了PC(个人计算机)图像输入芯片领域60%的市场份额,成为这一领域的市场领导者。安徽的胡小平发现"小菜没人做,因嫌进货麻烦",于是进入该行业,迅速占领市场,创建了"小菜一碟"品牌。

5. 不同产品的完美结合

将两个不同的产品结合到一起就能产生一个创业项目。例如冶金与绘画结合产生了铁画,医疗与食品结合产生了药膳。改革开放以后,中国内地的保健品层出不穷,史玉柱调查分析了当时的中国保健品市场,他发现,有一部分产品是为了满足人们改善睡眠的需要,有一部分产品是为了满足人们调节消化的需要,但是没有一种保健品可以同时满足这两种需要。改善睡眠的保健品的主要成分是人脑松果体素,也叫褪黑素,而山楂、茯苓可以调节消化,所以他把两者结合起来,通过多次实验,最终推出保健品"脑白金",填补了中国当时保健品市场的空白。

6. 经验优势

经验优势是创业者所具有的强项与特长、优秀与特别之处,这些都可以发展为可行的创业项目。日本松下电器公司的创始人松下幸之助曾在电器插座生产线上当学徒。开心网的创始人曾参与新浪网的策划、运营以及上市。1994年,大学三年级学生江南春和几个合作伙伴成立了永怡广告文化传播有限公司。到了2001年,江南春发现广告代理公司的利润很低,开始重新思考方向。最后,他把新目标放在商业楼宇的电梯上,弥补了市场空白,成立了分众传媒信息技术股份有限公司。大学生创业者可以从自己的相关工作经验或优势入手选择创业项目。

7. 扩散思维、事物联想

根据一个事物发挥想象,可以发现创业项目。1987年,美国弗吉尼亚州的两个邮递员汤姆·科尔曼(Tom Coleman)和比尔·施洛特(Bill Schrot)对一个小孩手里拿的荧光棒展开了联想。最后他们想到将棒棒糖放在荧光棒的顶端,他们申请了专利,并将其卖给了美国开普糖果公司。后来科尔曼和施洛特又对棒棒糖展开联想,最后想到让棒棒糖自动旋转,他们的这个想象获得了巨大的成功。通过超市以及自动售货机,1993—1999年间这种售价2.99美元的自动旋转棒棒糖共卖出了6 000万个。

8. 大众传媒

创业者可以通过报纸、杂志、广播、电视、网络、展览会等发现创业项目。斯鲁特兄弟参加了1997年芝加哥举行的展销会,在一个几乎没人注意的小展台前,他们看到一个碗里的小球吸光了所有倒进来的水。斯鲁特兄弟发现这种由硅胶做成的神奇的小球具有很强的吸收功能,是做小猫褥垫最合适的材料。于是,他们同中国的一家硅胶企业签订了生产合同。由此,这种小球走上了生产线。现在,美国的杂货店和大卖场里被称为"水晶珍珠"的完全透明的小球褥垫卖得很好。而且,他们还因此获得了美国宠物用品协会(APPA)颁发的杰出技术进步奖和1999年度《小猫迷》杂志颁发的奖励。

9. 市场调查

通过调查人们没有被满足的市场需求,可以确定创业项目。松下幸之助经常收集消费者各方面的信息。有一次他无意之中听到几位买东西的家庭主妇边走边议论,说家用电器插头是单用的,很不方便,如果有一个多用的插头,能够同时插上几种电器就好了。他以敏锐的嗅觉捕住消费者的这一需求,回到公司当即召集科研人员,下达研制任务。不久,"三通"电源应运而生,给松下电器公司带来了新的发展机会。海尔公司的张瑞敏经常在市场中捕捉新的市场机会。一次偶然的机会,他听到现在的洗衣机特别费水、费电,他立刻赶回公司召开科研会议解决这一问题。从研发到推出新型洗衣机"小小神童",海尔仅用了13天。张瑞敏一次出差到四川,发现海尔洗衣机在四川的销售受阻,经过调查发现,当地居民不仅用洗衣机洗衣服还洗地瓜,经常容易将洗衣机堵塞,所以立刻开发出排水口大的洗衣机。在巴基斯坦,由于天气比较热,当地居民经常一次要洗10件大袍子,所以海尔开发出一次可以洗12件大袍子的超大容量洗衣机。

10. 连锁加盟领域

统计数据显示,在相同的经营领域,个人创业的成功率低于20%,而加盟创业的成功率高达80%。对创业资源有限的大学生来说,借助连锁加盟的品牌、技术、营销、设备优势,可以通过较少的投资、较低的门槛实现自主创业。但连锁加盟并非零风险,大学生涉世不深,在选择加盟项目时更应注意规避风险。一般来说,大学生创业者资金实力较弱,适合选择启动资金不多、人手配备要求不高的加盟项目,从小本经营开始为宜。此外,最好选择运营时间在5年以上、拥有10家以上门店的成熟品牌。

创业情境

张伟和王军的创业历程(2)

张伟和王军通过对过往经验的归纳总结,分析创业过程中的团队组建、业务挑选、人员分工、市场营销、广告策划和财务管理等各项工作,讨论了创业过程中可能遇到的风险及风险防控措施。张伟和王军首先对当前市场的结构类型进行划分,以产品的差别程度、行业内企业的数量、企业对价格的干预程度以及市场进入的难度为依据,列出几类放弃的行业,包括制造行业、交通运输行业、建筑行业和食品加工行业等,同时列出几类可能进入的行业,包括电子商务行业、批发和零售行业、服装行业等。

在项目和产品选择方面,张伟和王军初步决定首先对周边市场进行深入调研,在进一步了解市场情况后,结合所学专业、个人兴趣爱好和资源优势等方面进行综合分析。

做练习

1. 假如你要进入的是熟悉的领域,你打算用什么样的方式展开创业活动?
2. 当前受各类新媒体平台(如抖音、微博、微信和小红书等)影响的消费品市场是怎样的?它为我们的创业带来了哪些机遇?

第四节 创业素质评估

创业的成败取决于创业者。在决定创业之前,创业者应分析评价一下自己,看看自己是否具有创业的素质。通过本节内容的学习,你要确定以下几个方面:

- 你的创业动机与职业兴趣是什么?
- 你的人格特征是什么?对于创业你有哪些优势与不足?

一、创业动机与职业兴趣

1. 有关创业动机的观念

如果你是真心想创办企业,那么你创业成功的可能性就大得多;如果你仅仅是想有些事情可做,那么你创业成功的可能性就不大。因此,你要问问自己,你为什么想创办自己的企业。

你可以从以下几个方面来问自己:

- 你是否真心想创办企业。

- 你是否渴望将事情做得更完美,提高工作效率,获得成功。
- 你是否勇于克服困难、解决问题。
- 你是否追求努力奋斗的乐趣和成功之后个人的成就感。
- 你是否希望得到关于工作业绩的及时、准确的反馈信息,从而了解自己是否有进步。
- 你是否喜欢设立具有适度挑战性的目标,而不是凭运气获得的成功。
- 你是否不喜欢接受那些在你看来特别容易完成的工作任务。
- 你是否有进取心、敢冒风险。

思考上述问题,如果回答是肯定的,那么你创业成功的胜算将会较高。

2. 职业兴趣

职业兴趣是个体对某种社会职业的爱好。一个人如果对某种职业感兴趣,他在学习和工作中就能全神贯注,积极热情,甚至富有创造性地完成工作,即使困难重重也决不灰心丧气,而会想尽办法,百折不挠地去战胜困难。有关资料表明:如果个体对他从事的工作感兴趣,他就能够发挥全部才能的 80%～90%,并且能够较长时间保持高效率而不感到疲劳。而对工作缺乏兴趣的人,只能发挥其全部才能的 20%～30%,且容易精疲力竭。

约翰·霍兰德(John Holland)在长期职业指导和咨询实践的基础上,首次提出了自己的理论观点,他认为职业兴趣就是人格的体现;从事同一职业的人具有共同的人格特征,并能划分为不同的类型。霍兰德最早提出了六种职业类型,并认为职业的性质是其所属成员典型特征的反映,它给相应职业类型的人提供了发挥其兴趣与才能的机会,并能强化相应的人格特征。这六种职业类型是现实型、研究型、艺术型、社会型、企业型和常规型。

- 现实型(realistic)。属于这种职业类型的人会被吸引去从事那些包括体力活动并且需要一定的技巧、力量和协调性才能胜任的职业。这类职业的例子有森林工人、耕作工人以及农场主等。
- 研究型(investigative)。属于这种职业类型的人会被吸引去从事那些包括较多认知活动的职业,而不是那些主要以感知活动为主要内容的职业。这类职业的例子有生物学家、化学家以及工程师等。
- 艺术型(artistic)。属于这种职业类型的人会被吸引去从事那些包括大量自我表现、艺术创造、情感表达以及个性化活动的职业。这类职业的例子有艺术家、广告制作者以及音乐家等。
- 社会型(social)。属于这种职业类型的人会被吸引去从事那些包括大量人际交往活动的职业,而不是那些包括大量智力活动或体力活动的职业。这类职业的例子有诊所的心理医生、外交工作者以及社会工作者等。
- 企业型(enterprising)。属于这种职业类型的人会被吸引去从事那些包括大量以满足他人需求为目的的语言活动的职业。这类职业的例子有管理人员、律师以及公共关系管理者。
- 常规型(conventional)。属于这种职业类型的人会被吸引去从事那些包括大量结构性且规则较为固定的活动的职业,在这类职业中,雇员个人的需要往往要服从于组织的需要。这类职业的例子有会计以及银行职员等。

表 1-1 表明了与各种职业类型相对应的人格特征。

表 1-1　人格特征与职业类型对应表

职业类型	人格特征	具体职业
现实型	·愿意使用工具从事操作性工作 ·动手能力强,做事手脚灵活,动作协调 ·偏好于具体事务,不善言辞,不善交际 ·性格:持久、感觉迟钝、不讲究、谦逊	主要指各种工程技术工作、农业工作,通常需要一定的体力,需要运用工具或操作机器 主要职业:木工、电器技师、工程师、营养专家、运动员、农场主、森林工人、公路巡逻官、园艺工人、城市规划人员、军官、机械操作工、维修工、安装工人、矿工、电工、司机、测绘员、描图员等
研究型	·思想家而非实干家,抽象思维能力强,求知欲强,肯动脑,肯思考,不愿动手 ·喜欢独立且富有创造性的工作 ·知识渊博,有学识才干,不善于领导他人 ·性格:好奇、个性内向、非流行大众化、变化缓慢	主要指科学研究和科学实验工作 主要职业:生物学家、化学家、地理学家、数学家、医学技术人员、生理学家、心理学家等自然科学和社会科学方面的研究与开发人员、专家;化学、冶金、电子、无线电、电视、飞机等方面的工程师、技术人员
艺术型	·讨厌结构化,喜欢以各种艺术形式的创造来表现自己的才能,实现自身价值 ·具有特殊艺术才能和个性 ·富有创造力,乐于创造新颖、与众不同的艺术成果,渴望表现自己的个性 ·性格:冷淡疏远、有独创性、非传统	主要指各种艺术创造工作 主要职业:广告管理人员、艺术教师、艺术家、作家、广播员、室内装修设计人员、图形图像设计师、音乐家、摄影师、公共关系管理者;音乐、舞蹈、戏剧等方面的演员、艺术家、编导、教师;文学、艺术方面的评论员;广播节目的主持人、编辑、作者;绘画、书法、艺术、家具、珠宝等行业的设计师
社会型	·乐于助人,喜欢从事为他人服务的教育工作 ·喜欢参与解决人们共同关心的社会问题,渴望发挥自己的社会作用 ·寻求亲近的人际关系,比较看重社会义务和社会道德 ·性格:缺乏灵活性、亲切仁慈	主要指各种直接为他人服务的工作,如医疗服务、教育服务、生活服务等 主要职业:外交官、教师、学校管理人员、保育员、行政人员、医护人员、工作分析专家、社会工作人员、丧葬承办人、精神健康工作者;衣食住行服务行业的经理、管理人员和服务人员、活动策划人员等
企业型	·追求权力、权威和物质财富,具有领导才能 ·喜欢竞争、敢冒风险 ·精力充沛、自信、善交际、口才好、做事巧妙 ·性格:善辩、精力旺盛、寻求娱乐、努力奋斗	主要指那些组织与影响他人共同完成组织目标的工作 主要职业:综合性农业企业管理人员、房地产商、经理、企业家、政府官员、律师、金融家、零售商、人寿保险代理人、采购代理人、行业部门和单位的负责人
常规型	·尊重权威,喜欢按计划办事,习惯接受他人指挥和领导,自己不谋求领导职务 ·不喜欢冒险和竞争,富有自我牺牲精神 ·工作踏实,忠实可靠,偏爱那些规章制度明确的工作环境 ·性格:有责任心、依赖性强、高效率、猜疑心重	主要指各类与文件档案、图书资料、统计报表等相关的科室工作 主要职业:会计、出纳、银行职员、速记员、鉴定人、统计人员、打字员、办公室人员、秘书和文书、图书管理员、风险管理者、旅游外贸人员、保管员、审计人员、人事职员等

> 创业情境

张伟和王军的创业历程(3)

在深入了解市场情况后,张伟和王军开始分析自己的创业动机与职业兴趣。在是否想创办企业的问题上,二人展开了讨论,并达成一致意见。张伟和王军具有共同的特点:喜欢竞争,喜欢设立具有适度挑战性的目标,有进取心,敢冒风险,勇于克服困难,追求努力奋斗的乐趣和成功之后个人的成就感。经过讨论,他们确定自己是真心想创办企业,且具有较强的创业动机。他们喜欢竞争,渴望展现自己的社会价值,具有一定的企业型和社会型人格特征,可以在创办企业的过程中更好地发挥自己的优势,强化相应的行为特征。但他们在自信、人际交往、做事技巧等方面还存在不足,有待在工作中不断改善。由于当前市场对创办企业的要求较为严格,因此在校期间,张伟和王军决定先以创业项目的形式进行实践,降低运营成本,毕业后根据实际情况再继续创业。

二、人格特征

(一) 有关人格的概念

1. 人格的含义

人格一词起源于古希腊语 persona。persona 最初指古希腊戏剧演员在舞台演出时所戴的面具,与我们京剧中的脸谱类似,而后指演员本人,一个具有特殊性质的人。现代心理学沿用 persona 的含义,转意为人格。其中包含两个意思:一是指一个人在人生舞台上所表现的种种言行,是人遵从社会文化习俗的要求而做出的反应,即人格所具有的"外壳",就像舞台上演员根据角色的要求而戴的面具,反映出一个人的外在表现;二是指一个人出于某种原因不愿展现的人格成分,即面具后的真实自我,这是人格的内在特征。

关于心理学中人格的定义,比较流行的是:所谓人格,是指一个人在社会化过程中形成和发展的思想、情感及行为的特有统合模式,这个模式包括个体独具的、有别于他人的、稳定而统一的各种特质或特点。

在心理学中,还经常使用"个性"一词表达人格的概念。

2. 人格的本质特征

人格是一个具有丰富内涵的概念,其中反映了人的多种本质特征。

- 独特性。一个人的人格是在遗传、生存、教育等因素的交互作用下形成的。在不同的遗传、生存及教育环境下,人形成了各自独特的心理特点。人与人没有完全一样的人格特征。所谓"人心不同,各有其面",就是指人格的独特性。但是,人格的独特性并不意味着人与人的个性之间毫无相同之处。在人格形成与发展的过程中,既有生物因素的辅助作用,又有社会因素的调节作用。人格作为一个人的整体特质,既包括每个人与其他人不同的心理特点,又包括人与人在心理、面貌上相同的方面,如每个民族、阶级和集团的人都有其共同的心理特点。人格是共同性与差别性的统一,是生物性与社会性的统一。

● 稳定性。人格具有稳定性。个体在行为中偶然表现出来的心理倾向和心理特征并不能表征他的人格。俗话说,"江山易改,禀性难移",这里的"禀性"就是指人格。当然,强调人格的稳定性并不意味着它在人的一生中是一成不变的,随着生理的成熟和环境的变化,人格也有可能产生或多或少的变化,这是人格可塑性的一面,正因为人格具有可塑性,才能培养和发展人格。人格是稳定性与可塑性的统一。

● 统合性。人格是由多种成分构成的一个有机整体,具有内在统一的一致性,受自我意识的调控。人格统合性是心理健康的重要指标。当一个人的人格结构在各方面彼此和谐统一时,他的人格就是健康的;否则,可能出现适应困难,甚至出现人格分裂。

● 功能性。人格决定一个人的生活方式,甚至决定一个人的命运,因而是人生成败的根源之一。当面对挫折与失败时,坚强者能发奋图强,懦弱者会一蹶不振,这就是人格功能性的表现。

根据人格的特征我们可以在心理学上将人格定义为:个人在适应环境的过程中所表现出来的系统的、独特的反应方式,它由个人在其遗传、生存、教育等因素的交互作用下形成,并具有很大的稳定性。

(二)人格测验

人格没有好坏,只有不同。每一种人格都有其价值和优点,也有其缺点和需要注意的地方。清楚地了解自己的人格优劣势,有利于更好地发挥自己的特长,而尽可能地在为人处事中避免自己人格中的劣势,更好地与他人相处,更好地做出重要的决策。清楚地了解他人(家人、同事等)的人格特征,有利于减少冲突,使家庭和睦,使团队合作更有效。总之,只要你认真、真实地填写了测试问卷,那么通常情况下你都能得到一个与你的人格相匹配的类型。希望你能从中或多或少地获得一些有益的信息。

迈尔斯布里格斯类型指标(MBTI)是当今世界上应用最广泛的一种迫选型、自我报告式的人格评估工具,用以衡量和描述人们在获取信息、做出决策、对待生活等方面的心理活动规律与人格类型。

MBTI 以四个组别来评估人的人格类型倾向,即"E-I""S-N""T-F"和"J-P"。每个组别中,获得较高分数的那个类型就是人的人格类型倾向。例如,一个人的得分是 E(外向)12分,I(内向)9分,那么他的人格类型倾向便是 E(外向)。如果在一个组别中两个类型同分,则依据图 1-1 所示的规则来决定被测者的人格类型倾向。

三、人格解析

"人格"是一种个体内部的行为倾向,是每个人特有的,可以对个体外显的行为、态度提供统一的、内在的解释。MBTI 把人格分为 4 个维度,每个维度上包含相互对立的 2 种偏好,如图 1-2 所示。

其中,"外向 E—内向 I"代表每个人不同的精力(energy)来源;"感觉 S—直觉 N""思考 T—情感 F"分别代表人们在进行感知(perception)和判断(judgement)时不同的用脑偏好;"判断 J—感知 P"是针对人们的生活方式(life style)而言,代表人们如何适应外部环境——在人们适应外部环境的活动中,究竟是判断还是感知发挥了主导作用。根据 4 个维度上的不同组合,可以将人格分为 16 种类型,如表 1-2 所示。

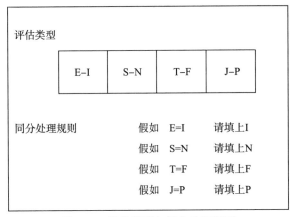

图1-1 评估类型与同分处理规则

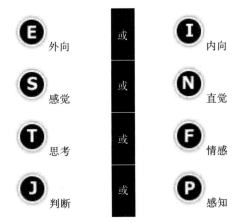

图1-2 MBTI人格维度

表1-2 人格类型

内向感觉思考判断 ISTJ	内向感觉情感判断 ISFJ	内向直觉情感判断 INFJ	内向直觉思考判断 INTJ
内向感觉思考感知 ISTP	内向感觉情感感知 ISFP	内向直觉情感感知 INFP	内向直觉思考感知 INTP
外向感觉思考感知 ESTP	外向感觉情感感知 ESFP	外向直觉情感感知 ENFP	外向直觉思考感知 ENTP
外向感觉思考判断 ESTJ	外向感觉情感判断 ESFJ	外向直觉情感判断 ENFJ	外向直觉思考判断 ENTJ

注：根据1978-MBTI-K量表，以上每种类型又可以细分为625种小类型。

每一种人格类型都具有独特的行为表现和价值取向。了解人格类型是寻求个人发展、探索人际关系的重要开端。MBTI的16种人格类型的特征及适应的职业见表1-3。

表 1-3　MBTI 16 种人格类型的特征及适应的职业

ISTJ 人格特征： 1. 严肃、安静、通过集中精力与全力投入获得成功 2. 行事务实、有序及可信赖 3. 乐于做任何事（工作、居家、生活均有良好组织及秩序） 4. 负责任 5. 按照设定成效来做出决策且不畏阻挠与闲言长语，坚定为之 6. 重视传统与忠诚 7. 传统性的思考者	适应的职业： ● 商业领域：审计师、会计、经销代理商、保险业务员等 ● 公共事务服务领域：政府职员、环保检查员、建筑用地规划人员等 ● 金融领域：银行检查员、股票经纪人、成本估价师等 ● 教育领域：教师、图书管理员、行政负责人等 ● 应用科学领域：计算机程序员、工程师、地质学家、气象学家等
ISFJ 人格特征： 1. 安静、和善、负责任且有良心 2. 行事尽责投入 3. 稳定性高，是项目工作或团体中安定的力量 4. 愿投入、吃苦及力求精确 5. 兴趣通常不在于科技方面，对细节事务有耐心 6. 忠诚、考虑周到、知性且会关切他人感受 7. 致力于创造有序及和谐的工作与家庭环境	适应的职业： ● 医疗领域：家庭医生、护士、营养学家、医学研究者等 ● 社会服务领域：社会工作者、小学及幼儿园教师、教育规划师等 ● 商业领域：秘书、行政管理人员、人事管理者等 ● 设计领域：室内设计师、艺术家、音乐家、珠宝商等
INFJ 人格特征： 1. 因坚韧、创新及坚定的意图而获得成功 2. 会在工作中投入最大的努力 3. 默默地、诚挚地及用心地关切他人 4. 因坚守原则而受敬重 5. 因提出造福大众的明确愿景而为人所尊敬与追随 6. 追求创新、关系及物质的意义及其之间的关联 7. 想了解什么能激励他人，并对他人具有洞察力 8. 光明正大且坚信其价值观 9. 有组织且果断地履行其愿景	适应的职业： ● 咨询领域：职业顾问、诊疗心理学家、教育顾问等 ● 教育领域：教师（尤其是高中和大学人文学科）等 ● 创造性工作领域：艺术家、剧作家、诗人等 ● 健康保健领域：心理健康顾问、饮食专家、按摩治疗师等 ● 社会服务领域：社会服务机构主管、热线主持人等 ● 商业领域：人力资源经理、组织发展顾问等
INTJ 人格特征： 1. 具有强大的动力与意图来达成目的 2. 具有宏大的愿景且能快速在众多外界事件中找出有意义的模范 3. 对所承担的职务具有良好的策划能力并能完成工作 4. 具备敏感性、挑剔性、独立性，行事果决，对专业水准及业绩要求高	适应的职业： ● 金融领域：投资银行家、金融分析家、决策策划者等 ● 技术领域：科学家、设计工程师、软件开发员等 ● 教育领域：大学教师（尤其是计算机、自然科学、数学学科）等 ● 医疗领域：心理学家、病理学家、精神病学家等 ● 专业领域：律师、法官、建筑师、飞行员等 ● 创造性工作领域：作家、发明家、设计师等

（续表）

ISTP 人格特征： 1. 冷静、安静、预留余地和弹性，并善于观察和分析 2. 有兴趣探索原因及效果，且使用逻辑原理组构事实，重视效能 3. 善于掌握问题的核心并找出解决方法 4. 善于分析成事的缘由且能实时从大量资料中找出实际问题的核心	适应的职业： • 专业领域：警察、赛车手、特工、私人侦探、摄影师、律师助理等 • 技术领域：电子机械工程师、系统分析师、信息处理专家等 • 健康护理领域：脑电图技术专家、运动生理专家等 • 金融领域：证券分析师、采购员、经济学家、保险理赔员等 • 手工领域：木匠、园艺设计师、乐器制造者、画家等
ISFP 人格特征： 1. 羞怯、安宁和善、敏感、亲切、行事谦虚 2. 喜于避开争论，不对他人强加己见或价值观 3. 无意于领导却常是忠诚的追随者 4. 办事不急躁，安于现状，无意于以过度的急切或努力破坏现况，且非成果导向 5. 喜欢有自己的空间及按照自订的日程办事	适应的事业： • 手工领域：木匠、画家、设计师、艺术家、乐器制造者等 • 健康护理领域：理疗师、医疗助理、治疗专家等 • 科学技术领域：测量员、动植物学家、考古学家、地质学家等 • 服务领域：保洁人员、商业策划人员、儿童福利顾问等 • 商业领域：书商、行政人员、保险调查员等
INFP 人格特征： 1. 安静，善于观察，有理想，忠诚于其价值观及对其重要的人 2. 外在生活形态与内在价值观相吻合 3. 具有好奇心且很快能看出机会所在，常担任开发创意的触媒 4. 行事富有弹性，适应力高且承受力强 5. 具备想了解及发展他人潜能的企图，做事全神贯注 6. 对所处境遇及得失不太在意	适应的职业： • 艺术领域：艺术家、作家、建筑师、设计师等 • 教育领域：教师（尤其是大学人文学科）、教育顾问等 • 健康保健领域：营养学家、调理师、职业治疗师等 • 商业领域：客户关系经理、人力资源招聘人员等
INTP 人格特征： 1. 安静、自我克制且具有适应力 2. 特别喜爱追求理论与科学事理 3. 习惯于以逻辑分析来解决问题 4. 对创新事务及特定工作有兴趣，对聚会与闲聊无太大兴趣 5. 追求可发挥个人强烈兴趣的生活 6. 追求对有兴趣事务的逻辑解释	适应的职业： • IT（信息技术）领域：软件设计师、系统分析师、电脑安全专家等 • 健康护理领域：神经学家、美容师、生物医学研究员等 • 专业领域：律师、心理学家、企业家、情报专家等 • 医疗领域：心理学家、病理学家、精神病学家等 • 学术领域：数学家、考古学家、哲学家、逻辑学家等 • 创造性工作领域：摄影师、音乐家、导演、发明家等

(续表)

ESTP 人格特征： 1. 擅长现场实时解决问题 2. 喜欢办事并享受过程 3. 喜欢技术事务和运动以及结交有共同爱好的友人 4. 具有适应性、容忍度、务实性；投入心力会很快得到成效 5. 不喜欢冗长概念的解释及理论 6. 擅长可操作、处理、分解或组合的实际事务	适应的职业： ● 社会活动领域：调查员、私家侦探、情报专家、刑事学家等 ● 金融领域：投资者、预算分析师、银行家、保险经纪人等 ● 娱乐体育领域：新闻记者、运动员、娱乐业经纪人、演员等 ● 手工领域：厨师、后勤经理、飞机修理工等 ● 商业领域：房地产经纪人、中间商、零售商等
ESFP 人格特征： 1. 外向、和善、接受性强、乐于分享 2. 喜欢与他人一起行动且促成事件发生 3. 知晓事件未来的发展并会积极参与 5. 最擅长人际相处，具备完备常识，富有弹性，能立即适应他人与环境 6. 享受生命、社交、物质满足	适应的职业： ● 教育领域：小学教师、特种教育教师、教育软件开发商等 ● 健康护理领域：急诊室护士、按摩师、兽医、药剂师等 ● 娱乐体育领域：电影制片人、演出承办人、新闻节目主持人等 ● 商业领域：房地产代理人、保险代理人、产品销售员等 ● 服务领域：空中服务员、秘书、接待员等
ENFP 人格特征： 1. 充满热忱、活力充沛、聪明、富有想象力，视生命充满机会，期待获得他人的肯定与支持 2. 几乎能做成所有感兴趣的事 3. 对难题很快就有对策，并能对有困难的人施与援手 4. 适应性强，灵活的应变能力使其无须过多地规划未发生的事情 5. 为达目的常能找出强制自己行动的理由 6. 即兴执行者	适应的职业： ● 创造性工作领域：记者、演员、漫画和卡通画家等 ● 营销领域：营销顾问、广告业务经理、广告创意指导等 ● 教育领域：教育心理学家、职业发展顾问等 ● 商业领域：人力资源经理、公司培训员、人事招聘员等
ENTP 人格特征： 1. 反应快、聪明、善于应对多样性事务 2. 具有激励伙伴、敏捷及直言不讳的专长 3. 会为了有趣而对问题的正反两面加以争辩 4. 对解决新颖及挑战性的问题富有策略，但会轻视或厌烦经常性的任务与细节 5. 兴趣多元，倾向于转移至新生的兴趣 6. 对于想要的会有技巧地找出逻辑理由 7. 善于了解他人，有智慧和能力去解决新的问题或有挑战性的问题	适应的职业： ● 商业领域：企业家、财务经理等 ● 信息传播领域：公共关系专家、广告业务经理、市场主管等 ● 政治领域：政治家、行政管理人员、政治分析家等

（续表）

ESTJ 人格特征： 1. 务实、真实、客观,具有管理或技术天分 2. 不喜欢抽象理论,喜欢学习可立即运用的事理 3. 喜欢组织与管理活动,且专注于以最有效率的方式行事 4. 具有决断力,关注细节且能很快做出决策 5. 会忽略他人的感受 6. 喜欢当领导者或企业主管	适应的职业： ● 营销领域：营销人员、经销商、代理商等 ● 科学技术领域：工程师（机械、应用）、技术培训人员等 ● 管理领域：项目经理、行政负责人、管理顾问等 ● 专业领域：牙科医生、内科医生、法官、律师等
ESFJ 人格特征： 1. 诚挚、爱说话、合作性高、受欢迎、光明正大、活跃 2. 注重和谐且善于创造和谐 3. 常做对他人有益的事 4. 被给予鼓励及称许时会有更佳的工作表现 5. 对会直接影响人们生活的事务最有兴趣 6. 喜欢与他人共同精确且准时地完成工作	适应的职业： ● 卫生保健领域：医生、护士、饮食专家、运动生理学者等 ● 教育领域：小学教师、特殊教育教师、儿童护理员等 ● 商业领域：公共关系专家、市场营销专家、顾客关系经理等 ● 服务领域：航班服务人员、美容师、旅游专家等 ● 文书领域：秘书、招待员、办公设备操作员等
ENFJ 人格特征： 1. 热忱、负责任,具备鼓励他人的领导能力 2. 对他人所想或需求会表达真正的关切且用心处理 3. 能怡然且技巧性地带领团体讨论或演示文稿提案 4. 爱交际、受欢迎且富有同情心 5. 对称许及批评很在意 6. 喜欢带领他人且能使他人或团体发挥潜能	适应的职业： ● 信息传播领域：公共关系专家、广告业务经理、资金募集人等 ● 咨询领域：心理学家、职业顾问、教育心理学家等 ● 教育领域：教师（大学人文学科）、早期教育教师等 ● 健康保健领域：饮食专家、按摩治疗师、整形治疗师等 ● 商业领域：人力资源培训员、人事招聘员、人事主管等
ENTJ 人格特征： 1. 坦诚、具有决策力 2. 善于发展与实施多样的方式以解决组织的问题 3. 专精于具有内涵与智慧的谈话,如对公众演讲 4. 乐于吸收新知识且能广开信息渠道 5. 易过度自信,会强行表达自己的意见 6. 喜欢策划及目标设定	适应的职业： ● 商业领域：商业主管、人力资源经理、项目经理等 ● 金融领域：经济分析家、投资银行家、股票经纪人等 ● 咨询领域：商业顾问、管理顾问、教育顾问等 ● 专业领域：律师、法官、心理学家等 ● IT领域：系统主管、数据库主管、网络主管等

第五节 创业条件评估

在决定创业之前,创业者还应分析评价一下自己,看看自己是否具有创业能力和财务条件。通过本节内容的学习,你要确定以下几个方面:
- 你的创业能力特征是什么?对于创业你有哪些优势与不足?
- 你的财务条件怎样?你的资金来源渠道有哪些?

一、创业能力

在决定创业之前,创业者应分析评价一下自己,看看自己是否具有创业的能力、技能和物质条件。成功的创业者之所以成功,不是因为他们走运,而是因为他们工作努力,并具有经营企业的能力。诚信度、计划制订与实施、信息收集与分析、团队合作、人际交往、自我反省、成本控制等是创办和经营企业的主要能力,如表1-4至表1-10所示。

表1-4 诚信度

含义	以诚信开展业务,以社会道德为标准,严格遵守企业各项制度和规范,工作责任感强
优秀者的表现	1. 诚实守信,言行一致 2. 对待各项工作认真、负责,获得同事的信任 3. 是非观念强,有较高的社会公德意识
不足者的表现	1. 对同事及他人完全按照个人的喜好来评价及对待,对自己喜好的人和事态度积极,对自己不喜欢的人和事则态度冷漠甚至恶劣 2. 轻视制度及规范,经常出尔反尔
改进的方法	1. 以无差别的公正、公平态度对待同事及生活中遇到的人 2. 严格遵守各项法律、制度、规范 3. 不轻诺,言必信 4. 重视个人道德形象,增强个人责任感

表1-5 计划制订与实施能力

含义	能够依据目标,有效地整合各项资源,制订具体的、可操作的行动方案,并能够通过说服、协调等方式得到相关人员的支持,使计划顺利推行下去
优秀者的表现	1. 制订计划时能够听取各方意见,并进行论证和修订 2. 能够准确把握计划的初衷和方向 3. 能够根据组织实际情况制订计划,从计划到实施的整个过程都能符合组织的实际情况 4. 能够有效地整合人力、物力、财力资源,制订合理的工作计划 5. 考虑到监控体系,能够有效地掌握计划实施情况 6. 计划完成后,能够及时地给予参与者积极的信息反馈,以便持续获得他们的支持

（续表）

不足者的表现	1. 对于计划的制订,仅仅停留在计划层面,不愿意花时间观察计划实施情况及提出修正意见 2. 缺乏有效的沟通能力,在执行计划的过程中,不注重员工间的配合,仅提供必要的信息,不在意合作对象是否能有效地完成工作
改进的方法	1. 学会聆听和询问,充分了解任务的根本目的 2. 学会统筹安排各项资源 3. 在计划初期就充分考虑计划实施过程中可能存在的问题,建立监控方案,做好随时调整和修正的准备 4. 在对员工传达计划任务时,应澄清目标、职责和价值 5. 学会良好的沟通方式,以双赢的态度对待他人 6. 学会持续沟通,在计划完成以后保持沟通,给予积极的信息反馈,以便未来可以更好地合作

表 1-6 信息收集与分析能力

含义	由于潜在的好奇心想对某些事、人或问题有更多的了解,通过各种方式获取所需要的信息,并能把零散的原始资料通过归纳、整理、综合分析,转化为系统的、具有操作性的意见和建议
优秀者的表现	1. 富有好奇心,对于新事物、新信息有强烈的兴趣 2. 善于借助各种渠道和途径来获取想要的信息 3. 亲自去调查某些问题或情况,找到与问题最接近的人并询问他们究竟发生了什么 4. 建立一个持续不断的系统以获得信息 5. 掌握和使用信息收集工具,在必要时能快速获取相关信息 6. 能够对信息进行分类、管理、随时调用
不足者的表现	1. 对新事物和新信息缺乏兴趣 2. 对变化反应迟钝,决策力差 3. 对收集到的信息不进行处理和分析,仅根据表面含义草率得出结论
改进的方法	1. 有意识地改变自己的习惯和思维方式 2. 养成把重要信息分类管理的习惯,以便于查找 3. 在做任何决策时,都积极准备并收集必要的信息,掌握多种信息汇集的方法 4. 养成言必有据的习惯,用收集到的信息及分析结果来说明自己的观点

表 1-7 团队合作能力

含义	能够团结同事,密切配合同事完成工作任务
优秀者的表现	1. 诚恳务实,诚信守诺,能够以开放的心态对待他人、信任他人 2. 清楚地知道自己在合作中的位置和所扮演的角色,充分理解团队合作的重要性 3. 能够以欣赏、信任和支持的心态对待合作伙伴,共同为团队目标做出努力
不足者的表现	1. 本位主义严重,着眼于任务本身,而不考虑团队合作 2. 以提防、竞争的心态对待同事,对合作团队缺乏归属感

(续表)

改进的方法	1. 应明白只有集合团队力量,才能使绩效最大化 2. 经常帮助合作伙伴,并主动寻求合作伙伴的帮助 3. 以良好的沟通方式与同事沟通,力求做到清楚地传达信息 4. 理解合作团队在组织中的角色和定位,理解自己在合作团队中的角色和定位 5. 建立对合作团队的归属感和荣誉感

表1-8　人际交往能力

含义	与他人建立或保持友好、互利的关系或关系网
优秀者的表现	1. 有人缘、善于交际,而且能够有意识、主动地维护和扩大自己的社会圈与人脉资源 2. 热情、开朗、主动,有很好的组织影响力和感染力 3. 能够进行非正式接触,与他人在工作环境之外进行非正式接触,包括就工作相关问题或孩子、运动、新闻等进行闲聊 4. 能够在朋友和熟人中建立或保持一个广泛、融洽的圈子 5. 能够建立广泛的社会关系,通过举行晚会、郊游或其他特殊聚会以改善或加强相互之间的关系 6. 能够建立和巩固个人之间的友谊,包括谈及个人的一些隐私以建立或保持融洽的关系,承认某位自己的朋友或熟人在实现某项业务目标时所做的贡献
不足者的表现	1. 不善于交际,常常独来独往,在人际关系的维持方面往往被动、消极,朋友圈子小 2. 孤僻、喜欢独处,沟通能力差,遇到人际冲突和矛盾时,缺少应对办法
改进的方法	1. 应明白人是社会人,人需要交往和交流,人脉也是个人成功的重要资源 2. 在人际交往中积极主动 3. 借助可能的机会、正式的或非正式的途径扩大人际交往范围 4. 学会与朋友分享生活和工作中的经验及体会

表1-9　自我反省能力

含义	正确地分析和认识自我
优秀者的表现	1. 有自知之明,明确地知道"可为"与"不可为"的界限 2. 无论多忙,都坚持思考和自我反省 3. 经常总结原因和提炼经验,不停地完善自我,提高自我 4. 能够对自己的工作表现做出客观、理性的评价
不足者的表现	1. 跟着自我的感觉行动,很少观察自己,更不会去总结行动的经验 2. 按照固定的模式行动,不会也不愿意去改变,总是在相同的错误上栽跟头
改进的方法	1. 适当地通过一些科学的、专业的心理测试,深入了解自我,发掘自我不为己知的一面 2. 学会以旁观者的眼光观察自己的行为:如果别人做了这种事,我会怎么看 3. 客观地分析行动的成功经验,获得教训 4. 无论多忙,每天都坚持回忆工作过程,判断自己的得失

表 1-10　成本控制能力

含义	在所有付出努力的工作中,具有使产出的收入大于成本的意识
优秀者的表现	1. 能够承担成本控制的全部责任 2. 在增加收入及节省成本方面是灵活的、实际的 3. 能够在预算安排的指导下灵活地进行操作 4. 能够寻求节省成本的机会
不足者的表现	1. 对自己从事的工作或项目的成本控制感到很"盲目",经常超出预先允诺的预算或成本 2. 在一个相对"松散的"成本框架里运作,预算仅仅是一般的指导政策
改进的方法	1. 学会仔细估算将来可能的成本,同时确保这些估计是建立在过去经验基础上的,是合情合理且完整的 2. 定期监督所有成本 3. 花更多时间在工作中尝试不同的做事方法,从而降低成本或识别新的增加收入的机会 4. 花时间了解任职企业的支出和收入情况,利用这种信息在成本控制方面做出更好的决策

创业情境

张伟和王军的创业历程(4)

张伟和王军分析了自己的创业能力。

第一,他们具有较高的诚信度,具有一定的信息收集与分析能力、团队合作能力和人际交往能力。

第二,他们在计划制订与实施、进度反馈、成本控制等方面还存在一定的不足。例如,还不能充分整合人力、物力、财力资源,从计划到实施的整个过程还不能完全符合实际情况;有时还存在跟着自我的感觉行动的现象,没有及时总结行动的经验;在增加收入方面还不够灵活、实际等。

第三,他们需要在以下方面弥补自己的不足:学会统筹安排各项资源;在计划初期充分考虑计划实施过程中可能存在的问题,建立监控系统,做好随时调整和修正的准备;无论多忙,每天都坚持回忆工作过程,判断自己的得失,及时总结经验。只有这样他们才能不断提高自己的创业能力,使自己和企业持续发展。

二、财务条件

创办企业除了经营能力,还需要有足够的资金。获得资金有三条基本途径:

(一) 银行贷款

如果创业者有可接受的担保品,创业者就有可能从一家银行或金融机构获得贷款。

1. 贷款的含义

贷款是银行或金融机构按一定利率和必须归还等条件出借货币资金的一种信用活动形式。广义的贷款是贷款、贴现、透支等出贷资金的总称。银行通过贷款的方式将持有的货币资金投放出去,可以满足社会扩大再生产对补充资金的需要,促进经济的发展;同时,银行也可以由此取得贷款利息收入,增加银行自身的积累。

2. 银行贷款的基本程序

(1) 提出借款申请。借款企业按银行的有关规定,填写《借款申请书》,说明借款币种、金额、期限、利率、用途、借款方式、还款方式和借款人的基本经营状况及偿还能力等内容。企业提出的借款申请应说明借款原因和借款金额、使用时间和使用计划、归还期限和归还计划等。

(2) 银行审核申请。银行贷款调查部门负责接受借款申请,并对其进行审核。审核的内容包括:

- 企业的财务状况;
- 企业的信用情况;
- 企业的盈利稳定性;
- 企业的发展前景;
- 借款用途和期限;
- 借款的担保品等。

(3) 签订借款合同。经银行审核,借款申请获批准后,银行与借款企业可进一步协商贷款的具体条件,签订正式的借款合同,规定借款币种、金额、期限、利率、用途、借款方式、还款方式、借贷双方的权利和义务、违约责任以及双方认为需要约定的其他事项。

(4) 取得借款。借款合同签订后,借款企业可在核定的贷款指标范围内,根据用款计划和实际需要,一次或分次将贷款转入企业的存款结算账户,以便支用。

(5) 归还借款。借款到期时,借款企业应依照借款合同的规定按期清偿借款本金与利息或续签合同。一般而言,归还借款的方式主要有以下三种:

- 到期日一次归还。在这种方式下,还款集中,借款企业需于借款到期日前做好准备,以保证全部清偿到期借款。
- 定期偿还相等份额的本金和利息,即在到期日之前定期(如每一年或两年)偿还相等的金额,至借款到期日还清全部本金。
- 分批偿还,每次金额不一定相等。

(二) 积蓄

如果创业者有积蓄,就可以用积蓄去创办企业,但不能把自己所有的积蓄都投进去。因为如果没有其他收入来源,创业者所有的生活开支就得从积蓄中支付,直到能靠企业盈利来支撑生活。一般情况下,一家新企业至少要运转三个月以上,才会产生足够的盈利来支付业主的生活费用。

(三) 向亲友借贷

如果既没有担保品,又没有积蓄,那么创业者只能向亲友借贷。

创业情境

张伟和王军的创业历程(5)

张伟和王军根据具体情况,分析了自己的财务条件,如下表所示:

项目		金额(元)
收入	积蓄	8 000
	创业项目结余	58 700
	总收入(A)	66 700
支出 (未来三个月)	生活费	4 800
	房租	2 400
	交通费	200
	其他	300
	总支出(B)	7 700
可用于创办企业的资金(A-B)		59 000

实践园地

认识自己,正确选择

2004年年初,25岁的王兴中断了在美国特拉华大学电子与计算机工程系的博士学业,决定回国创业。王兴回国创业的第一个项目叫"多多友",即一个泛人群的SNS(社交网络服务)。在"多多友"之后,王兴又做了第二个项目叫"游子图"(针对海外的朋友)。到2005年秋天,王兴决定要专注于一块细分市场,最终确定是大学校园SNS,这才有了后来的校内网。

校内网发布3个月就吸引了3万用户,这也让王兴在中国互联网圈打响了名气。但用户数增长迅速的另一面是,2006年王兴没有资金增加服务器和带宽,不得不将校内网卖给千橡互动集团,王兴等校内网的核心团队成员也都随着这一收购加入了千橡互动集团。后来千橡CEO(首席执行官)陈一舟将校内网改为人人网,2011年人人网上市。锁定期一过,王兴等校内网的核心团队成员就都陆续离开了公司。

离开千橡互动集团之后,王兴继续做社交网络服务,2007年成立了饭否。而饭否的关停遭遇最终把王兴从社交领域推了出去,于是王兴在2010年创立了美团网。

有声音说,是饭否断送了王兴创业以来一直坚持的社交梦。但饭否之后,市场的确看到了一个更成熟的王兴。曾经有人问王兴,你之前做校内网,做饭否,它是一个社交媒体、社交网络,看起来是不是更能影响信息传播,更有社会意义,做电子商务、做美团也很好,但是不是有一点俗了?王兴认为自己可以非常理直气壮地告诉对方,不俗。理由是"消费者的每一次花钱都是在投票,投票选择你想要支持的那个世界"。那么每一次投票就是一次交易,交易额代表投票的多少,代表你影响了多少消费者。创业对于王兴而言就是改变世界的方式:"我希望活在一个更希望生活的世界里,但我等不及让别人去打造这个世界。"

2014年,市面上有本书叫《九败一胜》,写的是王兴创业10年的经验总结。那个时间点,美团刚从千团大战中熬出头,经历了校内网和饭否的失败之后,王兴终于可以长舒一口气。

但市场并没有给王兴太多感慨的时间。随后的4年,王兴一直在打仗,或主动或被动,在不同的领域多线开战。

当年团购这一仗,王兴认为自己是打赢了,美团成了团购行业里的领先者,市场份额一度达80%。但2015年外卖又成了行业风口。美团快速跟进,与饿了么、百度展开了外卖补贴战,一直打到百度退出,收编了百度外卖的饿了么又被阿里拿下。

外卖行业的格局还未完全稳定,2022年4月,美团又迫不及待地跨界进入了打车市场,并大手笔收购了摩拜单车。做打车、收摩拜让美团成功跻身出行市场不可忽略的一极,但这个位置也的确是真金白银砸出来的。

目前,美团除了外卖和到店餐饮,还涵盖酒店、旅游、打车、票务、短租、生鲜零售等各个领域。

值得一提的是,虽然美团如今还有着鲜明的外卖公司标签,但是在王兴的规划中,公司的未来是服务电商平台,美团的学习目标是亚马逊。国内大约有6.5亿的中产阶层,这一用户规模有着巨大的服务需求,包括餐饮、旅游、出行等。"虽然我们看起来像是在发展很多不同的业务,但实际上只是朝着一个目标在努力。"王兴曾表示,美团是一家以用户需求为中心的公司。"仔细观察所有垂直领域后,你会发现它们总会在某个用户群体形成交集。而就餐、点餐、看电影、旅游、出行的用户,基本上就是同一群人。"

资料来源:美团创建人王兴的创业故事[EB/OL].(2022-03-03)[2023-02-13].https://zhuanlan.zhihu.com/p/475438156。

问题: 结合材料和本章内容,你对创业有哪些新的认识?

分析提示: 大学生创新创业是促进大学生就业的一项有力举措,当代大学生应树立正确的创业意识,合理分析自身情况,审时度势,对市场和自身做出理性的判断。在市场繁荣、需求多样化的今天,正确的决策至关重要。

任务训练

任务训练一:树立创业精神与创新意识

分析绝大多数成功的创业者,可以发现他们都具有强烈的领导欲望、不轻言放弃、善于策划经营、敢于承担风险等创业精神。有创业理想的大学生应该在以下几个方面进行自我甄别,有意识地培养自己的创业精神。

一、检查自己是否具有创业精神

表 1-11 用于测试创业者是否适合创业,填答时请看清每个句子,然后圈出一个数字,以代表该句子描述的内容与测试者自身情况相符合的程度。其中,1 代表非常不符合,2 代表比较不符合,3 代表难以确定,4 代表比较符合,5 代表非常符合。分数越高,表示该描述越符合自身情况。

表 1-11 自我检查——创业精神

序号	行为描述	符合程度
1	喜欢当领导:这里所说的领导并非指国家领导人,而是指领导欲望特别强烈,由于喜欢指挥别人,所以不喜欢被约束,不甘居于人下,做个普通的打工人	1 2 3 4 5
2	斗志顽强:不畏创业道路的崎岖,是一个意志坚定、不怕风险、勇于开拓、工作勤奋、不畏挫折、果敢坚毅的人	1 2 3 4 5
3	善于经营:一是树立正确的创业经营理念;二是具备有效的经营策略;三是有成本和利润意识	1 2 3 4 5
4	敢于承担风险:中等风险的偏爱者,不拒绝放手一搏,但也并非孤注一掷,喜欢以三比一或五比一的方式参与决策	1 2 3 4 5
5	追求自我价值实现:在有限的生命中追求无限的成就,追求自我价值实现的成功喜悦	1 2 3 4 5
得分		

二、创业意识自我评估

创业意识支配着创业者对创业实践活动的态度和行为,是创业素质的重要组成部分。

(一)创业能力评估

如表 1-12 所示,成功的创业者通常具有一些有别于常人的特质,每个人并非具备外在条件就能创业,而是需要预先通过创业意识的自我评估,再决定是否开启创业之路。

表 1-12 创业能力评估

√ 是否不畏艰险去解决遇到的问题,并立刻做出正确的决策?
√ 是否不畏失败,将危机视为一个创业的有利机会?
√ 是否做到每天辛勤工作长达十几个小时以上,甚至牺牲和家人团聚的机会?
√ 是否不完全受他人左右,但有时却能从善如流?
√ 是否愿意学习新的知识,并具有追根究底的精神?
√ 是不是一个说做就做的人,而且做事决不拖沓?
如果以上回答都是肯定的,那么你便具有很高的创业能力,是一个合格的创业者。

（二）经营能力评估

创业者如果打算自主创业步入商界的话，那么首先要考察一下自身获取利润的能力，思考表1-13中所列出的问题。

表1-13　经营能力评估

√ 在购买东西时，会不由自主地算算卖家可能会赚多少钱。
√ 如果有一个能赚钱的项目，而你现在没有钱，你会选择贷款去做吗？
√ 在购买大件商品时，经常会计算各种成本，如运输成本等。
√ 善于应对突发事件。
√ 除了当前的本职工作，自己还有别的一技之长。
√ 喜欢阅读商界人物的经历。
√ 对新鲜事物反应灵敏。
√ 曾为自己制订赚钱计划，并且实现了这个计划。
√ 在生活或工作中喜欢冒险。
√ 在工作中能够很好地与人合作。
√ 经常收看财经方面的节目。
√ 善于分析形势或问题。
√ 在碰到问题时能够很快地决定该怎么做。
√ 经常计划该如何找机会去赚钱。
√ 做事最重视的是实现目标与结果。
√ 愿意下海经营而放弃拿固定工资。
如果以上回答都是肯定的，你就是最理想的创业人才。如果肯定回答不足上述问题的60%，你就暂时不要考虑创业。

任务训练二：创业观测试

为何你有创业的欲望？你真的想为自己工作吗？走上创业这条路要有正面的理由，更要有自信能满足市场的需求。在创业之前你必须了解是否具备成功的条件，一般成功创业者的条件包括自律、自强、识人能力、管理技能、想象力、口才、毅力、乐观、奉献精神、积极的人生观、客观推销产品（服务）的能力、独立作业的能力、追求利润的方法。当你确定自己适合创业后，你不必急着马上走上创业这条路，还必须先评估一下你的创业计划是否可行。你可以思考以下一些问题。

- 你能否用语言清晰地描述出你的创业构想？想法必须明确。你应该能用很少的文字将你的想法描述出来。根据成功创业者的经验，不能将想法变成自己的语言的原因大概也是一个警告，你还没有思考清楚吧！
- 你是否真正了解你所从事的行业？许多行业都要求选用从事过这个行业的人，他们对这个行业内的方方面面都有所了解；否则，你就得花费很多的时间和精力去调查诸如价格、销售、管理费用、行业标准、竞争优势等信息。

- 你是否看到别人使用过这种方法？一般来说，一些经营红火的公司的经营方法比那些特殊的想法更具有现实性。有经验的企业家中流行这样一句名言："还没有被实施的好主意往往可能实施不了。"
- 你的想法是否经得起时间的考验？当你的某项计划真正得以实施时，你会感到由衷的兴奋。但过了一个星期、一个月甚至半年之后，将是什么情况？它也许已经不再那么令人兴奋了，或是已经有了完全不同的另外一个想法来代替它。
- 你的设想是为自己还是为别人？你是否打算在今后5年或更长的时间内，全身心地投入这个计划的实施中？
- 你有没有一个好的网络？开始创办企业的过程，实际上就是一个组织诸如供应商、承包商、咨询专家、雇员的过程。为了找到合适的人选，你应该有一个服务于你的个人关系网。否则，你有可能陷入不可靠的人际关系之中。
- 什么是潜在的回报？每个人投资创业，其最主要的目的就是赚最多的钱。可是，在尽快致富的设想中隐含的绝不仅仅是钱，你还要考虑成就感、爱、价值感等潜在回报。如果没有意识到这一点，你就必须重新考虑你的计划。

如果经过自我分析后证明你适合创业，同时你也能肯定回答上述几个问题，那么你创业成功的胜算将会很高，你可以决定着手去创业。

如果你是真心想创办企业，那么你创业成功的可能性就大得多；如果你仅仅是想有些事情可做，那么你创业成功的可能性就不大。因此，你要问问自己，你为什么想创办自己的企业。

你可以从以下几个方面来问自己：
- 你是否真心想创办企业。
- 你是否渴望将事情做得更完美，提高工作效率，获得成功。
- 你是否勇于克服困难、解决问题。
- 你是否追求努力奋斗的乐趣和成功之后个人的成就感。
- 你是否希望得到关于工作业绩的及时、准确的反馈信息，从而了解自己是否有进步。
- 你是否喜欢设立具有适度挑战性的目标，而不是凭运气获得的成功。
- 你是否不喜欢接受那些在你看来特别容易完成的工作任务。
- 你是否有进取心、敢冒风险。

思考上述问题，如果回答是肯定的，那么你创业成功的胜算将会较高。

任务训练三：创业项目的选择——可行性研究

创业项目的分类有很多种：从观念上，可分为传统创业项目和新兴创业项目；从方法上，可分为实业创业项目和网络创业项目；从投资上，可分为无本创业项目、小本创业项目和微创业项目；从方式上，可分为自主创业项目、加盟创业项目、体验式培训创业项目和创业方案指导创业项目；从经营性质及特点上，可分为生产类创业项目、科技类创业项目、商贸类创业项目、服务类创业项目、创意类创业项目和公益类创业项目；等等。

因此选择合适的创业项目需要进行必要的可行性研究,如表 1-14 所示。

表 1-14 分析项目可行性需要回答的问题

序号	需要回答的问题
1	是否有必要开展项目?
2	项目需要多长时间才能完成?
3	项目需要投入多少资源? (项目产出必须大于项目投入,如果产出不能大于投入,这个项目的价值就有待商榷)
4	项目在财务方面是否有价值?
5	项目在技术和经济方面是否合理可行? (项目可行性研究还包括更广泛的经济评价,包括一些隐形的、无形的效果)
6	项目的组织能力如何? (因为项目需要有人来实施,实施人的组织能力对项目成功具有非常重要的作用,需要对实施人的组织能力做一个评价)
7	实施项目有哪些制约因素?
8	项目是否支持企业的战略?
9	项目能否给企业带来竞争优势?能够带来多少效益?
10	细节方面是否比较清楚?是否有替代方案?项目是否存在技术风险或财务风险?

对以上问题做一个回答,把它写成书面报告,得出项目的可行性研究报告。

做练习

以 3~6 人为一个小组,通过讨论生成创业项目可行性研究报告。

任务训练四:确定你的创业动机与职业兴趣

测评你具有怎样的创业动机与职业兴趣,根据测评结果分析你的创业动机水平和职业兴趣特征。

一、确定你的创业动机水平

表 1-15 是若干描述人们日常生活行为的句子,其中有些句子可能比较符合你自己的情况,有些则不太符合。填答时请看清楚每个句子,然后圈出一个数字,以代表该句子描述的内容与你自身情况相符合的程度。其中,1 代表非常不符合,2 代表比较不符合,3 代表难以确定,4 代表比较符合,5 代表非常符合。分数越高,表示该描述越符合你的自身情况。

表 1-15 创业动机水平测试

序号	行为描述	符合程度
工作		
1	对我来说,尽自己的最大努力把工作做好非常重要,哪怕我的同事们都不这样想	1　2　3　4　5
2	只要我尽了自己的最大努力,我对自己的工作就会感到满意	1　2　3　4　5
3	对于完成得很好的工作,我会感到骄傲	1　2　3　4　5
4	对于胜过自己从前的工作表现,我会感到满意,哪怕我并没有超越别人	1　2　3　4　5
5	我喜欢努力工作	1　2　3　4　5
6	我的快乐部分来自改进自己的表现	1　2　3　4　5
	得分	
控制		
1	我更愿意做一些有信心且放松的事情,而不愿意做那些有挑战性和很困难的事情	1　2　3　4　5
2	当我所属的团体正在计划一项活动时,我愿意亲自策划,而不只是协助别人或是完全由别人组织	1　2　3　4　5
3	我愿意学一些容易、有趣的游戏,而不愿意学那些费脑子的游戏	1　2　3　4　5
4	如果我总是学不会某种东西,我愿意继续努力,直到学会,而不会停下来去学容易学会的东西	1　2　3　4　5
5	一旦我接受了某项任务,我就会坚持到底	1　2　3　4　5
6	我喜欢那种需要较高技巧的工作	1　2　3　4　5
7	多数情况下,我会接受那些我不确定能干好的任务,而不是那些我确定能干好的任务	1　2　3　4　5
8	我喜欢忙碌充实的感觉	1　2　3　4　5
	得分	
竞争性		
1	我喜欢在有竞争对手的环境中工作	1　2　3　4　5
2	在某项任务中表现得比别人好对我来说很重要	1　2　3　4　5
3	无论在工作中还是在游戏中,对我来说获胜总是重要的	1　2　3　4　5
4	当别人的表现比我好时,我感到气恼	1　2　3　4　5
5	当我与别人竞争时,我会更加努力地工作	1　2　3　4　5
	得分	

将每组得分相加,注意第二组(控制)题目中 1 和 3 题计分时需要逆转(5=1,4=2……),你的得分就是这三个量表各题目的得分之和。为了更好地了解分数的含义,你可以将自己的得分与表 1-16 中所列的四种不同群体的常态模式进行比较。

表 1-16 不同群体的常态模式比较

群体	工作		控制		竞争性	
	男	女	男	女	男	女
大学生	19.8	20.3	19.3	18.0	13.6	12.2
运动员	21.2	21.9	20.4	20.9	15.7	14.3
商人	21.1	20.7	22.3	22.1	14.6	13.8
心理学家	21.1	21.9	21.5	22.4	11.7	11.1

二、确定你的职业兴趣特征

本量表将帮助你发现并确定自己的职业兴趣和能力特长。本量表共包含七个部分,每部分测量都没有时间限制,但请尽快按要求完成。

第一部分 你心目中的理想职业(专业)

对于未来的职业(或升学进修的专业),你需要早做考虑,它可能很抽象、很朦胧,也可能很具体、很清晰。不论是哪种情况,现在都请你把自己最想做的 3 种工作或最想读的 3 种专业按顺序写下来,并说明理由。请在所填职业/专业的右侧,按它在你心目中的清晰程度或具体程度,按从很朦胧/抽象到很清晰/具体,分别用 1、2、3、4、5 来表示(如 5 分表示它在你心目中非常清晰)。

一、职业/专业:＿＿＿＿＿＿＿＿＿＿ 清晰/具体程度:＿＿＿＿＿＿＿＿＿＿
理由:＿＿＿＿＿＿＿＿＿＿＿＿＿＿＿＿＿＿＿＿＿＿＿＿＿＿＿＿＿＿＿＿＿
二、职业/专业:＿＿＿＿＿＿＿＿＿＿ 清晰/具体程度:＿＿＿＿＿＿＿＿＿＿
理由:＿＿＿＿＿＿＿＿＿＿＿＿＿＿＿＿＿＿＿＿＿＿＿＿＿＿＿＿＿＿＿＿＿
三、职业/专业:＿＿＿＿＿＿＿＿＿＿ 清晰/具体程度:＿＿＿＿＿＿＿＿＿＿
理由:＿＿＿＿＿＿＿＿＿＿＿＿＿＿＿＿＿＿＿＿＿＿＿＿＿＿＿＿＿＿＿＿＿

以下第二、三、四部分每个类别下的每个小项皆为是否选择题,请选出与你的情况相符的项目,并按照有一项相符计 1 分的规则统计分值,将相应分值填写在第六部分的统计结果中。

第二部分 你所感兴趣的活动

表 1-17 列举了若干活动,请就这些活动判断你的好恶。喜欢的,计 1 分;不喜欢的,不计分。请将分值直接填写在第六部分的统计结果中。

表 1-17　活动评价

R：实际型活动	A：艺术型活动
1. 装配修理电器或玩具	1. 素描/制图或绘画
2. 修理自行车	2. 参演话剧/戏剧
3. 用木头做东西	3. 设计家具/布置室内空间
4. 开汽车或摩托车	4. 练习乐器/参加乐队
5. 用机器做东西	5. 欣赏音乐或戏剧
6. 参加木工技术学习班	6. 看小说/读剧本
7. 参加制图描图学习班	7. 从事摄影创作
8. 驾驶卡车或拖拉机	8. 写诗或吟诗
9. 参加机械和电气学习班	9. 参加艺术（美术/音乐）培训班
10. 装配修理机器	10. 练习书法
I：调研型活动	**S：社会型活动**
1. 读科技图书或杂志	1. 参加单位组织的正式活动
2. 在实验室工作	2. 参加某个社会团体或俱乐部的活动
3. 改良水果品种，培育新的水果品种	3. 帮助别人解决困难
4. 调查了解土和金属等物质的成分	4. 照顾儿童
5. 研究自己选择的特殊问题	5. 出席晚会、联欢会、茶话会
6. 解算术或数学游戏	6. 和大家一起出去郊游
7. 上物理课	7. 获得关于心理方面的知识
8. 上化学课	8. 参加讲座或辩论会
9. 上几何课	9. 观看或参加体育比赛和运动会
10. 上生物课	10. 结交新朋友
E：事业型活动	**C：常规型活动**
1. 鼓励他人	1. 整理好桌面与房间
2. 卖东西	2. 抄写文件和信件
3. 谈论政治	3. 为领导写报告或公务信函
4. 制订计划、参加会议	4. 检查个人收支情况
5. 以自己的意志影响别人的行为	5. 参加打字培训班
6. 在社会团体中担任职务	6. 参加算盘、文秘等实务培训班
7. 检查与评价别人的工作	7. 参加商业会计培训班
8. 结交名流	8. 参加情报处理培训班
9. 指导有某种目标的团体	9. 整理信件、报告、记录等
10. 参与政治活动	10. 草拟商业合同

第三部分　你所擅长的活动

表 1-18 列举了若干活动，请选择你能做或大概能做的活动。喜欢的，计 1 分；不喜欢的，不计分。**请将分值直接填写在第六部分的统计结果中。**

表 1-18　能力评价

R：实际型能力	A：艺术型能力
1. 能够使用电锯、电钻和锉刀等木工工具	1. 能够演奏乐器
2. 知道万用电表的使用方法	2. 能够参加二部或四部合唱
3. 能够修理自行车或其他机械	3. 能够独唱或独奏
4. 能够使用磨床或缝纫机	4. 能够扮演剧中角色
5. 能够给家具和木制品刷漆	5. 能够创作简单的乐曲
6. 能够看建筑设计图	6. 会跳舞
7. 能够修理简单的电器	7. 会绘画、素描或书法
8. 能够修理家具	8. 会雕刻、剪纸或泥塑
9. 能够修理机械设备	9. 能够设计板报、服装或家具
10. 能够修理水管	10. 能够写一手好文章
I：调研型能力	**S：社会型能力**
1. 懂得真空管或晶体管的作用	1. 有向各种人说明解释的能力
2. 能够列举三种蛋白质多的食品	2. 经常参加社会福利活动
3. 理解铀的裂变	3. 能够和大家一起友好相处和工作
4. 会使用计算尺、计算器、对数表	4. 善于与年长者相处
5. 会使用显微镜	5. 会邀请他人、招待他人
6. 能够找到三个星座	6. 能够简单易懂地教育儿童
7. 能够独立进行调查研究	7. 能够安排会议等活动的顺序
8. 能够解释简单的化学反应	8. 善于体察人心和帮助他人
9. 能够理解人造卫星为什么不落地	9. 帮助护理病人和伤员
10. 经常参加学术会议	10. 安排社团组织的各种事务
E：事业型能力	**C：常规型能力**
1. 担任过学生干部并且干得不错	1. 会熟练地打印中文
2. 工作上能够指导和监督他人	2. 会用外文打字机或复印机
3. 做事充满活力和热情	3. 能够快速记笔记和抄写文章
4. 能够有效利用自身的做法调动他人	4. 善于整理、保管文件和资料
5. 销售能力强	5. 善于从事事务性工作
6. 曾担任俱乐部或社团的负责人	6. 会用算盘
7. 善于向领导提出建议或反映意见	7. 能够在短时间内分类和处理大量文件
8. 有开创事业的能力	8. 会使用计算机
9. 知道怎样做能够成为一个优秀的领导者	9. 能够搜集数据
10. 健谈善辩	10. 善于为自己或集体制作财务预算

第四部分　你所喜欢的职业

表 1-19 列举了若干职业，请认真地看，并选择你感兴趣的职业。选择一项，计 1 分；不太喜欢或不关心的职业不选，不计分。**请将分值直接填写在第六部分的统计结果中。**

表 1-19　职业评价

R：实际型职业	A：艺术型职业
1. 飞机机械师	1. 乐队指挥
2. 野生动物专家	2. 演奏家
3. 汽车维修工	3. 作家
4. 木匠	4. 摄影家
5. 测量工程师	5. 记者
6. 无线电报务员	6. 画家、书法家
7. 园艺师	7. 歌唱家
8. 长途公共汽车司机	8. 作曲家
9. 电工	9. 影视剧演员
10. 火车司机	10. 电视节目主持人
I：调研型职业	**S：社会型职业**
1. 气象学者或天文学者	1. 街道、工会或妇联干部
2. 生物学者	2. 小学、中学教师
3. 医学实验室的技术人员	3. 精神病医生
4. 人类学者	4. 婚姻介绍所工作人员
5. 动物学者	5. 体育教练
6. 化学者	6. 福利机构负责人
7. 教育工作者	7. 心理咨询师
8. 科学杂志的编辑或科普作家	8. 共青团干部
9. 地质学者	9. 导游
10. 物理学者	10. 国家机关工作人员
E：事业型职业	**C：常规型职业**
1. 厂长	1. 会计师
2. 影视剧编剧	2. 银行出纳
3. 公司经理	3. 税收管理员
4. 销售员	4. 计算机操作员
5. 不动产推销员	5. 簿记人员
6. 广告经理	6. 成本核算员
7. 体育活动主办者	7. 文书档案管理员
8. 销售经理	8. 打字员
9. 个体工商业者	9. 法庭书记员
10. 企业管理咨询人员	10. 人口普查登记员

第五部分　你的能力类型简评

表 1-20（a）和表 1-20（b）两张表是你在 6 个职业能力方面的自我评价表。你可先与同龄人比较出自己在每一方面的能力，然后对自己的能力做出评估。请在表 1-20（a）和表 1-20（b）中适当的数字上画圈，数值越大表明你该方面的能力越强。注意：请勿选择同样的数字，因为人的每项能力不会完全一样。

表 1-20（a） 自我评价（能力）

R 型	A 型	I 型	S 型	E 型	C 型
机械操作能力	艺术创作能力	科学研究能力	解释表达能力	商业洽谈能力	事务执行能力
7	7	7	7	7	7
6	6	6	6	6	6
5	5	5	5	5	5
4	4	4	4	4	4
3	3	3	3	3	3
2	2	2	2	2	2
1	1	1	1	1	1

表 1-20（b） 自我评价（技能）

R 型	A 型	I 型	S 型	E 型	C 型
体育技能	音乐技能	数学技能	交际技能	领导技能	办公技能
7	7	7	7	7	7
6	6	6	6	6	6
5	5	5	5	5	5
4	4	4	4	4	4
3	3	3	3	3	3
2	2	2	2	2	2
1	1	1	1	1	1

第六部分　测评统计结果

表 1-21　测评统计结果

测试内容	R 型	A 型	I 型	S 型	E 型	C 型
第二部分						
第三部分						
第四部分						
第五部分(a)						
第五部分(b)						
总分						

请将上表中的 6 种职业倾向总分按大小顺序依次从左到右排列：
　　　　型、　　　　型　　　　型、　　　　型、　　　　型、　　　　型
最高分　　　　　最低分　　　　
你的职业倾向得分

第七部分 你所看重的东西——职业价值观

这一部分列出了人们在选择职业时通常会考虑的 9 种因素（见所附工作价值标准）。现在请你分别选出对你来说最重要和最不重要的两项因素，并填入下面相应的空格上。

最重要：_____ 次重要：_____ 最不重要：_____ 次不重要：_____

附：工作价值标准

1. 工资高、福利好　　　2. 工作环境（物质方面）舒适　　　3. 人际关系良好
4. 工作稳定有保障　　5. 能够提供较好的受教育机会　　6. 有较高的社会地位
7. 工作不太紧张、外部压力少　　8. 能充分发挥自己的能力和特长　　9. 社会需要与社会贡献大

至此全部测量完毕。

现在，将你测量得分居第一位的职业类型找出来，对照表 1-1，判断一下自己的职业兴趣特征，将自己的职业兴趣特征与成功创业者应具有的职业兴趣特征进行比较，找出自己的差距，并填写在表 1-22 中。

表 1-22　职业兴趣特征比较

自己的职业兴趣特征	成功创业者的职业兴趣特征	差距

任务训练五：确定你的人格特征

迈尔斯布里格斯类型指标（MBTI）

第一步，测试你的人格类型。本量表包含 4 个维度，每个维度用一个表格表示（如外向—内向）。表 1-23 中的每一行有两个对立的特征。请在两个特征中选择适合自己的一个，并在空格中打"√"。每一表格选择完毕后，计算每列的"√"数目。例如，外向 5 个"√"，内向 4 个"√"，则在底栏选择外向（E），而不是内向（I）。

表 1-23　迈尔斯布里格斯类型指标（MBTI）

判断型的人		感知型的人	
与他人在一起时感到振奋		独自一人时感到振奋	
希望成为关注的焦点		避免成为关注的焦点	

(续表)

判断型的人	感知型的人
先行动,再思考	先思考,再行动
喜欢边思考边说出声	在脑中思考
易于被了解,愿与他人共享个人信息	注重隐私,只与少数人共享个人信息
说的比听的多	听的比说的多
热情地交流	不把热情表现出来
反应迅速,喜欢快节奏	思考之后再反应,喜欢慢节奏
较之精深更喜欢广博	较之广博更喜欢精深
外向(E)	内向(I)
感觉型的人	**直觉型的人**
相信确定和有形的事物	相信灵感与推理
喜欢具有实际意思的新主意	喜欢新主意和新概念
崇尚现实主义与常识	崇尚想象力和新事物
喜欢运用和琢磨已有的技能	喜欢学习新技能,但掌握后又厌倦
留心特殊的和具体的事物,喜欢给出细节	留心普遍和有象征性的事物,喜欢使用隐喻
循序渐进地给出信息	跳跃式地以一种绕圈的方式给出信息
着眼于现在	着眼于将来
感觉(S)	直觉(N)
思考型的人	**情感型的人**
后退一步,客观地分析问题	向前看,关心行动给他人带来的影响
崇尚逻辑、公正和公平,有统一的标准	注重感情与和睦,看到规则的例外性
自然地发现缺点,有吹毛求疵的倾向	自然地想让别人快乐,易于理解别人
可能被视为无情、麻木、漠不关心	可能被视为过于感情化、无逻辑、脆弱
认为诚实比机敏更重要	认为诚实与机敏同样重要
认为只有合乎逻辑的感情才是正确的	认为所有感情都是正确的,不管是否有意义
受获得成就欲望的驱使	受情感与渴望被人理解的驱使
思考(T)	情感(F)
判断型的人	**感知型的人**
做完决定后感到快乐	因保留选择的余地而快乐
具有工作原则,先工作后娱乐	具有娱乐的原则,先娱乐再工作
确定目标并按时完成任务	当有新的情况时便改变目标

(续表)

判断型的人		感知型的人	
想知道自己的处境		喜欢适应新环境	
看重结果		看重过程	
通过完成任务而获得满足		通过着手新事物而获得满足	
把时间看成有限的资源		把时间看成无限的资源	
判断（J）		感知（P）	

请在下面的横线上写出代表字母：

　　　　_____　　　_____　　　_____　　　_____
　　　　E 或 I　　　S 或 N　　　T 或 F　　　J 或 P

第二步，验证你的人格类型。第一步中得出的四个字母组合（如 ISTJ）就是你的人格类型，其特征在表 1-3 中给出。

第三步，将你的人格特征（参照表 1-3 中的描述），与成功创业者应具有的人格特征进行比较，找出自己的不足，并填写表 1-24。

表 1-24　人格特征比较

自己的人格特征	成功创业者的人格特征	自己的不足

任务训练六：确定你的创业能力

第一步，根据任务训练四、五的测量结果以及你在工作、学习和生活中的行为表现，填写下列表格。

填表说明：
- 要实事求是地填写表格。
- 评价自己的优势与不足。
- 把你的创业构思讲给家庭成员或与你关系比较密切的朋友听，请他们对你进行评价，然后把他们对你的评价填写在表 1-25 中。

表 1-25　自我及家庭成员或朋友的评价

自我评价		家庭成员或朋友的评价	
优势	不足	优势	不足

第二步,根据自己的不足,提出改进的方法,明确实施步骤,并将其填在表 1-26 中。在这一过程中,可以参照本章所列的能力提高方法,也可以根据自己的想法来提出改进的方法。注意:提出的方法要有针对性且切实可行。

表 1-26　改进的方法和实施步骤

改进的方法	实施步骤

（续表）

改进的方法	实施步骤

任务训练七：确定你的财务条件

请填写表 1-27 并计算你有多少资金可以用来创办企业。

表 1-27 财务条件评价

项目		金额（元）
收入	积蓄	
	亲友借贷	
	银行借款	
	总收入（A）	
支出 （未来三个月）	伙食费	
	房租	
	偿还借款	
	公用事业费	
	交通费	
	其他	
	总支出（B）	
可用于创办企业的资金（A-B）		

第二章

了 解 创 业

📚 知识与能力目标

了解企业及其类型、企业法律常识,熟悉国内大学生创业的相关政策及扶持手段,掌握创办企业前的各项准备工作和企业环境分析方法。

📚 实训与素养目标

帮助学生理清创业思路,使其形成以企业为管理单位的概念,依照相关法律法规进行创业工作;通过企业环境分析方法,使学生对自身企业进行合理的环境分析;在提升学生创新创业能力的同时,使学生对创业工作和企业管理有一个整合的认知,提升自身的经验和竞争力。

📖 创业情境

张伟和王军的创业历程(6)

张伟和王军意识到创业的前期准备工作至关重要,盲目地投入资金无法获得预期的收益,因此他们准备先了解与创业相关的基础知识,如企业类型、法律法规以及创业政策等。开启一个创业项目,不论这个项目是属于制造业、零售业还是属于农林牧渔等其他行业,首先要看这个项目是否具有转化为企业的潜力。此外,张伟和王军是两个自然人,而且不是一户家庭,因此不能选择个体工商户和个人独资企业这两种组织形式。他们还需要进一步了解企业组织形式的相关知识,针对不同企业组织形式的特点和自身条件来选择合适的组织形式。张伟和王军在调查各类法律形式企业的利弊后,决定选择普通合伙企业作为组织形式。他们还通过查阅网络和相关资料了解了相关的创业政策,如政府扶持产业以及贷款优惠条件等。

了解了有关创业的基础知识和相关情况后,张伟和王军通过了解当地市场状况和自身条件,分析当前电子商务背景下的市场情况,确定了初步的创业项目构思,即创办一个文化创意工作室,并使用SWOT分析、宏观环境分析等方法来不断完善创业项目的可行性。

第一节　企业及其类型

一、企业与小企业

（一）什么是企业

企业是从事生产、流通、服务等经济活动，以生产或服务满足社会需要，实行自主经营、独立核算，依法设立，具有经济法人资格的一种营利性的经济组织。传统的企业大多是劳动密集型企业，现代的高科技企业大多是知识型企业，中国经济正在向知识经济转型。简言之，企业就是指依法设立的以营利为目的、从事商品的生产经营和服务活动的独立核算经济组织。

需要注意区分企业与公司的概念，公司是依照公司法设立的以营利为目的的企业法人，它属于企业，也就是说企业的概念大于公司。

（二）中小企业的界定

2002年6月29日，第九届全国人民代表大会常务委员会第二十八次会议通过了《中华人民共和国中小企业促进法》，对中小企业做出了界定，并于2017年9月1日第十二届全国人民代表大会常务委员会第二十九次会议修订，自2018年1月1日起施行。

为贯彻落实《中华人民共和国中小企业促进法》和《国务院关于进一步促进中小企业发展的若干意见》（国发〔2009〕36号），工业和信息化部、国家统计局、发展改革委、财政部研究制定了《中小企业划型标准规定》。该规定适用的行业包括：农、林、牧、渔业，工业（包括采矿业，制造业，电力、热力、燃气及水生产和供应业），建筑业，批发业，零售业，交通运输业（不含铁路运输业），仓储业，邮政业，住宿业，餐饮业，信息传输业（包括电信、互联网和相关服务），软件和信息技术服务业，房地产开发经营，物业管理，租赁和商务服务业，其他未列明行业（包括科学研究和技术服务业，水利、环境和公共设施管理业，居民服务、修理和其他服务业，社会工作，文化、体育和娱乐业等）。具体内容如下：

（1）农、林、牧、渔业。营业收入20 000万元以下的为中小微型企业。其中，营业收入500万元及以上的为中型企业，营业收入50万元及以上的为小型企业，营业收入50万元以下的为微型企业。

（2）工业。从业人员1 000人以下或营业收入40 000万元以下的为中小微型企业。其中，从业人员300人及以上，且营业收入2 000万元及以上的为中型企业；从业人员20人及以上，且营业收入300万元及以上的为小型企业；从业人员20人以下或营业收入300万元以下的为微型企业。

（3）建筑业。营业收入80 000万元以下或资产总额80 000万元以下的为中小微型企业。其中，营业收入6 000万元及以上，且资产总额5 000万元及以上的为中型企业；营业收入300万元及以上，且资产总额300万元及以上的为小型企业；营业收入300万元以下或资产总额300万元以下的为微型企业。

（4）批发业。从业人员200人以下或营业收入40 000万元以下的为中小微型企业。其中，从业人员20人及以上，且营业收入5 000万元及以上的为中型企业；从业人员5人及以上，且营业收入1 000万元及以上的为小型企业；从业人员5人以下或营业收入1 000万元以下的为微型企业。

(5) 零售业。从业人员 300 人以下或营业收入 20 000 万元以下的为中小微型企业。其中,从业人员 50 人及以上,且营业收入 500 万元及以上的为中型企业;从业人员 10 人及以上,且营业收入 100 万元及以上的为小型企业;从业人员 10 人以下或营业收入 100 万元以下的为微型企业。

(6) 交通运输业。从业人员 1 000 人以下或营业收入 30 000 万元以下的为中小微型企业。其中,从业人员 300 人及以上,且营业收入 3 000 万元及以上的为中型企业;从业人员 20 人及以上,且营业收入 200 万元及以上的为小型企业;从业人员 20 人以下或营业收入 200 万元以下的为微型企业。

(7) 仓储业。从业人员 200 人以下或营业收入 30 000 万元以下的为中小微型企业。其中,从业人员 100 人及以上,且营业收入 1 000 万元及以上的为中型企业;从业人员 20 人及以上,且营业收入 100 万元及以上的为小型企业;从业人员 20 人以下或营业收入 100 万元以下的为微型企业。

(8) 邮政业。从业人员 1 000 人以下或营业收入 3 000 万元以下的为中小微型企业。其中,从业人员 300 人及以上,且营业收入 2 000 万元及以上的为中型企业;从业人员 20 人及以上,且营业收入 100 万元及以上的为小型企业;从业人员 20 人以下或营业收入 100 万元以下的为微型企业。

(9) 住宿业。从业人员 300 人以下或营业收入 10 000 万元以下的为中小微型企业。其中,从业人员 100 人及以上,且营业收入 200 万元及以上的为中型企业;从业人员 10 人及以上,且营业收入 100 万元及以上的为小型企业;从业人员 10 人以下或营业收入 100 万元以下的为微型企业。

(10) 餐饮业。从业人员 300 人以下或营业收入 10 000 万元以下的为中小微型企业。其中,从业人员 100 人及以上,且营业收入 200 万元及以上的为中型企业;从业人员 10 人及以上,且营业收入 100 万元及以上的为小型企业;从业人员 10 人以下或营业收入 100 万元以下的为微型企业。

(11) 信息传输业。从业人员 2 000 人以下或营业收入 100 000 万元以下的为中小微型企业。其中,从业人员 100 人及以上,且营业收入 1 000 万元及以上的为中型企业;从业人员 10 人及以上,且营业收入 100 万元及以上的为小型企业;从业人员 10 人以下或营业收入 100 万元以下的为微型企业。

(12) 软件和信息技术服务业。从业人员 300 人以下或营业收入 10 000 万元以下的为中小微型企业。其中,从业人员 100 人及以上,且营业收入 1 000 万元及以上的为中型企业;从业人员 10 人及以上,且营业收入 50 万元及以上的为小型企业;从业人员 10 人以下或营业收入 50 万元以下的为微型企业。

(13) 房地产开发经营。营业收入 200 000 万元以下或资产总额 10 000 万元以下的为中小微型企业。其中,营业收入 1 000 万元及以上,且资产总额 5 000 万元及以上的为中型企业;营业收入 100 万元及以上,且资产总额 2 000 万元及以上的为小型企业;营业收入 100 万元以下或资产总额 2 000 万元以下的为微型企业。

(14) 物业管理。从业人员 1 000 人以下或营业收入 5 000 万元以下的为中小微型企业。其中,从业人员 300 人及以上,且营业收入 1 000 万元及以上的为中型企业;从业人员 100 人及以上,且营业收入 500 万元及以上的为小型企业;从业人员 100 人以下或营业收入 500 万元以下的为微型企业。

(15) 租赁和商务服务业。从业人员 300 人以下或资产总额 120 000 万元以下的为中小微型企业。其中,从业人员 100 人及以上,且资产总额 8 000 万元及以上的为中型企业;从业人员 10 人及以上,且资产总额 100 万元及以上的为小型企业;从业人员 10 人以下或资产总额 100 万元以下的为微型企业。

(16) 其他未列明行业。从业人员 300 人以下的为中小微型企业。其中,从业人员 100 人及以上的为中型企业;从业人员 10 人及以上的为小型企业;从业人员 10 人以下的为微型企业。

二、企业类型

当你决定创办企业时,你会发现,选择一个合适的项目或行当来做是十分困难的,因为可以做的项目或行当太多,这让你无从下手。因此,创业者首先需要搞清楚企业的类型。

企业的类型根据不同的条件,有许多种划分方法。根据企业经营活动的差异,我们可以将其分为四种类型。

(一) 服务型企业

服务型企业不出售商品,也不制造商品。与制造型企业相比,服务型企业的一个最大特点就是人力资本在企业资本中的占比较高,人力资本已经成为服务型企业的"第一资源"。服务型企业的经营理念是一切以顾客的需求为中心;其工作重心是以产品为载体,为顾客提供完整的服务;其利润总额中,提供服务所创造的利润占据重要比例。与传统的制造型企业相比,服务型企业能够更好地满足顾客的需求,提高顾客的满意度和忠诚度。

(二) 制造型企业

顾名思义,制造型企业就是生产和制造实物商品的企业。如果创业者打算开办一家企业生产并销售砖瓦、家居用品、化妆品或手机零配件等,那么他拥有的就是一家制造型企业。

(三) 贸易型企业

贸易型企业是从事商品买卖活动的企业。它们从制造商处购买商品,再把商品卖给其他顾客或企业。贸易型企业分为零售商和批发商。其中,零售商从批发商或制造商处购买商品,然后卖给顾客,所有把商品卖给最终消费者的商店都是零售商;批发商则是从制造商处购买商品,然后再卖给零售商,如蔬菜水果、肉类水产、文具、日用品批发中心等都是批发商。

(四) 农林牧渔型企业

农林牧渔型企业是指利用土地或水域进行生产的企业,如种植果树、种植农作物、饲养牛羊、养鱼养虾,甚至养珍珠、养蝎子等的企业都是农林牧渔型企业。

了解这四种企业类型后,创业者可能会觉得自己适合开办其中某一类企业,其思路会更加集中。当然,创业者想创办的企业可能不完全属于一种类型。比如说创业者准备开办一个汽车修理厂,主要提供维修服务,同时也会出售汽油、机油、轮胎和汽车零配件等。那么这属于什么类型的企业呢?确定企业类型要看企业的主要经营内容,这个汽车修理厂属于服务型企业,兼做零售业务。

三、微小企业成功的要素

不同类型的企业有不同的特点,创业者在创业时需要认真分析,以便掌握成功经营这些企业的要素。

对于服务型微小企业,其成功的要素主要有服务及时、服务质量高、地点合适、顾客满意、对顾客诚实、服务收费合理、售后服务可靠等。

对于制造型微小企业,其成功的要素主要有生产组织有效、工厂布局合理、原料供应有效、生产效率高、产品质量高、浪费现象少等。

对于贸易型微小企业,其成功的要素主要有地理位置优越、整体性好、可开发性好、销售方法有效、商品选择面宽、商品价格合理、库存可靠、尊重顾客等。

对于农林牧渔型微小企业,其成功的要素主要有有效利用土地和水资源、不过度使用水资源、出售新鲜产品、降低种植或养殖成本、恢复草场或森林植被、向市场运输产品、保护土地和水资源等。

无论什么类型的企业,在开办初期,都要志向远大、计算精细、规模适中。如初期可以租赁设备或购买二手设备,而不是购买新设备;需要人手时先雇用非全时工,壮大后再雇用全时工;逐步扩展新的业务领域,避免因财务困难而陷入困境等。

第二节 企业法律常识

在一个法治社会,创业者不仅要具有相应的管理知识、创新精神,还应具有较好的法律知识,以规范自身的经济行为,维护自己的合法权益,做一个懂法律、守法律、能用法律武器捍卫自己的合法权益、追求阳光下的经济利益的创业者。

一、确定企业的组织形式

在市场经济中,市场活动的经营者——市场主体——是最活跃的因素,市场主体包括公司、合伙企业、个人独资企业等组织形式。创业者需要了解各种不同的市场主体,比较每一种企业组织形式的特点,然后为自己的新企业选择一种最恰当的组织形式。

公司是最重要的市场主体,也是当今世界最普遍的企业组织形式。它的有限责任制度、规范的运作机制以及完善的退出机制,使其成为市场经济中不可或缺的组成部分。根据我国《公司法》的规定,公司包括有限责任公司和股份有限公司,对于小型企业而言,适合采用有限责任公司的组织形式。

合伙企业是一种较为灵活的组织形式。合伙企业的重要性仅次于公司,合伙企业的组织形式很注重合伙人之间的信任,所以它适用于规模比较小的企业。根据我国《合伙企业法》的规定,合伙企业包括普通合伙企业、特殊的普通合伙企业和有限合伙企业三种。对于小型企业而言,适合采用普通合伙企业的组织形式。

个人独资企业是一种简单灵活的投资模式,也是我们经济生活中非常重要的一种组织形式。个体工商户相对于个人独资企业而言成立条件更为简单。

不同的企业组织形式各有其法律特点,具体如表2-1所示。

表2-1 不同企业组织形式的法律特点

企业组织形式	法人资格	业主数量和注册资本	设立条件	经营特征	利润分配和债务分担	退出机制
有限责任公司	法人企业,股东以其认缴的出资额为限对公司承担责任	由50个以下的股东出资设立,注册资本最低限额为3万元	(1)股东符合法定人数 (2)有符合公司章程规定的全体股东认缴的出资额 (3)股东共同制定公司章程 (4)有公司名称,建立符合有限责任公司要求的组织机构 (5)有公司住所	公司设立股东会、董事会和监事会。由董事会聘任经理,负责公司的日常经营管理活动	股东按照实缴的出资比例分取红利,并以认缴的出资额为限承担责任	公司可解散、可被人民法院依法宣告破产。股东通过股权转让退出公司。股东之间可以自由转让股权。股东向股东以外的人转让股权,应当经其他股东过半数同意
股份有限公司	法人企业,股东以其认购的股份为限对公司承担责任	由2人以上200人以下的股东出资设立。注册资本最低限额为500万元。对有特定要求的股份有限公司的注册资本最低限额需要高于上述最低限额的,由法律、行政法规另行规定	(1)发起人符合法定人数 (2)有符合公司章程规定的全体发起人认购的股本总额或者募集的实收股本总额 (3)股份发行、筹办事项符合法律规定 (4)发起人制定公司章程,采用募集方式设立的经创立大会通过 (5)有公司名称,建立符合股份有限公司要求的组织机构 (6)有公司住所	公司的资本总额平分为金额相等的股份;公司可以向社会公开发行股票筹资,股票可以依法转让;法律对公司股东人数只有最低限度,无最高限度规定;股东以其认购的股份对公司承担有限责任,公司以其全部资产对公司债务承担责任;每一股有一表决权,股东以其认购持有的股份,享受权利,承担义务;公司应当将经注册会计师审查验证过的财务报告公开	(1)一般情况下,股东是按照出资比例分配利润的,当然,也可以在公司章程中做出特殊约定 (2)分红一般按财务年度进行,特殊情况也可以特殊对待 (3)全体股东如果都同意的话,股东分红进入公司,可以直接增加注册资本;也可以不分红作为资本公积。如果只是个别股东用自己应得分红加大投资,则要成为注册资本,必须经股东会同意,并履行包括工商变更在内的其他程序,从而提高个别股东的持股比例;股份有限公司债务由公司财产承担,股东认缴股份不足的,对公司债务承担连带责任	一种是自愿解散,这主要是基于公司自己的要求而自愿进行的解散;另一种是强制解散,是公司基于法律或主管机关命令而被迫进行的解散

(续表)

企业组织形式	法人资格	业主数量和注册资本	设立条件	经营特征	利润分配和债务分担	退出机制
普通合伙企业	非法人企业，投资人对企业的债务承担无限连带责任	业主2个人以上，无资本数量限制	(1) 有2个以上合伙人。合伙人为自然人的，应当具有完全民事行为能力 (2) 有书面合伙协议 (3) 有合伙人认缴或者实际缴付的出资 (4) 有合伙企业的名称和生产经营场所 (5) 法律、行政法规规定的其他条件	合伙人共同出资、合伙经营、共享收益、共担风险	按照合伙协议的约定办理；合伙协议未约定或约定不明的，由合伙人协商决定；协商不成的，由合伙人按照实缴出资比例分配、分担；无法确定出资比例的，由合伙人平均分配、分担。合伙协议不得约定将全部利润分配给部分合伙人或者由部分合伙人承担全部亏损	合伙人通过退伙退出合伙企业。退伙包括自愿退伙、法定退伙和除名退伙三种。退伙人对退伙前发生的合伙企业债务，承担无限连带责任
有限合伙企业	非法人企业，由普通合伙人和有限合伙人组成，普通合伙人对合伙企业债务承担无限连带责任，有限合伙人以其认缴的出资额为限对合伙企业债务承担责任	由2个以上50个以下合伙人设立；但是，法律另有规定的除外。有限合伙企业至少应当有1个普通合伙人	(1) 有限合伙企业由2个以上20个以下合伙人设立，但是，法律另有规定的除外 (2) 有限合伙企业至少应当有1个普通合伙人 (3) 有限合伙企业名称中应当标明"有限合伙"字样 (4) 有限合伙人可以用货币、实物、知识产权、土地使用权或者其他财产权利作价出资 (5) 有限合伙人不得以劳务出资 (6) 有限合伙人应当按照合伙协议的约定按期足额缴纳出资；未按期足额缴纳的，应当承担补缴义务，并对其他合伙人承担违约责任 (7) 有限合伙企业登记事项中应当载明有限合伙人的姓名或者名称及认缴的出资数额 (8) 有限合伙企业由普通合伙人执行合伙事务。执行事务合伙人可以要求在合伙协议中确定执行事务的报酬及报酬提取方式 (9) 有限合伙人不执行合伙事务，不得对外代表有限合伙企业	相较于普通合伙企业，有限合伙企业允许投资者以承担有限责任的方式参加合伙成为有限合伙人，有利于激发投资者的积极性。并且，可以使资本与智力实现有效的结合，即拥有财力的人作为有限合伙人，拥有专业知识和技能的人作为普通合伙人，这样使资源得到整合，对市场经济的发展起到积极的促进作用	有限合伙企业不得将全部利润分配给部分合伙人；但是，合伙协议另有约定的除外。有限合伙人以其认缴的出资额为限对合伙企业债务承担责任	提前约定合伙人退出协议，可以将股权转让给其他合伙人，或者将股权转让给合伙人之外的人，这时候，其他合伙人如果不同意转让，则需要购买该转让的股权

（续表）

企业组织形式	法人资格	业主数量和注册资本	设立条件	经营特征	利润分配和债务分担	退出机制
个人独资企业	非法人企业，投资人对企业的债务承担无限责任	业主是1个人，无资本数量限制	(1) 投资人为1个自然人 (2) 有合法的企业名称 (3) 有投资人申报的出资 (4) 有固定的生产经营场所和必要的生产经营条件 (5) 有必要的从业人员	投资人对企业事务有绝对控制权与支配权	企业全部财产包括企业利润归投资人所有，投资人以其个人财产对企业债务承担无限责任	个人独资企业可以解散，企业解散时，应当进行清算。企业财产不足以清偿债务的，投资人以其个人的其他财产承担无限责任
个体工商户	非法人企业，投资人对债务承担无限责任	业主是1个人或者1户，无资本数量限制	(1) 投资人为1个人或者1户 (2) 不要求有出资、名称和固定的生产经营场所 (3) 从业人数要求8人以下	投资人对日常事务有绝对控制权与支配权	全部财产包括利润归投资人所有，投资人以其个人财产或者家庭财产对债务承担无限责任	可向工商部门办理注销登记，应当清偿债务，投资人以其个人财产或者家庭财产对债务承担无限责任

二、依法纳税

根据我国税法的规定，企业应依法报税纳税。我国的税种按照课税对象不同可以划分为流转税、所得税、财产税、行为税和资源税五类。其中，流转税是以纳税人的商品或劳务流转额为课税对象的税种，对生产、流通、分配各环节都可征税，包括增值税、增值税附加税、消费税、关税等。所得税是以纳税人的所得额为课征对象的税种，包括个人所得税、企业所得税。财产税是以纳税人拥有和归其支配的财产为课征对象的税种，来源是财产的收益或财产所有人的收入，包括房产税、契税、车船税等。行为税是以纳税人的某种行为为课税对象的税种，包括印花税、土地增值税、耕地占用税、船舶吨税等。资源税是以各种应税自然资源为课税对象的税种，包括资源税、环境保护税、城镇土地使用税、烟叶税。与企业和企业主有关的主要税种包括增值税、增值税附加税、消费税、关税、个人所得税、企业所得税等。

自2012年1月起，国家有关部门为了引导各个行业快速发展，颁布了营业税改征增值税政策。所谓的"营改增"，主要是指在企业运营发展中，把企业缴纳的营业税更改成增值税，也就是一种税务体系的改变。一般来说，增值税仅仅对产品增值部分及附加值进行征税。这样不但可以有效缓解企业税负，而且能够引导企业健康发展。

2016年3月5日，国务院总理李克强在政府工作报告中正式宣布，2016年5月1日起，将营改增试点范围扩大到建筑业、房地产业、金融业、生活服务业，确保所有行业税负只减不增。2016年3月23日，财政部、国家税务总局正式发布了《关于全面推开营业税改征增值税试点的通知》,这一营改增纲领性文件的发布标志着营改增进入全行业试点阶段。

个人独资企业和合伙企业的生产经营所得,不缴纳企业所得税,而是比照《中华人民共和国个人所得税法》的"个体工商户的生产经营所得"应税项目,适用5%—35%的五级超额累进税率,计算征收个人所得税。

三、尊重职工权益

企业竞争力的一个关键因素是职工的素质和积极性。尊重职工权益,一定程度上就是尊重企业的生存发展权。所以,新开办的企业要重视以下问题。

(一)建立劳动关系

企业自用工之日起即与劳动者建立劳动关系,企业应当建立职工名册备查。企业招用劳动者时,应当如实告知劳动者工作内容、工作条件、工作地点、职业危害、安全生产状况、劳动报酬,以及劳动者要求了解的其他情况。企业招用劳动者,不得扣押劳动者的居民身份证和其他证件,不得要求劳动者提供担保或者以其他名义向劳动者收取财物。

(二)订立书面劳动合同

建立劳动关系,应当订立书面劳动合同。我们必须走出"不签订劳动合同对企业有利"的误区。若不签订劳动合同,企业将承担下列法律风险:

1. 支付双倍劳动报酬的风险

企业自用工之日起超过一个月不满一年未与劳动者订立书面劳动合同的,应当向劳动者每月支付二倍的工资。

2. 导致无固定期限劳动合同条件成立的风险

企业自用工之日起满一年不与劳动者订立书面劳动合同的,视为企业与劳动者已订立无固定期限劳动合同。

3. 企业自身利益无法得到保护的风险

如果劳动者损害了企业的利益,则由于没有书面的劳动合同,企业自身的利益将无法得到保护。

因此,用工必签劳动合同。劳动合同的内容如表2-2所示。

表2-2 劳动合同内容

劳动合同期限	分为固定期限、无固定期限、以完成一定工作任务为期限。无固定期限的劳动合同签订的条件:用人单位与劳动者协商一致,可以订立无固定期限劳动合同。有下列情形之一,劳动者提出或者同意续订、订立劳动合同的,除劳动者提出订立固定期限劳动合同外,应当订立无固定期限劳动合同:①劳动者在用人单位连续工作满10年的;②用人单位初次实行劳动合同制度或者国有企业改制重新订立劳动合同时,劳动者在该用人单位连续工作满10年且距法定退休年龄不足10年的;③连续订立两次固定期限劳动合同,且劳动者没有《中华人民共和国劳动合同法》第三十九条和第四十条第一项、第二项规定的情形,续订劳动合同的。用人单位自用工之日起满1年不与劳动者订立书面劳动合同的,视为用人单位与劳动者已订立无固定期限劳动合同

(续表)

劳动合同条款	必备条款包括： ①用人单位的名称、住址和法定代表人或者主要负责人；②劳动者的姓名、住址和居民身份证或者其他有效身份证件号码；③劳动合同期限；④工作内容和工作地点；⑤工作时间和休息休假；⑥劳动报酬；⑦社会保险；⑧劳动保护、劳动条件和职业危害防护；⑨法律、法规规定应当纳入劳动合同的其他事项 约定条款包括： 试用期、培训、保守秘密、补充保险和福利待遇等
试用期	劳动合同期限与相应试用期期限对照表 | 劳动合同期限 | 试用期期限 | |---|---| | 3个月以下的或以完成一定工作任务为期限的 | 不得约定试用期 | | 3个月以上不满1年的 | 不得超过1个月 | | 1年以上不满3年的 | 不得超过2个月 | | 3年以上的 | 不得超过6个月 | | 无固定期限的 | 不得超过6个月 | 备注：试用期包含在劳动合同期限内，享有劳动合同期限内的全部劳动权利。劳动合同仅约定试用期的，试用期不成立，该期限为劳动合同期限。同一用人单位与同一劳动者只能约定一次试用期。劳动者在试用期的工资不得低于本单位相同岗位最低档工资或者劳动合同约定工资的80%，并不得低于用人单位所在地的最低工资标准
劳动合同解除	1. 协商解除 用人单位提出的需支付经济补偿；不受限制解除条件约束 2. 提前30日通知解除 （1）劳动者提前30天通知解除，试用期内提前3天通知解除。用人单位不支付经济补偿 （2）用人单位提前30天通知解除（无过失性辞退） 用人单位预告通知解除（无过失性辞退）劳动合同一览表 | 解除原因 | 解除条件 | 注意问题 | 解除限制 | |---|---|---|---| | 医疗期满解除 | （1）医疗期满 （2）不能从事原工作也不能从事单位另行安排的工作 | （1）提前30天书面通知 （2）支付经济补偿 | 见限制解除条件 | | 不能胜任工作解除 | 经培训或调整工作岗位仍不能胜任工作 | | | | 客观情况发生重大变化解除 | （1）劳动合同订立时所依据的客观情况发生重大变化致使原劳动合同无法履行 （2）经用人单位与劳动者协商，未能就变更劳动合同内容达成协议 | | |

(续表)

	3. 即时解除（随时解除）		
	(1) 劳动者被迫解除，用人单位需支付经济补偿		
	劳动者单方解除劳动合同一览表		
	解除情形	解除条件	
	随时通知解除	(1) 用人单位未按照劳动合同约定提供劳动保护和劳动条件的	
		(2) 用人单位未及时足额支付劳动报酬的	
		(3) 用人单位未依法为劳动者缴纳社会保险费的	
		(4) 用人单位的规章制度违反法律、法规的规定，损害劳动者权益的	
		(5) 用人单位以欺诈、胁迫的手段或者乘人之危，使劳动者在违背其真实意思的情况下订立或变更劳动合同的	
		(6) 法律、法规规定劳动者可以解除合同的其他情形	
	无须通知立即解除	(1) 用人单位以暴力、威胁或者非法限制人身自由的手段强迫劳动者劳动的	
劳动合同解除		(2) 用人单位违章指挥、强令冒险作业危及劳动者人身安全的	
	(2) 用人单位即时解除（过失性辞退），用人单位不支付经济补偿		
	用人单位即时解除（过失性辞退）劳动合同一览表		
	解除原因	解除条件	注意问题
	试用期内	(1) 试用期间 (2) 不符合录用条件	录用条件明确、合法
	严重违纪	(1) 存在合法有效的规章制度 (2) 劳动者违反规章制度 (3) 达到严重按规定可以辞退的程度	规章制度的合法性 严重程度的证明责任
	重大损害	(1) 严重失职、营私舞弊 (2) 给用人单位造成重大损害	重大损害的证明责任
	兼职	(1) 同时与其他劳动单位建立劳动关系 (2) 对完成本单位的工作任务造成严重影响，或者经用人单位提出，拒不改正	证明存在严重影响及用人单位曾提出改正
	无效劳动合同	欺诈、胁迫、乘人之危；违反法律法规强制性规定等	证明责任
	刑事责任	被追究刑事责任	刑事责任的范围

(续表)

劳动合同解除	4. 经济性裁员 满足条件、厘清对象、符合程序、给足补偿、确保两个优先(优先留用与优先录用) (1) 经济性裁员的条件 ① 依照企业破产规定进行重整的 ② 生产经营发生严重困难的 ③ 企业转产、技术革新、经营方式调整,经变更劳动合同后仍需裁减人员的 ④ 其他因劳动合同订立时所依据的客观经济情况发生重大变化,致使劳动合同无法履行的 (2) 经济性裁员的程序  (3) 优先保留的人员 ① 与本单位订立较长期限的固定期限劳动合同的 ② 与本单位订立无固定期限劳动合同的 ③ 家庭无其他就业人员,有需要扶养的老人或者未成年人的 (4) 不得裁减的人员 见限制解除条件 (5) 经济性裁员时企业的义务 ① 支付经济补偿 ② 裁员后6个月内重新招用人员的,应通知并在同等条件下优先招用被裁减的人员 5. 限制解除条件(适用无过失性辞退及经济性裁员) | 限制解除条件	注意事项
(1) 从事接触职业病危害作业的劳动者未进行离岗前职业病健康检查,或者疑似职业病病人在诊断或者医学观察期间的	从事职业病危害作业的,劳动者离职时必须进行健康检查
(2) 在本单位患职业病或者因工负伤并被确认丧失或部分丧失劳动能力的	工伤1—4级的不得解除,劳动关系保留到员工退休;5—10级的非因劳动者提出一般不得解除,解除时由单位支付一次性工伤医疗补助金和伤残就业补助金
(3) 患病或者负伤,在规定的医疗期内的	医疗期内不得解除
(4) 女职工在孕期、产期、哺乳期的	三期内不得解除
(5) 在本单位连续工作满15年,且距法定退休年龄不足5年的	法定退休年龄男60周岁、女工人50周岁、女干部55周岁;从事井下、高温、高空、特别繁重体力劳动或其他有害身体健康工作的,男55周岁,女45周岁;因病或非因工致残,由医疗证明并经劳动鉴定委员会确认完全丧失劳动能力的,退休年龄为男50周岁,女45周岁
(6) 法律、行政法规规定的其他情形	担任专职工会主席、副主席、委员的 担任平等协商代表的 正处于义务服兵役期间的	

(续表)

经济补偿	1. 一般劳动者经济补偿的计算公式 经济补偿金＝工作年限×月工资 注：（1）工作年限满6个月不满1年的，按1年计算；不满6个月的按半年算 （2）月工资是劳动者在劳动合同解除或终止前12个月的平均工资 2. 高收入劳动者经济补偿的计算公式 经济补偿金＝工作年限（≤12）×当年上年度职工月平均工资3倍
赔偿金	1. 用人单位支付赔偿金的情形 （1）违法解除或终止劳动合同的 ① 不符合法定解除、终止条件而解除、终止劳动合同的 ② 违反法定程序解除、终止劳动合同的 ③ 具有法律规定的不得解除劳动合同或需要逾期终止劳动合同的情形，用人单位直接解除、终止劳动合同的 法律后果：劳动者要求继续履行劳动合同的，用人单位应当继续履行；劳动者不要求继续履行劳动合同或者劳动合同已经不能继续履行的，用人单位需要按法律规定的经济补偿标准的2倍向劳动者支付赔偿金 （2）解除、终止劳动合同未支付劳动者经济补偿的 由劳动行政部门责令限期支付，逾期不支付的，按应付金额50%以上100%以下的标准责令向劳动者加付赔偿金 （3）解除、终止劳动合同未履行法律规定的义务的 ① 用人单位违法向劳动者收取财物给劳动者造成损害的，应当承担赔偿责任 ② 用人单位未向劳动者出具解除或终止劳动合同书面证明给劳动者造成损害的，应当承担赔偿责任 2. 劳动者需支付赔偿金的情形 （1）劳动者违法解除劳动合同的 （2）劳动者违反保密义务或竞业限制义务，给用人单位造成损失的，需赔偿损失

（三）遵守工作时间和休息休假规定

国家实行劳动者每日工作时间不超过八小时、平均每周工作时间不超过四十四小时的工时制度。用人单位应当保证劳动者每周至少休息一日。企业因生产特点不能实行的，经劳动行政部门批准，可以实行其他工作和休息办法。用人单位在元旦、春节、国庆节等节日期间应当依法安排劳动者休假。

用人单位不得非法延长劳动者的工作时间。用人单位由于生产经营需要，经与工会和劳动者协商后可以延长工作时间，一般每日不得超过一小时；出于特殊原因需要延长工作时间的，在保障劳动者身体健康的条件下延长工作时间每日不得超过三小时，但是每月不得超过三十六小时。

用人单位安排劳动者延长工作时间的，支付不低于工资的百分之一百五十的工资报酬；休息日安排劳动者工作又不能安排补休的，支付不低于工资的百分之二百的工资报酬；法定休假日安排劳动者工作的，支付不低于工资的百分之三百的工资报酬。

国家实行带薪年休假制度。劳动者连续工作一年以上的，享受带薪年休假。具体办法由国务院规定。

（四）做好劳动保护

用人单位必须建立、健全劳动安全卫生制度，严格执行国家劳动安全卫生规程和标准，对劳动者进行劳动安全卫生教育，防止劳动过程中的事故，减少职业危害。

劳动安全卫生设施必须符合国家规定的标准。用人单位必须为劳动者提供符合国家规定的劳动安全卫生条件和必要的劳动防护用品，对从事有职业危害作业的劳动者应当定期进行健康检查。从事特种作业的劳动者必须经过专门培训并取得特种作业资格。

（五）按规定发放工资

工资分配应当遵循按劳分配原则，实行同工同酬。国家实行最低工资保障制度，用人单位支付劳动者的工资不得低于当地最低工资标准。工资应当以货币形式按月支付给劳动者本人。不得克扣或者无故拖欠劳动者的工资。劳动者在法定休假日和婚丧假期间以及依法参加社会活动期间，用人单位应当依法支付工资。

（六）办理社会保险

我国的社会保险法规要求企业和职工都要参加社会保险，按时足额缴纳社会保险费，使职工在年老、患病、工伤、失业、生育等情况下获得帮助和补偿。国家鼓励企业根据本单位实际情况为职工建立补充保险，并提倡职工个人进行储蓄性保险。我国的社会保险制度如表2-3所示。

表2-3 社会保险一览

	养老保险	医疗保险	失业保险	工伤保险	生育保险
含义	国家通过立法，使劳动者在因年老而丧失劳动能力时，可以获得物质帮助以保障晚年基本生活需要的一种社会保险	国家对职工在其因患病而暂时丧失劳动能力时，给予必要物质帮助的一种社会保险	被保险人在受到本人所不能控制的社会或经济因素的影响，由此造成失业时，由社会保险机构根据事先约定，给付被保险人保险金，以维持其最基本的生活水平的一种社会保险	以劳动者在劳动过程中发生的各种意外伤害事故或职业伤害为保障风险，由国家或社会给予因工伤、接触职业性有毒有害物质等而致残者、致死者及其家属物质帮助的一种社会保险	在妇女劳动者因生育子女而暂时丧失劳动能力时，由社会保险机构给予必要的物质保障的一种社会保险
适用范围	各类企业和与之形成劳动关系的城镇职工，城镇个体工商户和灵活就业人员	城镇所有用人单位，包括企业、机关、事业单位、社会团体、民办非企业单位及其职工和退休人员	城镇各类企业、事业单位及其职工	各类企业、有雇工的个体工商户及其职工或雇工	城镇各类企业和与之形成劳动关系的具有本市常住户口的职工

(续表)

	养老保险	医疗保险	失业保险	工伤保险	生育保险
缴费方式	企业和职工个人共同缴费 1. 个人 （1）城镇职工：缴费工资基数×8%，全部计入个人账户 （2）城镇个体工商户和灵活就业人员：缴费工资基数×20%，其中8%计入个人账户，其余计入统筹基金账户	企业和职工个人共同缴费 个人缴费部分全部计入个人账户，用人单位缴费的一部分划入个人账户。用人单位缴费的其他部分计入统筹基金账户	企业和职工个人共同缴费	由企业按月缴费，职工个人不缴费	由企业按月缴费，职工个人不缴费
缴费方式	2. 企业 本单位全部职工缴费工资基数之和×20%，全部计入统筹基金账户				
运作模式	统筹基金账户和个人账户相结合	统筹基金账户和个人账户相结合	市内统筹	以支定收，收支平衡，市内统筹	以支定收，收支平衡，市内统筹
给付条件	1. 达到国家规定的退休条件并办理相关手续的 2. 按规定缴纳基本养老保险费累计缴费年限满15年的	企业和本人已按规定履行缴费义务满6个月的	1. 企业和本人已按规定履行缴费义务满1年的 2. 非因本人意愿中断就业的 3. 已办理失业登记，并有求职要求的	1. 职工有下列情形之一的，应当认定为工伤： （1）在工作时间和工作场所内，出于工作原因受到事故伤害的 （2）工作时间前后在工作场所内，从事与工作有关的预备性或者收尾性工作受到事故伤害的 （3）在工作时间和工作场所内，因履行工作职责受到暴力等意外伤害的 （4）患职业病的	企业未参加生育保险或者欠缴生育保险费的，职工生育保险待遇由企业按照规定的标准支付

（续表）

	养老保险	医疗保险	失业保险	工伤保险	生育保险
给付条件				（5）因工外出期间，出于工作原因受到伤害或者发生事故下落不明的 （6）在上下班途中，受到机动车事故伤害的 （7）法律、行政法规规定应当认定为工伤的其他情形 2. 职工有下列情形之一的，视同工伤： （1）在工作时间和工作岗位，突发疾病死亡或者在48小时之内经抢救无效死亡的 （2）在抢险救灾等维护国家利益、公共利益活动中受到伤害的 （3）职工原在军队服役，因战、因公负伤致残，已取得革命伤残军人证，到用人单位后旧伤复发的	
给付方式	按月领取基本养老金 基本养老金=基础养老金+个人账户养老金 月基础养老金=（职工退休时全市上年度在岗职工月平均工资+职工本人指数化月平均缴费工资）÷2×全部缴费年限×1% 月个人账户养老金=个人账户储存额÷计发月数	1. 个人账户用于门诊小病治疗和定点零售药店购药，不足部分由个人自付，结余归个人，连本带息可以结转使用和继承 2. 统筹基金账户用于住院医疗费用和部分慢性病大额医疗费用 （1）按住院次数设置起付标准，首次住院起付标准为本地上年度职工年平均工资的10%	1. 领取失业保险金的期限，根据失业人员失业前累计缴费时间确定，最长不超过24个月 2. 领取失业保险金的标准，根据失业人员失业前缴纳失业保险费的年限，按照低于本市最低工资标准、高于城市居民最低生活保障标准的原则，结合本市经济发展状况及居民生活水平等因素，由	1. 职工因工作遭受事故伤害或者患职业病进行治疗，享受工伤医疗待遇 2. 治疗工伤所需费用符合工伤保险诊疗项目目录、工伤保险药品目录、工伤保险住院服务标准的，从工伤保险基金支付 3. 职工住院治疗工伤的伙食补助费，以及经医疗机构出具证明，报经办机构同意，工伤职工到统筹地区	生育保险基金支付范围包括： （1）生育津贴 （2）生育医疗费用 （3）计划生育手术医疗费用 （4）国家和本市规定的其他费用

（续表）

	养老保险	医疗保险	失业保险	工伤保险	生育保险
给付方式			市劳动保障行政部门会同财政部门提出，报市人民政府批准并公布后执行	以外就医所需的交通、食宿费用从工伤保险基金支付，基金支付的具体标准由统筹地区人民政府规定 4. 工伤职工因日常生活或者就业需要，经劳动能力鉴定委员会确认，可以安装假肢、矫形器、假眼、假牙和配置轮椅等辅助器具，所需费用按照国家规定的标准从工伤保险基金支付 5. 职工因工作遭受事故伤害或者患职业病需要暂停工作接受工伤医疗的，在停工留薪期内，原工资福利待遇不变，由所在单位按月支付。停工留薪期一般不超过12个月 6.（1）职工因工致残被鉴定为一级至四级伤残的，保留劳动关系，退出工作岗位，按伤残等级支付一次性伤残补助金及按月支付伤残津贴 （2）职工因工致残被鉴定为五级、六级伤残的，从工伤保险基金按伤残等级支付一次	

（续表）

养老保险	医疗保险	失业保险	工伤保险	生育保险
给付方式				性伤残补助金。保留与用人单位的劳动关系，由用人单位安排适当工作，难以安排工作的，由用人单位按月发给伤残津贴。经工伤职工本人提出，该职工可以与用人单位解除或者终止劳动关系，由工伤保险基金支付一次性工伤医疗补助金，由用人单位支付一次性伤残就业补助金 (3) 职工因工致残被鉴定为七级至十级伤残的，从工伤保险基金按伤残等级支付一次性伤残补助金。劳动、聘用合同期满终止，或者职工本人提出解除劳动、聘用合同的，由工伤保险基金支付一次性工伤医疗补助金，由用人单位支付一次性伤残就业补助金 7. 职工因工死亡，其直系亲属领取丧葬补助金、供养亲属抚恤金和一次性工亡补助金	

（七）解决劳动争议

当用人单位和劳动者双方因执行劳动法律、法规或者履行劳动合同而发生争议时，可以依法申请调解、仲裁、提起诉讼，也可以协商解决。

1. 劳动争议的处理机构

（1）劳动争议调解委员会。劳动争议调解委员会是为调解本单位发生的劳动争议而依法成立的群众性自治组织。劳动争议调解委员会由职工代表、用人单位代表和工会代表组成。劳动争议调解委员会主任由工会代表担任。

（2）劳动争议仲裁委员会。劳动争议仲裁委员会是国家授权、依法独立处理劳动争议案件的专门机构。劳动争议仲裁委员会由劳动行政部门代表、同级工会代表、用人单位方面的代表组成。劳动争议仲裁委员会主任由劳动行政部门代表担任。

（3）人民法院。审理劳动争议案件的是各级人民法院的民事审判庭。其受案范围为对劳动争议仲裁委员会的裁决不服，在法定期限内起诉到人民法院的劳动争议案件。

2. 劳动争议的处理程序

我国劳动争议的处理程序分为以下四个阶段：

（1）协商。劳动争议发生后，当事人应当协商解决。但协商不是劳动争议处理的必经程序，达成的协议无强制执行力。如果不愿协商或协商不成，则可以申请调解或仲裁。

（2）调解。劳动争议发生后，当事人可以向企业劳动争议调解委员会，依法设立的基层人民调解组织，在乡镇、街道设立的具有劳动争议调解职能的组织申请调解。自劳动争议调解组织收到调解申请之日起十五日内未达成调解协议的，当事人可以依法申请仲裁。

调解不是处理劳动争议的必经程序。达成调解协议后，一方当事人在协议约定期限内不履行调解协议的，另一方当事人可以依法申请仲裁。因支付拖欠劳动报酬、工伤医疗费、经济补偿或者赔偿金事项达成调解协议，用人单位在协议约定期限内不履行的，劳动者可以持调解协议书依法向人民法院申请支付令。人民法院应当依法发出支付令。

（3）仲裁。仲裁是处理劳动争议的必经程序。劳动争议申请仲裁的时效期间为一年。仲裁时效期间从当事人知道或者应当知道其权利被侵害之日起计算。劳动关系存续期间因拖欠劳动报酬发生争议的，劳动者申请仲裁不受一年的仲裁时效期间的限制；但是，劳动关系终止的，应当自劳动关系终止之日起一年内提出。

仲裁庭裁决劳动争议案件，应当自劳动争议仲裁委员会受理仲裁申请之日起四十五日内结束。案情复杂需要延期的，经劳动争议仲裁委员会主任批准，可以延期并书面通知当事人，但是延长期限不得超过十五日。逾期未做出仲裁裁决的，当事人可以就该劳动争议事项向人民法院提起诉讼。

下列劳动争议，除《中华人民共和国劳动争议调解仲裁法》另有规定的外，仲裁裁决为终局裁决，裁决书自做出之日起发生法律效力：①追索劳动报酬、工伤医疗费、经济补偿或者赔偿金，不超过当地月最低工资标准十二个月金额的争议；②因执行国家的劳动标准在工作时间、休息休假、社会保险等方面发生的争议。

劳动争议仲裁不收费。

(4)诉讼。劳动争议当事人对仲裁裁决不服的,可以自收到仲裁裁决书之日起十五日内向人民法院提起诉讼。人民法院依照民事诉讼程序进行审理。

第三节 创 业 政 策

自2009年以来,国家提出把促进高校毕业生就业放在突出位置,大力支持自主创业、自谋职业,促进以创业带动就业;在市场准入、财税金融、经营用地等方面提供便利和优惠,鼓励更多的劳动者成为创业者。

《国务院关于做好当前经济形势下就业工作的通知》(国发〔2009〕4号)、《国务院办公厅关于加强普通高等学校毕业生就业工作的通知》(国办发〔2009〕3号)都提到鼓励和支持高校毕业生自主创业。

2022年3月,《教育部办公厅关于开展2022年高校毕业生就业创业政策宣传月活动的通知》(教学厅函〔2022〕7号)中提到:"教育部印发《普通高校毕业生基层就业政策公告》《普通高校学生自主创业政策公告》《普通高校学生应征入伍政策公告》《普通高校毕业生就业服务公告》。各地教育行政部门和各高校要结合实际编制本地本校就业政策公告,采用翻印张贴海报、编发手册等方式做好国家和地方毕业生就业政策公告的宣传。"相关政策如下:

1. 税收优惠政策

(1)持人社部门核发《就业创业证》的高校毕业生在毕业年度内创办个体工商户的,可按规定在3年内以每户每年12 000元为限额(最高可上浮20%,具体由各省、自治区、直辖市人民政府根据本地区实际情况确定)依次扣减其当年实际应缴纳的增值税、城市维护建设税、教育费附加、地方教育附加和个人所得税。

(2)对高校毕业生创办小微企业的,可按规定享受小微企业普惠性税费政策;创办个体工商户的,对其年应纳税所得额不超过100万元的部分,在现行优惠政策基础上减半征收个人所得税。

2. 担保贷款和贴息政策

(1)创业担保贷款和贴息支持:可在创业地申请创业担保贷款,最高贷款额度为20万元,对符合条件的个人合伙创业的,可根据合伙创业人数适当提高贷款额度,最高不超过总额的10%。对10万元及以下贷款、获得设区的市级以上荣誉的高校毕业生创业者免除反担保要求;对高校毕业生设立的符合条件的小微企业,最高贷款额度提高至300万元,财政按规定给予贴息。

(2)创业担保贷款申请程序:申请创业担保贷款贴息支持的个人和小微企业应向当地人力资源社会保障部门申请资格审核,通过资格审核的个人和小微企业,向当地创业担保贷款担保基金运营管理机构和经办银行提交担保和贷款申请,符合相关担保和贷款条件的,与经办银行签订创业担保贷款合同。

3. 资金扶持政策

(1)免收有关行政事业性收费:毕业2年以内的普通高校毕业生从事个体经营的,3年内,免收管理类、登记类和证照类等有关行政事业性收费。

（2）求职创业补贴:对在毕业学年有就业创业意愿并积极求职创业的低保家庭、贫困残疾人家庭、原建档立卡贫困家庭和特困人员中的高校毕业生,残疾及获得国家助学贷款的高校毕业生,给予一次性求职创业补贴。

（3）一次性创业补贴:对首次创办小微企业或从事个体经营,且所创办企业或个体工商户自工商登记注册之日起正常运营1年以上的离校2年内高校毕业生,试点给予一次性创业补贴。

（4）享受培训补贴:对大学生在毕业年度内参加创业培训的,按规定给予培训补贴。

4. 工商登记政策

简化注册登记手续:创办企业,只需填写"一张表格",向"一个窗口"提交"一套材料",登记部门直接核发加载统一社会信用代码的营业执照,"多证合一"。

5. 户籍政策

取消落户限制:高校毕业生可在创业地办理落户手续(直辖市按相关规定执行)。

6. 创业服务政策

（1）免费创业服务:可免费获得公共就业和人才服务机构提供的创业指导服务。

（2）技术创新服务:各地区、各高校和科研院所的实验室以及科研仪器、设施等科技创新资源可以面向大学生开放共享,提供低价、优质的专业服务。

（3）创业场地服务:鼓励各类孵化器面向大学生创新创业团队开放一定比例的免费孵化空间。政府投资开发的孵化器等创业载体应安排30%左右的场地,免费提供给高校毕业生。有条件的地方可对高校毕业生到孵化器创业给予租金补贴。

（4）创业保障政策:加大对创业失败大学生的扶持力度,按规定提供就业服务、就业援助和社会救助。毕业后创业的大学生可按规定缴纳"五险一金"。

7. 学籍管理政策

（1）折算学分:各高校要设置合理的创新创业学分,建立创新创业学分积累与转换制度,探索将学生开展自主创业等情况折算成学分。

（2）弹性学制:学校可以根据情况建立并实行灵活的学习制度,可放宽学生修业年限,保留学籍休学创新创业。

第四节 创办企业准备——企业构思

了解了企业的类型、相关法律知识以及创业政策后,创业者可以着手创办企业的准备工作了。在创办企业的众多准备工作中,首先要进行企业构思,并验证其可行性。

一、进行企业构思

一个好的企业构思必须包含两个方面的内容:商机以及利用商机的自身条件。

（一）商机

"商机"是"商业机会"的简称。商机的实质是一种机会,机会代表着一种通过资源整合、满足市场需求以实现市场价值的可能性。这种机会实际上是一种有待满足的市场需求,这种潜在的市场需求如此旺盛,因而对于创业者来说,实现该需求的商业活动相当有利可图。总体而言,商机有两个条件:第一,有市场需求;第二,该需求尚未被满足。

在寻找商机时,一个很有效的方法就是去体会人们为满足自己的需求或解决各自的问题所遇到的难处。如可以从以下方面展开思路:

- 自己曾遇到的问题——想一想自己在当地购买产品和接受服务时,曾遇到什么问题。
- 工作中的问题——在工作时,由于某个服务跟不上或者产品质量不过关而影响自己完成工作任务。
- 其他人遇到的问题——通过倾听他人的抱怨,了解其需求和问题。
- 自己所在的生活区缺少什么——在生活区进行走访调研,看看大家缺少什么产品和服务。

通过以上几种方式,创业者可以找到商机。如果人们无法获得所需要的产品或服务,这对创业者来说就是一个很好的填补市场空白的商机;如果现有的企业提供的产品或服务质量很差,这对创业者来说就是一个提供更佳产品或服务的商机。

(二)自身条件

发现商机后,创业者需要根据自身条件确定自己是否有能力利用这些机会。如自己的职业经历、兴趣、专长是否能够支持自己抓住这个商机,家庭、朋友等人脉关系是否能够为自己抓住商机助力。这些自身条件的梳理和分析也是创业者进行企业构思的重要前提。

(三)企业构思方法

好的企业构思一定是沿着商机和自身条件这两条路径同时开发出来的。如果创业者只从商机出发,而没有技术来生产高质量的产品或提供优质的服务,就没有人来购买这些产品或服务,企业可能会失败。同样,如果创业者只从自己的专长出发,却不知道是否有顾客,企业也可能会失败。也就是说,只有既满足市场需求又了解行情的企业构思才是可行的。

二、验证企业构思

(一)SWOT 分析

SWOT 分析法又称态势分析法或优劣势分析法,用来确定企业自身的优势(strength)、劣势(weakness)、机会(opportunity)和威胁(threat),从而将企业的战略与企业内部资源、外部环境有机地结合起来。

在进行 SWOT 分析时,创业者需要写下企业的所有优势、劣势、机会和威胁。优势和劣势是创业者需要了解的存在于企业内部的可以改变的因素。具体来说,企业优势是企业的长处,如企业的产品质量高、商店位置优越、生产技术水平高等;企业劣势就是企业的弱点,如企业的产品比竞争对手贵、广告营销不足等。机会和威胁是创业者需要了解的存在于企业外部的其无法施加影响的因素。具体来说,机会就是周边地区存在的对企业有利的事情,如创业者想制作的产品越来越受欢迎、附近没有类似的商店、附近小区的入住人数在增加、潜在客户也在增加等;威胁就是周边地区存在的对企业不利的事情,如本地区同类企业越来越多、原材料价格上涨、新的替代产品进入市场等。

(二)评估企业构思

使用SWOT分析后,创业者可以根据分析的结论评估企业构思,并做出决定。决定可能有三种:

(1)坚持自己的企业构思并进行全面的可行性研究;
(2)修改原来的企业构思;
(3)完全放弃原来的企业构思。

实践园地

企业与员工,博弈与共赢

企业与员工之间的关系是非常微妙的,在中国的部分企业中,企业与员工之间都在进行着零和博弈。因为员工的薪水就是企业的支出,从员工身上省下的每一分钱都将成为企业的利润。采取这种做法的以小企业居多,在这种情况下,企业不愿意为员工付出足够的薪水,员工也不愿意为企业效力,最终能够留下的都是混日子的人,企业效益进一步下降,进一步节省成本,进而恶性循环。

而在另一部分企业中,企业与员工之间的关系则是互利共赢的。企业支付员工足够多的薪水,员工则进一步推动企业的发展,最终使企业做大做强。采取这种做法的通常都是大企业,这些企业愿意为员工付出足够的薪水,以此来激励员工自身的积极性,为企业做出更大的贡献,最终达到互利共赢的局面。

这些大企业的抗风险能力也是较强的,不论这个风险是经济环境的变化,还是社会舆论的压力。良好的劳资关系首先可以保证企业内部的稳定,而内部的稳定在企业面对风险时是至关重要的。而良好劳资关系的基础,就是企业对待员工薪水的态度。

1. 大多数人都觉得自己的付出没有得到应有的回报

工资与奖金永远是社会的痛点,每年年底各大企业的年终奖都会被公众议论,包括2019年华为给员工发的额外奖励,也在社会上引起了广泛的议论,这是因为多数人都觉得自己的付出没有得到应有的回报,而当一部分大企业愿意给员工足够的薪水和奖励时,大众就会用羡慕的眼光去看待。

员工有这样的想法其实是非常正常的,毕竟人在评价自己的贡献与企业给予自己的薪水时,会在无意间放大自己对企业的贡献。但不可否认的是,的确有部分人对企业的贡献超过了他目前所得到的薪水。

领导也并非看不到个人的贡献,但是在当前的薪酬体系下,即使是领导也没有权力去给予这部分员工升职和加薪,而当社会中的其他企业愿意用公平的价格去挖这部分人时,这些人就会离开企业,长此以往,企业靠什么去推动发展?

这个问题真的就无法解决吗?其实并非如此。一个人一开始可以接受企业的条件进入企业,至少在当时是满意的,而之后的不满是因为在其获得了一定的技能、自身有了一定的进步从而可以给企业做更大的贡献时,却发现自己的薪水并没有随着自己能力的提升而提升,他这时就会感到不平衡。

如果员工的薪水可以随着能力的提升而提升,那么很多矛盾都是可以缓和甚至是解决的,但企业未必愿意这样做。

2. 预期之内的工资和提成是不能动的

预期之内的工资和提成,比如底薪以及员工按照企业公布的业绩提成比例获得的分成,基本上是不能动的,是不能出现任何意外的,只要这两部分出现意外,就一定会出现员工离职,这会对企业的经营活动产生很大的影响。

比如,这段时间企业资金紧张,总部拖欠员工薪水,造成总部部分员工离职;而这个月门店也在拖欠薪水,虽然只有几天时间,但是造成的影响极其恶劣,受此影响,部分原本不想走的员工可能也会萌生离职的想法。前段时间企业调整了业绩提成比例,很多人萌生了离职的想法,有部分员工已经离职。可能企业有自己不得已的地方,但是这些不是员工要去考虑的事情,每个人都有自己的难处,在超前消费的今天,很多人自愿或被迫地把自己未来的一部分收入在今天花掉了。

总之,预期之内的收入是可以计算出来的,这部分收入是不能出现任何意外的,如果这部分收入受到影响,势必对员工产生一定的影响,而对员工的影响最终都是对企业的伤害。

3. 预期之外的奖励更能激励员工

与预期之内的收入相比,预期之外的奖励更能激励员工。因为这是企业对员工付出的认可,也代表企业看到了员工的努力和付出,即使是极少的一部分奖励,也会产生非常大的影响。

就像2019年华为给员工发的额外奖励一样,可能分到个人手上的钱未必很多,但是大家内心的感觉是不一样的,那不仅仅是一笔钱,更是一份荣誉和认可,会让大家觉得几个月来的付出被企业看到了。在这样的激励下,员工会更愿意为企业付出,因为他知道自己的付出是有价值的。

但是大多数企业是不存在预期之外的奖励的,因为对员工来说是预期之外,对很多企业来说也是预期之外。这些钱一旦发出去了,企业的利润相应就减少了,虽然这样做对员工有很大的激励作用,但是大多数企业仍然不愿意这样做。

在一家企业发展壮大的道路上,员工预期之外的奖励是必不可少的。不舍得用实际利益去激励员工的企业,注定是无法做大做强的。

4. 对大多数人来说,钱给够了,就一切都好说

近年来"996"频繁被热议,毕竟在这个触及员工根本利益的问题上,甲方与乙方在多数情况下都是对立关系。而要说到加班,华为一定是榜上有名的,但是很少看到华为员工对此表示不满。其实从某种程度上来讲,华为与员工的关系更多的是互利共赢,而非零和博弈。

每次有人说华为加班严重,就会被很多人驳斥。华为加班的确严重,但是奖励到位了。而与华为相比,多少企业的加班其实是不遑多让的,而这些企业给了多少的加班费?给了多少的奖金?这些人真的厌恶加班吗?的确大部分人厌恶加班,但是他们厌恶加班更深层次的原因是加班却得不到应有的报酬。

所有的资源分配都是平衡的过程,当企业支付的薪水足以与员工的付出相平衡时,那么现阶段的很多问题就不再是问题了。

大多数人工作就是为了钱,当然,企业所能给予员工的并不仅仅是钱,这也就给企业留下了讲情怀的空间。但是如何去讲,能否让员工相信,就看企业的本事了。最理想的情况是钱给够了,情怀也讲了,但是在现实中很多企业是做不到的,甚至是哪一点都做不到。

部分企业不愿意给员工钱,也讲不了情怀,这样的企业靠什么去发展?如何与那些给员工高薪水的企业去竞争?真的竞争胜利了,那才是稀奇的事情。

任何一家企业一旦与员工进行零和博弈,都注定是走不远的,目前做得比较好的企业中,无论国内外,没有一家企业是与员工进行零和博弈的,只有互利共赢的企业才可能有人愿意为之效力,员工才愿意一步一步陪着企业成长。

资料来源:你的企业与员工之间的关系是怎样的,零和博弈?还是互利共赢?[EB/OL].(2019-11-20)[2023-02-13].https://zhuanlan.zhihu.com/p/92707439。

问题: 一家创业企业如何平衡其与员工的关系?谈谈你的看法。

分析提示: 创办一家企业,首先要了解市场需求和相关法律法规。创业者要结合市场环境、产品特性、自身优势和劣势构建企业架构、组建团队,在实践过程中不断优化工作效率,其中,员工与企业的关系是非常重要的因素,企业只有从制度建设、业务流程和员工福利等多方面入手,才能实现经济效益和社会效益。

任务训练

任务训练一:选择合适的企业组织形式

1. 你的企业的组织形式是什么?

2. 列出你选择这种企业组织形式的原因。

任务训练二:进行你的企业构思

1. 企业名称:

2. 企业类型(请画√)
□服务型企业　□制造型企业
□贸易型企业　□农林牧渔型企业
□其他(请说明)
_____
_____

3. 企业将服务的客户：
_____
_____
_____

4. 企业将经营的产品或服务：
_____
_____
_____
_____

5. 企业将解决并满足的客户需求：
_____
_____
_____
_____

任务训练三：对企业构思进行 SWOT 分析

使用 SWOT 分析法对你的企业构思进行分析，并将分析结果填入下表。

	潜在内部优势(S)	潜在内部劣势(W)
内部环境		
	潜在外部机会(O)	潜在外部威胁(T)
外部环境		

第三章

分析创业环境

📚 知识与能力目标

了解创业的外部环境,熟悉并掌握创业环境的分析方法、创业信息的收集方法,为创业工作奠定坚实的基础。

📚 实训与素养目标

培养学生树立客户至上的观念,并理性认识当前的市场环境,通过环境分析敏锐地寻找市场机会。

📖 创业情境

张伟和王军的创业历程(7)

张伟和王军考虑到北京是政治、经济和文化中心,如果能更好地利用外部环境因素,便可以使自己的创业项目有更深、更广的发展空间。比如,近年来北京的文化产业得益于政策优势而发展得红红火火。同时,由于宏观政策的支持,各种各样的小公司像雨后春笋般涌现。大学生创业本身资金并不充裕,北京市人力资源和社会保障局对大学生创业给予了大力支持和扶持,例如出台了相关的创业贷款政策,同时提供创业培训,并颁发创业资格证书,大学生凭创业资格证书可以申请创业贷款。另外,电子商务行业的快速发展使推广促销方式更加多样化,短视频平台的兴起和内容类账号的广泛应用也为创新创业工作带来了新的可能。张伟和王军决定整合国家对大学生创业的帮扶政策,并梳理自身的各类资源,这将有助于其创业项目的顺利开展。

关于行业的选择,张伟和王军认为,还需要进一步考虑一系列的中观及微观因素,主要是市场环境及其变化趋势。其中要考虑的一个重要因素是各目标行业市场的竞争结构,包括产品差异程度、市场进入难易程度等。若要减小市场中各类竞争因素的威胁,创业者必须充分利用外部机会和自身优势,去规避风险、克服劣势,打造属于自己的核心竞争力。

在创业过程中,创业者需要对企业的外部环境进行分析,而分析的基础是收集一些必要的市场信息。市场信息是衡量创业环境的重要指标,也是推动创业和企业发展的关键要素。创业者只有掌握这些信息,才能够对企业的外部环境做出客观分析,进而准确地分析客户和市场。因此,通过本章的学习,你要确定以下几个方面:

- 你创办的企业面临怎样的外部环境?
- 你在创办企业时,具备哪些优势和劣势,面临哪些机会和威胁?
- 分析企业外部环境的基础是收集市场信息。那么,你应该收集哪些信息,如何收集?

第一节 创业的外部环境

一、创业的政治环境

政治环境是指创业及企业市场营销活动的外部政治形势。政局稳定与否,会对创业产生重大的影响。目前,我国稳定的政局给创业者创造了良好的政治环境。

如果是在国内创业,那么政治环境主要指的是国内政治环境,它包含政治制度、政党和政党制度、政治性团体、党和国家的方针政策及政治气氛。政治环境对创业的影响主要表现为国家制定的政策对创业的影响。

大多数专家和创业者均认为,各地针对新办企业的政策,总体上越来越有利于创业环境的改善。

作为大学生创业者,政策分析主要包括两个层面:

(1) 国家及地方政府制定的政策。包括宏观经济政策、财政政策、税收政策、政府管理制度与效率等。

(2) 教育主管部门及学校制定的政策。教育主管部门及学校制定的关于大学生创业的政策,直接、广泛而深远地影响着大学生创业。

二、创业的法律环境

政治环境引导着企业经营活动的方向,法律环境则为企业规定经营活动的行为准则。政治环境与法律环境相互联系,共同对企业的经营活动产生影响和发挥作用。

法律环境是指国家或地方政府颁布的各项法规、法令和条例等,它是创业的行为准则,企业只有依法进行创业,才能受到国家法律的有效保护。创业者需要了解企业法、经济合同法、商标法、专利法、广告法、环境保护法、反不正当竞争法、消费者权益保护法等。创业者只有熟知有关的法律条文,才能保证创业的合法性,运用法律武器来保护企业与消费者的合法权益。

总之,创业者需要关注的法律环境因素包括:

(1) 法律法规,特别是和创业相关的经济法律法规。

(2) 国家司法、执法机关。比如与企业关系较为密切的行政执法机关有工商行政管理机关、税务机关、物价机关、审计机关等。

（3）企业的法律意识。企业的法律意识是法律观、法律感和法律思想的总称，是企业对法律制度的认识和评价。企业的法律意识最终都会物化为一定性质的法律行为，并造成一定的行为后果，从而构成每个企业不得不面对的法律环境。

如果创业企业从事境外经营活动，那么创业者不仅要遵守本国的法律制度，还要了解与遵守国外的法律制度及有关的国际法规、惯例和准则。例如，欧洲国家规定禁止销售不带安全保护装置的打火机，这无疑限制了中国低价打火机的出口市场；日本政府也曾规定，任何外国公司进入日本市场，必须找一个日本公司同它合伙，以此来限制外国资本的进入。如此看来，创业企业只有了解这些国家的有关法律和政策，才能制定有效的对策，进而在国际经济环境中争取主动。

三、创业的经济环境

创业的经济环境是指创业者在创业过程中所面临的外部经济条件，其运行状况及发展趋势会直接或间接地对创业活动产生影响。创业者需要分析下列因素：

（一）消费者的经济状况

消费者的经济状况是影响创业的直接经济环境，它会强烈影响消费者的消费水平和消费范围，并决定着消费者的需求层次和购买能力。消费者的经济状况较好，就可能产生较高层次的需求，购买较高档次的商品，享受较为高级的消费。相反，消费者的经济状况较差，通常只能优先满足衣食住行等基本生活需求。因此，只有了解消费者的经济状况，创业者才能确定创业的方向和内容。

（二）经济发展水平

创业活动要受到一个国家或地区的整体经济发展水平的制约。经济发展阶段不同，居民的收入不同，消费者对产品的需求也不一样，从而会在一定程度上影响创业。例如，在经济发展水平较高的地区创业时，创业者要重点打造产品款式、性能及特色；而在经济发展水平较低的地区创业时，要重点考虑产品的功能及实用性。因此，对于不同经济发展水平的地区，创业者应采取不同的创业策略。

（三）经济体制

经济体制是指国家经济组织的形式。它规定了国家与企业、企业与企业、企业与各经济部门的关系，并通过一定的管理手段和方法，调控或影响社会经济流动的范围、内容和方式等。不同的经济体制对创业活动的制约和影响不同。在计划经济体制下，创业活动受到较强的政府干预和控制。我国当前的社会主义市场经济体制为创业活动提供了广阔的空间，但市场发育仍需进一步完善：一方面，个人具有了创业的自主权，开始真正走向市场并以市场为目标开展自己的创业活动；另一方面，政府的直接干预仍然存在，创业活动受到政府的调控。此外，部分地区市场发育尚未完善，市场秩序混乱，存在垄断和地方保护行为，不利于开展创业活动。

（四）经济政策

经济政策是指国家为实现一定时期内的经济发展目标而制定的战略与策略，它包括综合性的国民经济发展战略和产业政策、国民收入分配政策、价格政策、物资流通政策、财政政策、货币政策、薪酬福利政策、对外贸易政策等。创业时熟悉和应用这些政策是非常重要的。

总之,创业的经济环境分析就是要对以上各个要素进行分析,运用各种指标,准确地分析经济环境对创业的影响,从而制定出正确的创业战略。

做练习

1. 在创业过程中,你会通过哪些渠道来了解政府对大学生的创业帮扶政策？宏观环境中哪些因素有助于你的创业计划的开展？
2. 试着找出一个有效利用外部环境的企业,分析它是如何开拓目标市场的。

四、创业的社会环境

(一) 社会人口环境分析

创业者首先需要了解人口环境,内容包括:

(1) 人口规模。人口规模制约着个人或家庭消费品的市场规模,如食品工业市场与人口规模密切相关。

(2) 人口的地理分布。人口的地理分布决定着消费者的地区分布。消费者的地区分布密度越大,消费者的偏好越多样化,对商品的选择性也越大,这就意味着会出现多种多样的市场机会。

(3) 人口的年龄分布。人口的年龄分布决定着以某年龄层为对象的产品的市场规模。在各年龄层都参与的产品市场中,消费者对产品的选择性大,将带来产品多样化的机会。

此外,人口的流动(例如从郊区流向城市或从城市流向郊区、从西部流向东部等)也会引起市场需求的变化。

(二) 社会文化环境分析

社会文化环境是指一个国家或地区的民族特征、文化传统、教育水平、宗教信仰、价值观念、人口变化趋势等情况。这些因素的存在会对消费者产生各种各样的影响,可能会扩大消费者对各种不同性质产品的选择,或形成新的市场,或造成现有产品的衰退。

创业者需要关注的社会文化因素有:

(1) 教育水平。教育水平的高低影响到消费者对商品功能、款式、包装和服务的要求。通常来说,教育水平高的国家或地区的消费者要求商品包装典雅华贵,对商品附加功能也有一定的要求。因此,创业者要考虑到消费者受教育程度的高低,采取不同的策略。

(2) 宗教信仰。宗教是构成社会文化的重要因素,宗教信仰对人们消费需求和购买行为的影响很大。因此,创业者在创业活动中要注意到不同消费者的宗教信仰,以避免因矛盾和冲突而给企业带来损失。

(3) 价值观念。价值观念是指人们对社会生活中各种事物的态度和看法。不同的文化背景下,人们的价值观念往往有着很大的差异。创业者必须根据消费者不同的价值观念设计产品、提供服务。比如,在一些发达国家,人们工作紧张,生活节奏快,所以速溶咖啡、快餐等快速食品很受欢迎。但在经济欠发达、生活节奏比较慢的国家,人们不一定接受快速食品,他们宁愿买普通的咖啡自己花时间煮,也不愿意买速溶咖啡。

(4)消费习俗。消费习俗是指人们在长期的经济与社会活动中所形成的一种消费方式和习惯。不同的消费习俗会对商品提出不同的要求。研究消费习俗,了解目标市场消费者的禁忌、习惯、避讳等是创业者进行创业的重要前提。比如,2008年奥运会吉祥物"福娃"的英文名字 friendlies 更名为 FU-WA。更名的主要原因是:一方面,在其发音上,friendlies 与 friendless(没有朋友)发音雷同,容易造成误解;另一方面,在单词拼写上会误认为 friendlies=friend(朋友)+lies(说谎),从而产生歧义。由于奥运会是全世界人们的盛宴,因此必须考虑多元文化环境下的最佳决策。

五、创业的市场环境

市场环境决定了企业参与竞争的领域特征,所在行业市场的发展在一定程度上制约着企业的发展。这里创业者要考察市场相关因素对创业的支撑程度,包括行业特性、市场发展状况、产业竞争结构。

(一)行业特性描述

创业者在进行市场环境分析之前首先要对行业特性进行描述,对行业特性的描述可以通过回答以下问题来完成:该行业市场有什么特性?在工业生产总过程中处于什么样的地位?资本需求如何?所需资源是属于资本密集型、技术密集型还是劳动密集型?竞争是垄断性的还是分散性的?该行业市场中企业的投资收益率如何?该行业市场中财务指标(如资本收益率、存货周转率等)的平均水平如何?

(二)市场发展状况调查

调查市场发展状况对资本的投向具有重要意义。国家的经济政策、政府对行业的支持和限制、行业相关技术的发展、国际经济关系等,都对企业的发展起着相当重要的作用。另外,社会对企业产品的需求、企业的资源供应状况及生产能力等对企业的发展有着更直接的影响。因此,创业者对市场发展状况的调查可以重点围绕以下几个问题来展开:社会对企业产品或服务的需求总量是多少?需求的趋势如何?目前计划的总生产能力,包括设计能力、实际能力有多大?企业的资源(包括自然资源、资本资源和人力资源等)供应状况如何?企业的总体技术水平如何?今后技术将朝什么方向发展?

(三)产业竞争结构分析

产业的竞争结构是决定产业竞争规划和激烈程度的根本因素。通过分析产业竞争结构,创业者可以确定本企业对各种竞争因素的态度和基本对策,制定有效的企业战略。

美国著名的战略管理学家迈克尔·波特(Michael Porter)指出:在任何产业里,无论是国内还是国外,无论是生产一种产品还是提供一项服务,竞争规律都寓于五种竞争力量之中,即潜在竞争者的进入、替代品的威胁、买方的讨价还价能力、供方的讨价还价能力以及与现有竞争者之间的竞争(见图3-1)。这五种基本竞争力量的状况及综合强度决定了产业竞争的激烈程度,同时也决定了产业的最终获利能力。

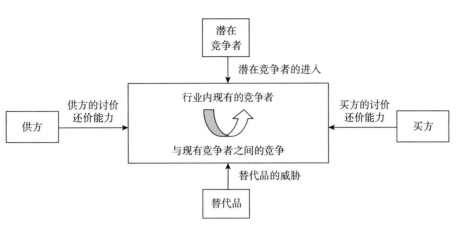

图 3-1 波特的竞争五力模型

做练习

1. 假如你要进入的目标市场是一个成熟的市场,你打算以何种方式来占据一席之地?
2. 你选择进入的目标市场的现状如何?它具备什么样的特点?市场中有哪些成熟企业?

第二节　创业环境的分析方法

创业 SWOT 分析包括分析创业者所具备的优势和劣势以及面临的机会和威胁。优势和劣势分析主要着重于分析创业者自身的实力及与竞争对手的比较,而机会和威胁分析将重点分析外部环境的变化及对创业的可能影响。

一、优势和劣势分析

优势分析是指分析创业者超越其竞争对手的能力,这种能力有助于实现创业的主要目标——成功创办企业并盈利。劣势分析是指分析创业者自身缺乏以及弱于竞争对手的能力。创业者必须明确自身究竟在哪一方面具有优势,哪一方面处于劣势,只有这样才能做到扬长避短并获得成功。

二、机会和威胁分析

经济全球化、一体化进程的加快,以及全球信息网络的建立和消费者需求的多样化,使得创业者所处的环境更为复杂和变化多端。因此,环境分析成为创业之初非常重要的工作。

环境分析分为两大类:一类是环境威胁分析,另一类是环境机会分析。环境威胁分析指的是分析环境中不利的因素所构成的威胁,面对这种威胁,创业企业要采取果断的战略行为,避免竞争地位被削弱。环境机会分析就是分析创业过程中具备的优势,并对其加以充分利用,从而将这种竞争优势最大限度地发挥出来。

> 创业情境

张伟和王军的创业历程（8）

作为大学生，张伟和王军在创业之初首先对自身的优势和劣势、面临的机会和威胁进行了分析。初步分析结果如下表所示：

	内部优势（S）	内部劣势（W）
内部环境	（1）拥有电子商务专业知识，具有较强的专业能力和项目策划能力 （2）领悟力强，自主学习能力强，易接受新鲜事物，熟悉互联网背景下年轻消费者的消费特点 （3）思维活跃，敢想敢做；自信心强，面对挑战充满激情 （4）能够合理运用新媒体相关技术，在推广和运营的形式上能够做到低成本、多样化	（1）尚不成熟，缺乏市场和社会经验 （2）缺少吃苦耐劳和团队合作的精神 （3）在意志品质方面，自觉性、坚毅性、自制力和勇敢、果敢等创业精神没有完全形成 （4）实践能力、开拓创新、组织领导、沟通协调、人际关系等方面都有待提高 （5）缺乏营销管理知识 （6）缺乏创业资金
	潜在外部机会（O）	潜在外部威胁（T）
外部环境	（1）政府和社会的资金及技术支持，尤其是各级地方政府积极响应国家政策对大学生创业予以支持 （2）互联网技术的发展为服务和零售行业带来发展机遇 （3）消费者消费观念的转型升级和生活态度（个性化需求、追求精神满足）的变化，使市场需求更加多样化	（1）市场机制不完善，有些地方市场秩序混乱 （2）资金难筹措，还款压力大 （3）各行业内竞争较为激烈，市场中多呈现垄断竞争的状态，新企业进入市场的难度不大，但获得一定的市场份额很困难

第三节　创业信息的收集方法

创业者需要对企业的外部环境进行分析，而分析的基础是收集一些必要的市场信息，这是创业者对外部环境做出客观分析的前提。因此，收集信息对于创业者来说是非常重要的。

信息可以分为一手信息和二手信息。一手信息能够最大程度地接近消费者，帮助信息使用者比较准确地了解市场动向。但由于实地调研会发生相关费用，创业者有可能承担不起。

一、一手信息的收集方法

一手信息的收集方法主要有问卷调查法、面谈访问法、观察法和实验法等。

(一)问卷调查法

对于创业者来说,问卷调查法是运用统一设计的问卷向被选取的调查对象了解情况或征询意见的调查方法。它是以书面提出问题的方式收集资料的一种研究方法。创业者将所要调查的问题编制成问题表格,了解被调查者对创业项目的看法和意见。

问卷调查法的优点是能够突破时空限制,在广阔的范围内,对众多调查对象同时进行调查;便于对调查结果进行定量研究;匿名性;节省人力、时间和经费。

问卷调查法的缺点是只能获得书面的社会信息,而不能了解到生动、具体的社会情况;缺乏弹性,很难做深入的定性调查;调查者难以了解被调查者是认真填写还是随便敷衍,是自己填答还是请人代劳;被调查者对问题不了解、对回答方式不清楚,无法得到指导和说明;回复率和有效率低,对无回答者的研究比较困难。

创业情境

张伟和王军的创业历程(9)

张伟和王军认为,从人力、时间和经费的角度考虑,问卷调查是他们获取信息最好的方法。因此,他们对问卷调查这一方法进行了研究。他们首先了解了问卷调查的分类,并总结了它们的利弊,可简略概括如下表所示。

项目	自填式问卷调查			代填式问卷调查	
	报刊问卷	邮政问卷	送发问卷	访问问卷	电话问卷
调查范围	很广	较广	窄	较窄	可广可窄
调查对象	难控制和选择,问卷代表性差	有一定控制和选择,但问卷代表性难以估计	可控制和选择,但过于集中	可控制和选择,问卷代表性较好	可控制和选择,问卷代表性较好
影响回答的因素	无法了解、控制和判断	难以了解、控制和判断	有一定了解、控制和判断	便于了解、控制和判断	不太好了解、控制和判断
回复率	很低	较低	高	高	较高
回答质量	较高	较高	较低	不稳定	很不稳定
投入人力	较少	较少	较少	多	较多
调查费用	较低	较高	较低	高	较高
调查时间	较长	较长	短	较短	较短

(二)面谈访问法

创业者在创业时,往往想知道消费者的真实感受和想法,因此很想与他们进行面对面的交谈,以此来把握市场信息。面谈访问法可以解决这一问题。

所谓面谈访问,是指创业者按照抽样方案的要求,到抽中的家庭或单位,按事先规定的方法选取适当的被访者,再依照问卷或调查提纲进行面对面的直接访问。

面谈访问一般包括入户访问、街头面访等。

1. 入户访问

入户访问是指调查员到被访者的家中或工作单位进行访问，直接与被访者接触；然后利用访问式问卷对问题进行逐一询问，并记录下对方的回答，或者将自填式问卷交给被访者，讲明填写方法后，等对方填写完毕再回收问卷的调查方式。

2. 街头面访

街头面访是指在某个场所拦截在场的一些人进行面访调查。这种方法常用在商业性的消费者意向调查中。街头面访的好处在于效率高，但是无论如何控制样本及调查的质量，都无法证明收集的数据对总体有很好的代表性。

（三）观察法

观察法是指由创业者直接或通过仪器在现场观察调查对象的行为动态并加以记录而获取信息的一种方法。创业者可采用的观察法包括如下四种：

1. 自然观察法

自然观察法是指在一个自然环境中（比如超市、展示地点、服务中心等）观察调查对象的行为和举止。

2. 设计观察法

设计观察法是指事先设计一种模拟场景，创业者在一个已经设计好的并接近自然的环境中观察调查对象的行为和举止。

3. 掩饰观察法

掩饰观察法就是在不为被观察者所知的情况下监视其行为过程。

4. 机器观察法

在某些情况下，用机器观察取代人员观察可能更便宜、更精确和更容易完成工作。

观察法的优点是具有直观性、可靠性，更接近真实，不受被观察者的意愿和回答能力影响，而且简便易行，灵活性强，可随时随地进行。

观察法的缺点是通常只有行为和自然的物理过程才能被观察到，而无法了解被观察者的动机、态度、想法和情感，此外只能观察到公开的行为，而这些行为的代表性将影响调查的质量。

（四）实验法

实验法是指创业者有目的、有意识地通过改变或控制一个或几个市场影响因素的实践活动，来观察市场现象在这些因素影响下的变动情况，从而认识市场现象的本质和发展变化的规律。其主要特点包括实践性、动态性和综合性。

实验法的优点包括以下几方面：第一，能够在市场现象的发展变化过程中，直接掌握大量的第一手实际资料，某市场现象的发展变化主要是由实验活动引发的，这是实验调查最突出的优点，也是其他调查方法不能做到的。第二，能够揭示或确立市场现象之间的相关关系。因为实验调查不是等待某种现象发生再去调查，而是积极主动地改变某种条件，促进市场现象的发展变化，以达到实验目的，所以，实验调查不但能够说明某市场是什么样的，而且能够说明它为什么是这样。第三，实验调查还具有可重复性，这使得实验调查的结论具有较高的准确性以及较强的说服力。

实验法的缺点是实验对象和实验环境的选择较难具有充分的代表性。实验调查的结论总带有一定的特殊性,其应用范围是很有限的。在实验调查中,人们很难对实验过程进行充分、有效的控制。这是因为很多影响因素是无法也不能排除的,而对它们又很难一一测定或综合测定出来,因此准确区分和检测实验效果与非实验效果就很困难,在实验效果中往往混杂着非实验因素的影响结果。此外,实验法对调查者的要求比较高,花费的时间也比较长。

二、二手信息的收集方法

二手信息的最大优点是收集起来比较容易,时间短,费用少,所以创业者往往首先选择收集这种信息。但是其缺点也十分明显,就是准确性得不到保证,时效性差。二手信息的获取途径主要包括政府及其他官方渠道;工业及商业或贸易协会;商会名录;教育、研究组织及其他组织;出版物;地区及当地报纸;金融机构;专业的咨询服务机构;网上调查。

收集和分析出版物上公开的信息通常被称为"资料分析"。资料分析的范围很广,包括利用各种潜在的来源,比如行业协会、研究机构出版的刊物和政府出版的刊物等。其中,政府出版的刊物是常用的来源,比较容易获得,但它们往往对中小企业来说用处不大,因为政府常按一套标准进行统计,从中很难看出消费者的需求和潜在的市场机会。但由于可以在公共图书馆中自由查阅,因此可以把这些出版物作为进一步研究的起点。另外,有些高等院校的图书馆也对公众开放,这也是一个获取信息的来源。如果企业所在地区的院校有经济或商业方面的专业,那么这又是一个获取信息的很好来源。创业者应首先广泛收集资料,然后筛选出有价值的部分进行详细分析。

几乎每一个行业都有相应的协会,这也是有用的信息来源,其中大多数成员在自己的行业内有丰富的经验。有的协会有自己的信息咨询中心,有的还定期公布行业情况,发布各专业部门的特别报告。

行业杂志是有价值的信息来源之一。它经常刊登有关市场预测、竞争对手和消费者需求情况的文章,也有新产品介绍、消费者对产品的评价等栏目。另外,它所刊登的广告会提供关于竞争产品和销售数量方面的背景信息,有助于企业对产品和竞争对手进行分类。创业者应该把这些重要的文章和广告进行分类整理,因为一大堆杂乱无章的杂志毫无用处。对资料分类整理后,当你需要有关信息时,就可以从中找到相应的重要内容。

网上调查是指利用互联网收集与创业相关的市场、竞争对手、消费者以及宏观环境等信息。网上调查的渠道包括:

(1) 利用搜索引擎收集资料。比如谷歌、百度等搜索引擎。

(2) 利用公告栏收集资料。公告栏(BBS)就是在网上提供公开区域,任何人都可以在上面留言回答问题或发表意见和问题,也可以查看其他人的留言。公告栏的用途多种多样,一般可以作为留言板,也可以作为聊天(沙龙)、讨论的场所。

(3) 利用新闻组收集资料。新闻组就是一个基于网络的计算机组合,这些计算机可以交换以一个或多个可识别标签标识的文章(或称之为消息)。

(4) 利用电子邮件(E-mail)收集资料。电子邮件是互联网使用最广泛的通信方式,它不但费用低廉,而且使用方便、快捷,是最受用户欢迎的应用之一。

(5) 利用微信、微博等社交平台收集资料。在互联网时代,社交平台是流量的巨大集合地,巧妙地运用社交平台,创业者能够得到超预期的调查结果,并且精准定位需求和目标市场。

(6) 通过新媒体平台收集资料。创业者可以运用抖音、小红书、微信视频号等新媒体平台,以内容分享为调查手段,综合利用视频剪辑、后期制作、脚本编写等技术,制造热门话题,引发讨论,引导消费需求,得出调查结果。

在上述途径中,网上调查的优势日益明显,如:信息及时、客观、可靠、可共享;便捷、经济;互动性强、交流沟通充分;效率高;反馈速度快;可检验、可控制;打破时间、空间的限制;调查形式可定制等。互联网环境下,日活跃用户数量日益增加,创业者更加关注自身的创新性和内容的原创性,只有紧贴用户个性化需求和消费升级转型的项目,才能在创业之路上越走越远。

实践园地

新零售环境下零售营销的重点转变为营销顾客

随着零售市场环境的改变,零售的本质在发生变化,零售营销的重点也在发生改变。零售市场已经走过两个阶段:商品主权时代和渠道主权时代。在这两个阶段,零售是以商品为中心,市场营销的重点是商品,因此商品是零售营销的主角。当前的零售市场已经进入消费者主权时代。这意味着消费者对市场起到重要的决定性作用。零售营销需要由商品营销转变为顾客营销。

同时,零售市场具有商品极大丰富的特点。商品极大丰富意味着消费者有更多的购买选择,商品之间、品牌之间都具有非常强的替代性,品牌转换在加快。在这种市场环境下,如果企业的营销活动继续沿用以往的模式,继续以商品为主体、以价格为主要手段,则会导致企业难以与顾客之间建立起一种心智的连接。

零售市场的另一重大特点是消费升级。在消费升级的环境下,零售市场表现出来的主要特点是消费者更加关注健康消费、个性化消费。目前来看,在整体消费市场中,无论是年纪大的还是年纪小的,收入低的还是收入高的,都把健康消费放在首位。许多健康消费理念已经深入人们的日常生活。

面对升级了的消费需求,面对更多关注健康消费的目标消费者,如果企业继续使用以往的商品营销、价格促销手段,那么很可能无法打动目标消费者。传统的零售营销模式、营销理念已经导致众多零售企业面临严峻的形势。在商品主权时代和渠道主权时代,家乐福、沃尔玛、大润发是顾客盈门的,而目前它们的订单量都呈下降趋势。除了其经营的商品不能有效满足当前消费者的需求变化,更为关键的是零售企业与顾客之间的关系非常松散。

新零售环境下,市场营销工作的重点已经由商品营销转变为顾客营销。对零售企业来讲,当前面对的最大问题是来客数的下降。来客数下降的主要原因,是以往零售企业的营销理念、营销模式严重缺乏顾客营销的思想,进而零售企业与顾客之间构建起来的是一种非常松散的关系,这种关系赖以存在的基础就是商品和特价。

零售企业必须深刻检讨以往的营销理念:以商品为中心的营销理念已经不能适应当前的零售环境,以价格为主要手段的营销方法不再能吸引顾客。那么新零售环境下如何做好顾客营销?

第一,新零售营销的目标是触动目标消费者的心智,与目标消费者建立强连接。新零售营销必须能够有效触动目标消费者的心智,使目标消费者形成较强的品牌认知,最佳的结果是产生粉丝效应。

第二,新零售营销的基础是商品和服务满足目标消费者升级了的新消费需求。目标消费者已经有非常突出的送货上门需求,如果还是只能到店购买,则必然不能完全满足消费者的需求。

新零售营销的主线是找到顾客—建立连接—产生影响—增强黏性—打造终身价值顾客。

客流减少、流量到顶对零售企业来讲是必须正确面对的市场现实。面对这样的市场环境,海尔集团创始人张瑞敏分析指出:整个家电企业还有没有出路?肯定是没有出路了,只能从卖产品转向打造终身用户。

资料来源:鲍跃忠.新零售环境下零售营销的重点转变为营销顾客[EB/OL].(2017-12-11)[2023-06-10].https://www.ebrun.com/20171211/258392.shtml? eb=search_chan_pcol_content。

问题:企业在运营过程中,要达到长期可持续发展需要具备哪些条件?

分析提示:合理控制各项经营活动的成本,定期调整经营策略;同时,避免闭门造车的现象出现,定期进行宏观环境分析。企业的发展与国家政策、市场环境和竞争对手都是密不可分的。

任务训练

任务训练一:创业 SWOT 分析

使用 SWOT 分析法对你的创业活动进行分析,并将分析结果列入下表。

	内部优势(S)	内部劣势(W)
内部环境		

（续表）

外部环境	潜在外部机会（O）	潜在外部威胁（T）

任务训练二：创业环境分析

使用网上调查法分析你的创业环境。

政治环境	法律环境	经济环境	社会环境	市场环境

第四章

分析顾客和市场

知识与能力目标

了解顾客的基本情况;熟悉顾客划分的方法并确定目标顾客群体;掌握评估目标市场的方法、收集竞争对手信息的方法、分析竞争对手的方法,并能够确定创业项目的盈利模式。

实训与素养目标

通过学习使学生树立市场竞争意识,在竞争的同时不断关注整个市场中竞争对手的情况,审时度势地调整自身的经营策略。对于创业企业而言,要抓住市场机遇和政策优惠,合理进入市场并参与竞争。

创业情境

张伟和王军的创业历程(10)

张伟和王军认识到,必须根据自身条件来选择经营方向。他们必须首先弄清楚自己能进入什么领域,还要了解在这个领域中的顾客特征以及他们的需求,最后设计一个最能充分发挥自身优势以满足顾客需求的方案。因此,他们分析了自身的条件,发现最重要的限制因素是资金有限、社会关系少。于是他们决定暂时舍弃他们的多元化协同增效经营、走国际化道路的宏伟目标和设想,舍弃软件开发、系统集成和数字艺术产品研发的打算,脚踏实地地从眼前的资源条件出发,先进入一个自己比较熟悉的领域,利用自己熟练的计算机技能在这个领域里推出一些特色项目和服务,比竞争对手更能满足顾客的愿望,使顾客获得更多的价值,吸引一批顾客群体,从而逐渐巩固企业的竞争力。有了这批顾客之后,企业再进一步扩大市场规模,进而扩张其他业务领域。

王军的叔叔在国内从事摄影工作,在北京、上海、深圳等地都有稳定的拍摄资源。王军与张伟在大学期间也是摄影爱好者,积累了一定的摄影经验和学生资源。二人商量后,觉得可以利用这个条件解决核心产品和服务定位的问题,确定项目主营业务和主要产品为摄影工作室及相关衍生产品。虽然在这个领域竞争对手很多,市场竞争很激烈,但是他们利用自身的创新能力以及独特的市场定位进行差异化经营,聚焦个性化需求,再利用互联网资源和新媒体平台,完全可以把生意做起来。二人分析了各自积累的人脉资源和市场经验后,决定放弃不熟悉的团体业务,放弃为组织群体服务,而专注于个人自助摄影领域,重点是形式上的自助。

在第三章中,创业者已经对创办企业所面临的外部环境进行了分析,也对企业内部的资源条件进行了梳理。现在,创业者要确定做什么,确定创业企业的产品或服务有没有市场,以及哪些业务是与企业内外部环境条件相匹配的。通过本章的学习,你要确定以下几个方面:

- 你创办的企业的顾客是谁?这些顾客的需求是什么?
- 你创办的企业的市场在哪里?如何评估所在的市场?
- 你创办的企业的产品或服务是哪些?这些产品或服务如何满足顾客的需求?

第一节 了解顾客

一、有关顾客的观念

企业必须能够精准地吸引并留住一批顾客,即目标市场中的消费者。顾客给企业带来业绩和效益,是企业持续发展的根本。没有顾客,企业就无法生存。因此,创业企业必须提供让顾客满意的产品和服务,只有这样才能吸引并留住顾客,才能给企业带来销售和利润。

创业者需要接受以下几个观念:

- 任何企业都不能进入所有的市场,因此创业者必须确定放弃哪些市场。
- 任何企业的产品或服务都不可能让所有的顾客满意,因此创业者必须确定满足哪些顾客的需求。
- 任何企业都会面临市场竞争局面,因此创业者必须确定如何超越竞争对手从而持续赢得顾客的满意,获得长久利益。

上述观点可以帮助创业者更好地专注于创业企业的顾客需求,更清晰地构思所要创办的企业的产品或服务,更好地制订满足顾客需求的营销方案。

二、扩展顾客的需求

人类的基本需求是有限的,每个人都要面临生老病死、衣食住行。但人类是不是满足了基本需求就满意了呢?显然不是。基本需求只是人类为生存下去而必须满足的要求。除此之外,人类还有许多不同的愿望。比如当人饿了就要吃饭,这是人类的基本需求,吃什么饭却有许多不同的愿望,因此愿望也可以被认为是满足基本需求的多种方式。

人类的基本需求很少,但是愿望有很多,也可以说人类的愿望是无限的。当企业生产的产品不仅满足了人类的基本需求,还同时满足了人类的某种愿望时,企业就创造了一种新产品。沿着这种思路不断创新,企业就能够不断满足顾客的需求。因此,愿望是扩展了的基本需求。

当今人类在物质生活方面已经得到极大的丰富,在大多数情况下,人类的基本需求已经得到满足,那么,企业满足顾客需求的空间在哪里呢?不论是传统行业还是新兴行业,许多产品和服务创新的空间来自对顾客愿望的判断与创造。比如,手机最初用来满足人们实时通信的需求,但是按照人类愿望来扩展这一产品的外延后,开发出短信沟通、工作记录、游戏娱乐、情感交流和上网等许多功能,极大地满足和丰富了人们对手机的愿望,使当代人对手机的依赖程度越来越高。如今,手机已经成为人们生活和工作中不可或缺的基本需求。

第二节 确定目标顾客

顾客也称目标顾客,是创业企业服务的对象。创业者只有把企业所要服务的目标顾客清晰、明确地描述和界定出来,才能针对这些目标顾客制订营销方案。

一、筛选业务领域

创业者应该明确创业企业肯定不做什么行业,不进入什么业务领域。在第三章中,创业者已经掌握所要创办企业的内外部环境条件,依据第三章所做的工作结果,接下来就要确定企业进入的业务领域和范围,以及企业是经营产品还是服务。如果是经营产品,那么创业者要确定是经营消费品还是工业品,顾客是个人消费者还是组织购买者;如果是经营服务,那么创业者要确定为谁服务,是个人消费者还是组织消费者。创业者要把确定的业务领域和范围写入营销计划,为下一步确定创业企业的顾客做准备。

创业者在选择进入的业务领域时要注意以下几点:

- 整合优势资源,充分利用自身的有利条件,利用自己的人脉关系和其他社会资源优势来选择进入的业务领域。避免从事自己陌生、不熟悉或者社会资源贫乏的业务。
- 避实就虚地竞争,放弃竞争激烈的市场,在所选择进入的业务领域能够区别于竞争对手的产品或服务,具有自己独特的优势。

二、顾客群体分类

消费品市场的顾客主要是个人消费者。消费者的需求千差万别,满足所有消费者的需求是不现实的,创业企业只能满足一类或几类消费者群体,因此可以将个人消费者按照一些关键因素进行分类。这些关键因素包括个性因素、心理因素和行为因素。

(一)个性因素

个性因素包括性别、年龄、收入、文化程度、职业和家庭。

1. 性别

男女性别不同带来很大的消费需求差异。比如,男性消费者可能更喜欢大件、保值等趋于理性的产品;而女性消费者可能更偏向于花哨、可爱、物美价廉、色彩缤纷等趋于感性的产品。另外,还有一种倾向,即区分性别的产品趋于中性化的发展趋势,而传统的中性产品则开始以性别来细分市场。比如,牛仔裤、工装等服装的性别属性模糊,但同样受市场热捧；而女性手表、女性汽车等又将女性作为一个重要消费者群体区分开来。

2. 年龄

年龄这一变量能够比较明显地反映出消费需求的差异性特征。比如，经营服装、鞋帽、化妆品的行业一般都采用年龄等变量。年龄的影响在文化时尚方面更加明显。世界各国的图书出版市场都区分儿童图书、成年读物，日本的动漫产业按照年龄段制作动漫作品，电视台也针对不同的年龄段制作节目，等等。

3. 收入

收入对消费者的消费行为具有重要影响。按照收入水平的高低，消费者可以分为高收入阶层、中等收入阶层和低收入阶层。高收入阶层奉行"更好""更贵""更稀有"；中等收入阶层追求"性价比""品质价值"；而低收入阶层讲究"经济实惠""物美价廉"。因此，企业应区分高中低档市场并提供不同产品以满足不同收入水平消费者的需求。比如，美国飞虎自行车企业在进军北美市场时根据消费者的收入水平把北美市场细分为高档、中档和低档三个子市场。

4. 文化程度

文化程度反映在消费行为上的差异也越来越明显。书籍、音乐、艺术、科技、专业技能等领域比较容易吸引文化程度高的消费者。

5. 职业

不同的职业对人们的消费行为也会产生比较大的影响。自由职业者、演员、教师、医生、军人、警察、公务员、企业家等群体的工作环境、工作时间、工作中的人际关系、职业要求和从业特点都不相同，他们会逐步将这些不同带到消费行为中，从而使得他们的个人生活消费具有很大的职业特征，导致其消费过程和结果存在很大的差异。

6. 家庭

二人世界和三口之家在消费行为方面具有很大的差异性。比如，人们将年轻没有小孩的夫妇称为"月光族"（每月将工资花光）、"三好族"（吃好了、用好了、花好了），消费享乐成为许多年轻夫妇的时尚选择。三口之家中，孩子用品是消费的重点之一，家庭消费围绕生活用品、学习用品和家庭公共用品展开。随着家庭生命周期逐渐走向成熟，消费重点逐渐发生变化，向着汽车、房屋、保险、理财、留学等产品或服务转移。

(二) 心理因素

心理因素十分复杂，包括生活方式、个性、社会态度等。其中，最主要的是生活方式和个性两个方面。

1. 生活方式

生活方式是指消费者生活活动的特定习惯与倾向性以及兴趣和意见等。生活方式是一个内涵十分广泛、丰富的概念，它与消费者的年龄、收入、文化程度、社会地位、价值观念、职业等因素密切相关。消费者的生活方式可以用以下三个尺度来测量：①活动(activities)，如消费者的工作、业余消遣、休假、购物、款待客人、体育等活动；②兴趣(interests)，如消费者对服装的流行式样、食品、娱乐等的兴趣；③意见(opinions)，如消费者对社会、政治、经济、环境保护等问题的意见。以上三个尺度也叫作 AIO 尺度。企业可以派调查人员去访问消费者,详细了解消费者的各种活动、兴趣、意见,从而发现生活方式不同的消费者群体,并按照其不同的生活方式来加以分类。

2. 个性

个性反映一个人的特点、态度和习惯,是个体对外部社会和环境所表现出来的情绪、态度和行为方式。企业可以按照个性变量来细分市场,使自己的产品具有与消费者相一致的个性,即树立所谓的"品牌个性"和"品牌形象",从而使这些消费者对本企业的产品产生兴趣,保持和提高本企业的市场占有率。

(三)行为因素

行为因素主要包括购买时机、价值追求、使用频率等。

1. 购买时机

购买时机即消费者购买和使用产品的时刻。例如,中国内地的电影院通常在每周二对所有的电影票打折出售;春节、中秋节、国庆节等节日都会带来消费品市场旺盛的购买需求;等等。某些产品或服务项目专门适用于某个时机(如日历销售的最佳时机是每年的11—12月,文具商店可在新学期开始前专门储备学习用品)。不同的购买和使用时机需要企业开发相应的产品功能,制定相应的价格,采取相应的广告宣传手段。

2. 价值追求

消费者购买产品或服务所要追求的利益往往各有侧重,这个变量一般是通过对消费者进行市场调查而获得的。比如,消费者购买此产品的目的是什么?看中了此产品的什么功能?得到了什么好处?企业可以通过消费者追求的产品或服务的价值功效不同来进行消费者分类。

3. 使用频率

某些消费品市场可以按使用频率来划分消费者群体。可先划分使用者和非使用者,然后再把使用者分为小量使用者、中量使用者和大量使用者。对于大量使用者群体,企业可以根据他们的需求制定有针对性的营销策略,进一步强化对大量使用者的服务。根据20/80法则,企业80%的利润来自20%的顾客,这20%的顾客就是大量使用者群体,抓住这20%的顾客就稳定了企业的利润来源。此外,企业还要不断想办法提升中量使用者的购买频率,使他们向大量使用者转化。

三、确定目标市场和目标顾客

(一)什么是企业的目标市场和目标顾客

从实际情况来看,任何一家企业都不可能进入所有的市场,让所有人都成为其顾客。为什么呢?因为不论什么样的企业,其资源总是有限的,都要受到来自客观条件和环境的制约,而顾客需求是无限的,无论企业如何努力也只能占领一部分市场,满足一部分人的需求,企业想占领所有市场、让所有人都成为其顾客是不现实的。企业必须有所取舍。较好的做法是,企业科学地选择与自身实力相匹配的市场作为目标市场,了解目标市场顾客的需求,想尽一切办法来预测并满足目标市场顾客的需求和未来需求,使企业持续发展。企业所选择的目标市场中的顾客就是目标顾客。企业经营的一切目的就是满足目标顾客的需求。目标市场的确定是企业业务战略的一部分,是企业的长期发展方向。通常情况下,一家企业会花费相当长的时间来分析研究和确定目标市场,从而完成"发现目标顾客"的任务以及达到"满足目标顾客的需求"的目的。

(二)如何选择企业的目标市场和目标顾客

目标市场和目标顾客可以通过市场细分的方法进行选择。市场细分是根据顾客需求的差异性,把整体市场划分为若干具有不同需求的顾客群体,针对每个顾客群体的购买动机和行为偏好采取单独的产品或市场营销组合战略。企业可以依据个性因素(性别、年龄、收入、文化程度、职业、家庭)、心理因素(生活方式、个性、社会态度)和行为因素(购买时机、价值追求、使用频率)来区分不同顾客的需求,依据顾客需求划分出不同的细分市场。任何市场都可以有依据地进行细分。比如,当今汽车市场提供各式各样的汽车。汽车生产厂商可以在家用车的颜色和车型上满足不同性别消费者的偏好,或者通过提供差异化的价格来满足不同收入水平消费者的需求。手机市场、金融保险市场、房地产市场等几乎所有市场都是如此。

目标顾客是企业所要服务的一类或几类顾客群体。一般情况下,同一类顾客群体的需求具有相似性,不同类别的顾客群体之间具有明显的消费差异。因此,创业者要按照需求差异的强弱依次细分市场,然后选择顾客群体即目标顾客。思考一下什么是使创业企业所在市场需求最能够体现差异化的参数。用最能够体现差异化的参数作为细分该市场的第一道标准,用次能够体现差异化的参数作为细分该市场的第二道标准,以此类推。其实践工具如表 4-1 所示。

表 4-1 细分市场工具

参数(一)	参数(二)			

创业情境

张伟和王军的创业历程(11)

张伟和王军确定了进入自助摄影市场之后,接下来就要确定谁是他们的目标顾客以及经营什么产品。影响顾客对自助摄影服务的需求差异的参数从强到弱依次为性别、年龄、收入、产品价格和动机。

摄影市场上,大型企业已经占据大部分市场份额,工作室应结合竞争对手的产品状况、业务经营情况,开展别具一格的经营方式,提供新颖的产品,避免雷同,减少竞争中的风险。工作室目标顾客定位结果如下表所示。

性别	年龄				
	0—6岁儿童	7—17岁少年	18—30岁青年	31—55岁中年	56岁及以上老年
男			√	√	
女		√	√	√	

工作室应较少推出已经在市场中占比较大的"旧"产品,多发挥创新能力,开拓独具特色的产品,吸引顾客的注意。比如,海马体照相馆以优质的写真、证件照拍摄为主营业务,对此工作室应较少开展各种风格写真业务,专注于个性化摄影、红色主题摄影、微电影等业务,以新奇的消费点吸引顾客注意。根据其他参数,张伟和王军将市场进一步细分,每一个子市场的顾客需求都有差异性。张伟和王军根据自己对这些顾客群体的了解和掌握程度以及自身情况,决定将他们比较了解和熟悉的18—30岁青年群体作为经营和服务的重点顾客群体。他们把这个想法与王军的叔叔做了沟通。他们在沟通的过程中进一步了解到,叔叔在国内的拍摄资源主要以自然景观为主,各类文化主题还需要张伟和王军自行开发,也需要大量的调研数据支持,这样能够保证内容的原创性。于是,他们进一步对目标顾客的需求档次差异进行了分析。

在校创业,最大的服务群体就是在校大学生,张伟和王军工作室的位置在大学城,有一定的市场空间,在校大学生是稳定的客户资源。

在市场容量及预计市场占有率方面,考虑到本地区具有一定知名度的摄影机构约有30余家,其他从事摄影工作的机构约有100多家,张伟和王军工作室的预计市场占有率约为0.5%。

四、调查目标顾客需求

对目标顾客需求的了解来源于调查研究。创业者要了解需要调查哪些内容,学会收集顾客信息。

（一）调查内容

- 顾客想要什么产品和服务?这些产品和服务的功能与作用是什么?
- 对于顾客来说,他们最看重此产品和服务的什么特点?
- 顾客最不能容忍此产品和服务的什么缺陷?
- 顾客共同的特点有哪些?
- 顾客还期待这些产品和服务具有什么功能与特征?

（二）收集顾客信息

1. 通过一手资料收集

创业者可以先设计调查问卷,然后通过线上线下多种渠道发放问卷,最好是在购买过类似产品或服务的顾客中进行调查,因为他们是企业的潜在顾客,尽可能多地接触潜在顾客能够使创业者准确把握目标顾客的需求。当然,创业者也可以基于自己或者一些业内人士(如咨询行业专家、企业职员、销售员、批发商等)对这一行业的了解,用经验来预测和判断目标顾客的需求。

2. 通过二手资料收集

创业者可以通过报纸、广播、商业期刊、行业资讯、市场指南和互联网来收集目标顾客信息,了解目标顾客的特点和需求。

第三节 评估目标市场

企业在进入某个目标市场之前要充分评估以下方面:开拓与占领这个目标市场需要多少资源和成本,产品的市场需求如何,预期收益如何,利润水平如何,市场占有率可能达到多少,投资收益率如何,等等。只有对占领某个目标市场可能带来的经济效益做出了正确的预测,创业者才能评价目标市场是否值得去开拓,才能决定采取什么策略和方法占领该市场。

对目标市场的评估重点有三个:该市场的吸引力如何,该市场中的竞争者情况如何,以及企业自身的情况如何。

一般来说,一个市场的顾客越多、购买力越强,市场的吸引力就越大,但是市场的吸引力越大,竞争可能就越激烈,那些资源条件有限的中小企业在竞争中往往处于不利位置。因此,企业必须根据自身情况做出判断,进入那些与自身实力相匹配的市场。

一、市场吸引力

创业企业在确定了所要进入的行业或业务领域以后,还要再分析一下潜在顾客是否足够多、市场规模情况、市场进入难度、市场成长率、市场竞争强度、市场透明度以及市场生命周期等。实力强的大企业具有规模经济优势,进入大市场是它们的目标,因此它们更看重市场规模和市场透明度。而中小企业自身实力有限,不能形成大规模生产能力,不能与大企业全面竞争,因此,市场竞争强度和市场进入难度是中小企业要考虑的问题。创业企业的资金和规模有限,在创业阶段,竞争小的细分市场是合适的选择。对于创业企业来说,具有一定市场规模而又竞争相对较弱的细分市场最有吸引力。

市场吸引力可以通过采用加权分析法确定各因素对本企业的重要性来衡量。加权分析法是经常用到的一种方法。该方法也称选优矩阵法,是一种基于多种标准进行项目选择的系统方法。具体做法是:首先识别出企业选择项目的若干重要指标;接着对各个指标赋予权重;然后,就上述每一个指标对候选项目进行评分。一般企业都会规定最低得分,大于最低得分的项目才会被选择,综合得分最高的项目即为最优的项目。采用这种方法可以帮助企业评估市场吸引力。

第一步:确定市场吸引力因素。

首先将所有市场吸引力因素罗列出来,如市场规模、市场竞争强度、市场成长率、行业平均利润率等。

第二步:确定加权值。

哪个因素加权多少是判断各因素重要性的关键。这项工作不能随便由一些人草率决定。一般情况下,确定加权值的人必须对市场非常熟悉,并且是由一组人通过头脑风暴方法来决定。

第三步:给各个因素打分。

为各个市场吸引力因素分配分数,若以 5 分来计算,则对企业非常重要的因素给 5 分,不重要的因素给 3 分,最不重要的因素给 1 分,以此类推。

第四步:加权平均。

通过加权平均法计算出各个因素的综合得分,得分高的市场吸引力就大。

通过上述四个步骤,企业就可以评估市场吸引力了。

创业情境

张伟和王军的创业历程(12)

张伟和王军对自己要创办的自助摄影工作室的目标顾客进行了分析,确定了三个目标顾客群体,即 18—30 岁青年男性(简称 A 市场)、18—30 岁青年女性(简称 B 市场)以及 31—55 岁中年男性(简称 C 市场)。他们所创办的自助摄影工作室是小微企业,大企业不愿意占领这个小市场,该市场竞争相对比较小。于是他们重点分析了市场规模、市场竞争强度、市场成长率以及行业平均利润率等指标,以评估目标市场是否值得进入。将这些能够确定市场吸引力的因素组合在一起分析得出的结果如下表所示。

市场吸引力因素	权重	A 市场	B 市场	C 市场	A 市场加权	B 市场加权	C 市场加权
市场规模	1	3	4	3	3	4	3
市场竞争强度	5	4	5	2	20	25	10
市场成长率	3	3	3	4	9	9	12
行业平均利润率	4	2	2	2	8	8	8
总加权得分					40	46	33

经过上述分析得出,B 市场的吸引力最大,其次是 A 市场,吸引力最小的是 C 市场。完成了市场吸引力分析以后,张伟和王军还要对工作室自身的实力进行分析,从而找到与工作室相匹配的市场,确定工作室的目标市场。

二、市场与企业的匹配程度

尽管市场有无限机会,但企业不能什么都做,而只能选择进入与自身实力相匹配的市场。如果企业规模大、实力雄厚,它就会选择进入具有足够空间的大市场。大企业经营成本高,小市场不能给大企业带来效益,也就是说,市场机会和企业实力不匹配,因此大企业就不得不放弃小市场,而去占领规模更大的市场。而这些小市场就留给了小企业。这些小市场面对的是更细分的顾客群体,具有更个性化的消费需求,小企业针对大企业放弃的小市场进行差异化营销,虽然市场规模不大,但是竞争小,有利于小企业提高市场占有率,从而获得巨大的市场机会。而有些企业虽然发展很快,是高速成长的企业,但是还没有建立像大企业那样的规模优势,同时也不像小企业那样能够灵活多变地应对市场环境,因此,这些企业就必须从两方面来选择目标市场:一方面,寻找那些竞争相对较小而又规模足够自身发展的市场;另一方面,可以通过创新产品,开辟新的细分市场,创造属于自己的市场空间。

分析市场与企业的匹配程度是将每个市场机会与本企业的实力因素进行一一对比,选择最匹配的目标市场。这一过程也可以采用加权分析法来完成。具体步骤如下:

第一步:确定匹配程度因素。

首先将所有匹配程度因素罗列出来,如专利技术和技术研发平台、知名度、服务系统,等等。

第二步:确定加权值。

哪个因素加权多少是判断各因素重要性的关键。这项工作不能随便由一些人草率决定。与确定市场吸引力因素加权值相同,确定匹配程度因素加权值的人必须对市场非常熟悉,并且是由一组人通过头脑风暴方法来决定。

第三步:给各个因素打分。

为各个匹配程度因素分配分数,若以 5 分来计算,则对企业非常重要的因素给 5 分,不重要的因素给 3 分,最不重要的因素给 1 分,以此类推。

第四步:加权平均。

通过加权平均法计算出各个因素的综合得分,得分高的市场与企业的匹配程度就高。

通过上述四个步骤,企业就可以评估与市场的匹配程度了。

三、综合决策

在完成了市场吸引力分析也评估了市场与企业的匹配程度后,企业便基本掌握了每个细分市场的综合情况。将所有细分市场的得分进行排列,就得出了企业所有细分市场的综合排名。这种方法建立在科学分析和客观标准的基础上,能够帮助企业比较准确地确定目标市场。

📖 创业情境

张伟和王军的创业历程(13)

张伟和王军通过分析市场吸引力,发现31—55岁中年男性市场即 C 市场吸引力较小,另外两个市场具有较大的吸引力。为了将竞争情况和企业自身条件综合起来整体决策,他们进一步分析了这三个市场的匹配程度。他们考虑到自身实力有限,不具备激烈竞争的条件,不宜进入竞争激烈的市场,因此将拍摄主题设计、摄影技术、周边产品组合、品牌信誉、推广手段等作为分析的关键因素。对三个市场进行分析得出的结果如下表所示。

匹配程度因素	权重	A市场	B市场	C市场	A市场加权	B市场加权	C市场加权
拍摄主题设计	5	2	3	3	10	15	15
摄影技术	4	1	4	2	4	16	8
周边产品组合	3	4	3	3	12	9	9
品牌信誉	4	3	3	2	12	12	8
推广手段	3	3	4	4	9	12	12
总加权得分					47	64	52

经过上述分析得出,B市场与企业的匹配程度最高,其次是C市场,与企业匹配程度最低的是A市场。

张伟和王军对B市场分析的结果比较满意,很快做出了进入B市场的决定。但是对于A市场和C市场,二人出现了分歧。王军认为,只进入一个市场即B市场是明智的选择,因为分析结果表明A市场和C市场吸引力与市场匹配程度欠佳。但是张伟认为,只进入B市场太窄,单一业务抗风险能力较差,如果进入两个关联的市场,相互协同增效,则可以充分利用轻资产运营和技术资源方面的优势,加大宣传力度,进一步开拓A市场和C市场,巩固自身优势,增强企业竞争力。二人经过讨论,决定将所有细分市场的得分进行排列,得出企业所有细分市场的综合排名,A市场为87分,B市场为110分,C市场为85分,最终做出决定进入A市场和B市场,即目标顾客群体为18—30岁青年男性和18—30岁青年女性。

第四节 收集竞争对手信息

对市场进行调查分析是企业永恒的工作。创业者一方面要不断了解顾客情况,掌握不断变化的顾客需求;另一方面还要了解竞争对手的情况。

创业者要弄清楚谁是竞争对手。

一方面,那些提供相同或相似产品和服务的企业就是创业企业的竞争对手。比如,手机厂商和经销商均提供手机产品或经销手机,其互相之间就是竞争对手;汽车厂商和经销商之间也是竞争关系。同行业内的企业大多构成竞争关系。

另一方面,那些服务于相同或相似顾客群体的企业也是创业企业的竞争对手。比如咖啡馆和茶吧,尽管提供的产品不同,但同为具有聊天、谈话、聚会等相同或相似需求的顾客群体服务,也互为竞争对手。

收集竞争对手的信息,了解竞争对手的优势和劣势,可以帮助创业者改善自身的经营方式,进行特色经营,从而吸引更多的顾客,占领更大的市场份额。

如何了解竞争对手呢?创业者需要注意以下几点:

- 列出竞争对手的关键信息,包括产品性能和特点、价格范围、营业点或门店情况、员工情况、宣传推广方式、设备资源条件等。

- 有效收集竞争对手信息,具体方法有实地考察、目标顾客访谈、非目标顾客访谈、营销人员座谈、员工访谈、资料收集等。
- 从购买竞争对手产品的顾客中调查使用产品的情况,了解顾客对产品哪些地方满意,哪些地方不满意,从中找到竞争对手产品的优劣势,以此作为产品研发和创新的依据。
- 询问没有购买竞争对手产品而是购买了其他厂家相同或类似产品的顾客,他们购买其他厂家产品的理由,据此了解竞争对手的弱点,知己知彼,建立自己的产品优势和经营模式。

创业情境

张伟和王军的创业历程(14)

张伟和王军前后用了三个星期进行市场调查。他们决定分头对市场进行摸底。张伟重点对线上市场进行了调研,包括抖音、公众号、小红书等新媒体平台中自助摄影服务的相关资料和数据;王军则对大学城周边的线下市场进行了了解,包括摄影店铺的主营业务、经营模式和经营范围等。他们以联系业务的名义与几家店的负责人进行了攀谈,对其情况和市场行情有了大致了解。回来后,二人交换了所了解的市场信息,并充分交流了彼此的看法。他们发现自身有以下优势:首先,工作室开在大学城,具有一定的市场规模;其次,大学生生源呈逐年增长趋势,他们可以通过贴近学生消费能力的服务价格创造销售;再次,自助摄影工作室未来会具备很强的市场竞争力;最后,后备人力资源丰富,依托学校资源,工作室可以发挥与社团一起经营的优势,对有意愿加入的学生进行社团定向培养。另外,他们还可以通过校企合作的方式,拓展人力资源,充分体现高校人才培养机制的实践性,提升学生学以致用的能力。

当前,随着物质的极大丰富,人们对享受式消费的需求增长迅速。摄影写真已经被大众熟知,也有越来越多的人喜欢拍写真,尤其是当代的年轻人,总会在一些特殊的日子或是特定的时间节点选择以拍写真的方式留下纪念。所谓自助摄影,就是通过与顾客的交流和沟通,将主动权转移到顾客,让顾客的想法和感情找到一个出口,顾客通过自己的设计,加以专业的技术支持,生成独特的拍摄成果。相较于其他摄影写真,自助摄影的优势是不局限于本有的拍摄方案,更加灵活、更具个性。本次调查结果显示,自助摄影市场的主要消费人群是女性,时尚风、复古风等写真风格受到了消费者的青睐。目前来看,摄影消费市场竞争并不激烈,具有很大的发展空间。而自助摄影也应该根据顾客的需求,制定合理的拍摄价格,创新红色场景设计和自助摄影风格,提升拍摄者的水平,提高服务质量,打造属于自己的自助摄影品牌。

第五节 确定盈利模式

每一家企业都面临竞争。只要有市场、有盈利空间,就会有竞争者出现。创业企业一开张,也就开始了市场竞争。竞争者也在千方百计地推出新的产品或服务吸引消费者,创业企业如果没有独特的吸引力,不能提供区别于竞争对手的更让顾客满意的产品或服务,就面临经营困难的局面,市场份额和盈利都会受到限制,长此以往企业就会陷入亏损甚至倒闭。许多企业的名字和产品令人耳熟能详。比如,提到麦当劳,人们就会想到清洁、效率、舒适的快餐店印象;提到沃尔玛,就会想到天天低价的仓储超市;提到当当网,就会想到方便、快捷的网上购书。这些企业创造了区别于竞争对手的独特性,树立了与众不同的形象和鲜明的个性品牌,让消费者认识它们、熟知它们、喜欢它们并忠诚于它们,获得了成功。

创业者需要从以下几个方面来考虑企业的业务、产品和盈利模式:
- 目标顾客能否说出企业的产品与竞争对手的产品有什么不同之处?
- 目标顾客能否在企业的产品中找到竞争对手的产品所没有的特殊功能?
- 目标顾客能否识别出企业产品的标识或品牌?
- 企业提供了哪些竞争对手没有的服务?
- 企业最近是否开展了一项新的专门化的顾客服务?
- 企业的产品、员工、服务是否在目标顾客心中整体形象突出?

一、建立独特性

(一) 通过产品属性和利益建立独特性

创业企业可以通过产品属性和利益建立独特性。产品本身的属性以及由此而获得的利益能使消费者体会到它的独特性。例如,在汽车市场上,大众汽车的"豪华气派"、丰田汽车的"经济可靠"、沃尔沃汽车的"耐用"都是独特性的体现。在有些情况下,新产品应强调一种属性,而这种属性往往是竞争对手没有顾及的,这种方法比较容易为产品建立独特性。

(二) 通过产品价格和质量建立独特性

如果创业企业的目标顾客是高端顾客,则企业可以采取优质高价的方式建立独特性;如果创业企业进入的是技术和市场相对成熟的行业,比如家用电器行业,产品质量稳定可靠,市场进入成熟期,则企业可以采取提供增值服务的方式保证顾客享受到优质优价;如果创业企业处于技术或市场的垄断地位,尽管技术参数稳定性还不高,但企业可以通过建立技术的独特性提供高价特惠服务。

(三) 通过产品用途建立独特性

创业企业可以通过打造产品的独特功效来吸引期望获得具有这种功效的产品的顾客。例如,"金嗓子喉宝"专门用来保护嗓子,"地奥"心血康专门用来治疗心脏疾病。为老产品找到一种新用途,如尼龙从军用发展到民用,就是最好的通过产品用途建立独特性的例证。

(四) 通过契合顾客心理建立独特性

创业企业的目标顾客具有哪些特点?创业企业可以通过三个方面来锁定目标顾客的特点。第一是经济因素,主要是按照不同的消费能力来划分顾客群体。第二是功能因素,主要是在消费能力允许的情况下,顾客希望产品达到什么功能、具有什么功效。第三是心理因素,主要是考虑顾客购买该产品想获得什么满足感、达到什么目的。创业企业可以按照目标顾客的价值取向来综合考虑自己的产品定位,建立其独特性。

（五）通过竞争环境分析建立独特性

在了解了企业的竞争对手之后，创业者还可以针对竞争对手的弱点或漏洞进行产品或服务设计。例如，1967年七喜汽水（7-Up）以非可乐定位，市场反应强烈，在顾客心目中确定了它是可乐替代品的地位。

二、绘制竞争定位图

竞争定位图是一种对市场主要竞争对手进行整体分析的方法，通过在图上标出竞争对手的位置，来确立企业自身的市场定位以及未来的发展趋势。这种图采用四象限法，横、纵坐标的变量不是固定的，它依不同企业所在行业和市场行情不同而定。一般依据竞争强度，竞争强度大的因素优先选择。

比如，对于汽车厂商来说，汽车价格和汽车性能是这些汽车厂商竞争的重要因素，如图4-1所示。

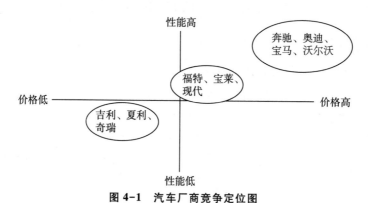

图4-1　汽车厂商竞争定位图

竞争定位图可以帮助创业者整体了解竞争对手的情况，寻找竞争较弱的环节进行企业定位，在不能与竞争对手进行针锋相对竞争的情况下，在其他方面进行差异化定位，以确立与众不同的形象。

创业情境

张伟和王军的创业历程（15）

作为摄影市场上的后来者，张伟和王军的工作室必须在产品或服务上建立独特性，只有这样才能从其他竞争对手那里吸引到顾客，否则工作室就无法经营下去。张伟和王军认识到建立与众不同的产品和服务模式是获得顾客并使顾客信赖的关键所在。他们看到目前竞争对手提供的产品绝大多数是模块化的拍摄计划，服务特点就是提供几款不同场景和组合的拍摄计划供顾客选购，经营方式基本以需求为导向，宣传力度不大，推广优势不足，导致订单量不足。市场上的摄影工作室的经营效益普遍处于基本不亏和略有盈余之间。张伟和王军通过对调研数据的分析，决心走一条特色经营道路，在产品和服务模式上实行差异化经营，与竞争对手区别开来，挖掘顾客需求，为顾客提供更好的服务，让顾客更满意。

针对目前竞争对手为顾客提供的服务有限、不能满足顾客的个性化需求的弱点，结合自身优势,张伟和王军决定增加服务功能,突出消费者的个性化需求:一方面,建立自助式的拍摄服务模式,让工作室的产品变得更加柔性,主要向目标顾客传递对美好生活的向往的内容,引起顾客的共鸣,工作室只是一个提供服务的载体,实现目标顾客的主动转化;另一方面,定期开展主题摄影作品展,激活工作室的社交属性,让更多的消费者参与进来,这也是一种宣传渠道。

尽管这个方案只是一个雏形,还有许多环节需要细化,也有许多困难需要面对,但是张伟和王军对自己能够构想出这样独特的方案而兴奋不已,对未来经营充满了信心。面对当前复杂的市场环境和众多细小的需求空白点,他们决心后来者居上,继续完善创业计划并尽快落实,力争要比上一次做得更好。

实践园地

智能酒店系统,让顾客更加满意

外出出差或旅游时,我们都想要入住更为舒适的酒店来缓解一天的疲劳。在传统酒店逐渐式微的情况下,智能酒店是如何让顾客满意的呢?

智能酒店通过智能酒店系统来实现智能化的酒店场景控制,其原理是通过物联网+互联网的形式来让未来式的生活转变为现实。它可以为酒店顾客提供更为便捷、舒适的服务,性价比高;通过智能化和网络化实现酒店数字信息服务,为酒店降本增效。而且,智能酒店系统能充分满足顾客的需求,最大程度地保障顾客的隐私,让顾客享受到科技带来的便捷和舒适。

其中,人脸识别系统能让顾客入住酒店的过程更加顺畅和便捷,刷脸门禁和刷脸梯控能高效保障顾客的安全,刷脸开门、无卡取电让顾客不再需要房卡,等等。

顾客可以通过智能语音系统来实现客房设备控制,自由地操控电视、窗帘、灯光、门锁等。当顾客在客房休息时,智能酒店系统可以根据温湿度来自行调整房间内空调和净化器的参数,让房间内的温湿度保持最佳状态。顾客外出时,也可以通过手机 App(手机应用程序)提前预设房间内的温湿度,从而当返回房间时第一时间就能感受到最舒适的环境。

客房场景模式功能让顾客不必再烦琐地一步一步开启每一个需要的电器,而是直接通过预设的场景模式来满足需求,例如欢迎模式可以打开电视、空调、窗帘、灯光,让顾客第一时间感受到酒店的热情。此外,还有明亮模式、睡眠模式、阅读模式、起夜模式、伴眠模式等,顾客可以根据自身需求进行场景模式的调整。

目前,随着酒店行业快速复苏,越来越多的酒店正在升级改造成智能酒店。新冠疫情让人与人之间保持社交距离,而智能酒店系统不仅能为顾客提供更好的住宿体验,还能避免不必要的接触。因此,酒店行业买入智能系统是社会发展的必然选择。

资料来源:智能酒店系统如何让酒店顾客满意?[EB/OL].(2022-06-16)[2023-02-15].https://www.sohu.com/a/557668510_188456?_scm=1019.e000a.v1.0&spm=smpc.csrpage.news-list.43.1660015269531qEEKjBY.

问题：结合你的创业项目，谈谈创业企业应如何满足顾客的需求？

分析提示：当前市场产品和服务的同质化现象严重，要想更好地满足顾客的需求，就要更多地分析企业自身、市场和消费者，它们通过产品和服务相连接形成一个整体。当代大学生要多方面整合资源，充分发挥自身的独特性和优势，赢得更多的消费者，塑造自身的核心竞争力。

任务训练

任务训练一：确定你的企业的经营业务

分析企业要进入哪些市场领域，然后将企业要进入的3～5个市场领域填入下列表格，并分析所属的市场类型，在对应的市场类型中打"√"。

1. 确定你的企业的业务领域及其服务性质

企业市场领域	个人消费者市场	组织购买者市场

2. 陈述你的企业选择该市场领域和服务性质的理由

_____
_____
_____
_____
_____

任务训练二：确定你的企业的目标市场和目标顾客

1. 确定目标市场

（1）选择最能够体现差异化的两个参数进行市场细分。

参数一	参数二			

(2) 选择次能够体现差异化的两个参数继续细分市场,锁定目标市场。

参数三	参数四			

(3) 说明你的企业选择这些参数的理由。

2. 确定目标顾客

顾客特征	描述
目标顾客的总体特点	
目标顾客的年龄	
目标顾客的性别	
目标顾客的收入（量化数字）	
选择目标顾客的理由	
放弃哪些市场和顾客以及放弃的理由	
目标顾客的需求	
目标顾客最关注产品和服务的哪些功能	
目标顾客最不能容忍产品和服务的哪些缺陷	

任务训练三：评估你的企业的目标市场

1. 评估你的企业的目标市场的吸引力

市场吸引力因素	权重	A 市场	B 市场	C 市场	A 市场加权	B 市场加权	C 市场加权
总加权得分							

2. 评估你的企业与目标市场的匹配程度

匹配程度因素	权重	A 市场	B 市场	C 市场	A 市场加权	B 市场加权	C 市场加权
	总加权得分						

3. 对目标市场进行综合分析(依据市场吸引力和市场与企业的匹配程度)

任务训练四:确定你的企业的产品和服务定位

1. 与竞争对手相比的定位

分析项目	竞争对手 A 的产品和服务 姓名: 地址: 电话:	竞争对手 B 的产品和服务 姓名: 地址: 电话:	竞争对手 C 的产品和服务 姓名: 地址: 电话:
产品或服务质量			
技术先进程度			
员工素质与技能水平			
品牌信誉或企业影响力			
产品价格合理性			
顾客体验			
销售和服务网点			

2. 描述经营业务的独特性

（1）你的企业的产品和服务的独特性：

_____

_____

_____

_____

（2）你的企业的产品和服务与竞争对手相比的主要优势：

与竞争对手 A 相比：

_____

_____

与竞争对手 B 相比：

_____

_____

与竞争对手 C 相比：

_____

_____

第五章

确定营销策略

知识与能力目标

了解企业营销策略所包含的内容,熟悉产品策略、价格策略、渠道策略和促销策略的具体内容,掌握营销策略设计的方法并确定创业项目的营销策略。

实训与素养目标

帮助学生树立营销意识,利用产品、价格、渠道和促销策略参与市场竞争;提升学生的职业素养,通过制定创业项目的营销策略,使学生在实践中锻炼团队协作能力,提升逻辑思维、语言组织表达能力。

创业情境

张伟和王军的创业历程(16)

张伟和王军在确定向自助摄影市场进军之后,接下来就要认真设计工作室到底应该提供什么样的产品和服务,给产品和服务制定什么样的价格,通过什么样的渠道去销售产品和服务,以及针对目标顾客怎样选择促销方式等具体的经营策略了。

张伟和王军经讨论后发现,到了具体经营的层面时,问题很多,头绪也很复杂,对综合素质要求较高。因此,他们必须制订一个有效的经营方案和营销计划,以帮助工作室更快、更好、更稳定地进入经营轨道。

在第四章中,创业者已经对目标市场和目标顾客进行了细致的分析,最后确定了企业的产品和服务定位。现在针对创业企业的产品和服务,要制定什么样的营销策略呢?通过本章的学习,你要确定以下几个方面:

- 你的企业所提供的产品或服务是什么?
- 如何为你的企业的产品或服务定价?
- 通过什么样的渠道来销售你的企业的产品或服务?
- 你的企业的产品或服务适用于哪些促销策略?

第一节 产品策略

创业企业在制定营销策略时,首先要决定企业要开发什么样的产品以满足顾客的需求。先来看看企业的产品包含哪些内容和层次。

一、整体产品

在营销中关于产品的概念非常广泛,而不是人们传统观念中的狭义产品概念。对于销售方来说,产品就是货物,是能变成钱的东西,包括实物、服务、组织、场所、主意、思想等。可见,产品概念已经远远超出传统的有形实物的范畴。

因此,我们对产品的思考必须超越有形产品本身,而从消费者的角度来认识和理解它,也就是说,应该明确消费者购买产品时真正想从中获得什么。消费者不是购买产品本身,而是从中得到"实惠"。

在整体产品的概念中,企业销售给顾客的不仅仅是产品本身,而是一个产品体系,它由核心产品、形式产品和附加产品三个层次构成,如图 5-1 所示。

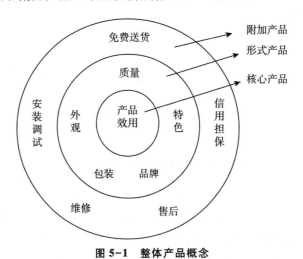

图 5-1 整体产品概念

(一)核心产品

核心产品位于整体产品的中心,是指为顾客提供的产品的基本效用或利益,即回答"消费者真正需要采购的是什么?"这一问题。每一个产品实质上都是为解决问题而提供的服务。例如,女士购买口红并不是为了获得口红本身,而是要满足爱美的需求;人们购买自行车是为了代步等。

因此,创业企业在开发产品、宣传产品时应明确地指出产品能够提供的效用,只有这样,产品才具有吸引力。

(二)形式产品

形式产品是指核心产品所展示的全部外部特征,如质量、外观、包装、品牌、特色等,是消费者得以识别和选择产品的主要特征。由于同类产品的基本效用都是相同的,因此创业企业要想获得竞争优势,吸引消费者购买自己的产品,就必须在形式产品上多动脑筋。企业在设计产品时,应着眼于消费者所追求的基本效用,同时在做市场营销时要重视以独特的形式将这种效用呈现给目标顾客;或者通过提高产品质量、延长产品使用寿命来满足消费者的经济性需要;等等。

(三) 附加产品

附加产品是指消费者在购买企业的产品时随同产品所获得的各种附加服务与利益,包括免费送货、安装调试、维修、售后、信用担保等服务带来的附加价值,以及产品的品牌和文化、企业的形象、员工的技能和形象带来的附加价值等,比如品牌利益、包装利益、产品的其他附加利益、消费者的优先享用利益等。

随着科学技术的不断更新以及企业生产和管理水平的提高,不同企业提供的同类产品在核心产品和形式产品层次上越来越接近,而附加产品在企业市场营销中的重要性日益突出,逐渐成为决定企业竞争能力高低的关键因素。

创业情境

张伟和王军的创业历程(17)

张伟和王军在坚定进军自助摄影市场之后,接下来就要认真规划工作室到底应该提供什么样的产品和服务,才能让他们从众多的摄影工作室中脱颖而出。通过对目标顾客群体,即18—30岁青年男性/女性的生活质量与摄影观念进行探寻和比较,他们得出了选择自助摄影服务的核心需求:

(1) 如果目标顾客的生活质量处在较低水平,那么自助摄影对于他们来说就是丰富精神生活、增加生活体验、满足日常生活对简单摄影产品(如各类证件照)的需求。

(2) 而当目标顾客的生活质量处在较高水平时,自助摄影不仅能满足心理需求,而且因为它是社会流行的产品,所以也能满足社交需求。同时,对于他们的工作室来说,自助摄影在形式产品层次上的特点就越发明显:

- 新颖性。这是特色摄影服务最为显著的特点。流行的产生基于消费者寻求变化的心理和追求"新"的表达。人们希望寻求对传统的突破,期待新形式的产生以带来全新的体验。这一点在摄影服务市场上主要表现为拍摄形式、场景、道具的变化。因此,他们的工作室要把握住人们的"善变"心理,以迎合消费者的"求异"需求。
- 服务模式独特。自助摄影与常规的摄影服务相比最大的不同就是服务模式。它不会像其他工作室或企业一样容易随着季节、流行趋势的变化而进入衰退期。因此,其产品和服务除新颖性以外,还会与时俱进,以适应消费者的新需求。

另外,工作室的目标顾客虽然多为年轻人,但当今社会老龄化严重,中老年人较多,因此工作室需要扩大消费人群,积极利用红色故事、红色人物等吸引点争取大龄、老龄消费者,唤醒他们内心深处的记忆,满足他们的需求,促进更多的消费转化。

二、产品组合

企业为了满足目标市场的需求,以及出于扩大销售、分散风险、增加利润的考虑,往往生产经营多种产品。在整体产品概念的指导下,企业必然会对其产品进行开发、改进来满足消费者的多样化需求。但企业生产经营的产品并非多多益善,这就需要企业对产品组合进行认真的选择。

产品组合也称产品搭配,是指一家企业提供给市场的全部产品的结构,即企业的产品线和产品项目的有机组合方式,也就是其业务经营范围。如某家用电器企业依照消费者的需求和自身实力生产电视机、洗衣机、冰箱和空调,其产品组合如表 5-1 所示。

表 5-1 某家用电器企业的产品组合

	产品组合的宽度			
	电视机	洗衣机	冰箱	空调
产品组合的深度	32 英寸彩电	单缸洗衣机	103 升冰箱	窗式空调
	48 英寸彩电	双缸洗衣机	160 升冰箱	壁挂空调
	50 英寸彩电	全自动洗衣机	185 升冰箱	柜式空调
	55 英寸彩电		230 升冰箱	
	65 英寸彩电		280 升冰箱	
	70 英寸彩电			

产品组合的宽度,是指企业生产经营多少种不同的产品大类,又称产品线。表 5-1 中的电视机、洗衣机、冰箱、空调就是四条产品线,或称四个产品系列。

产品组合的深度,是指企业的每一产品系列中有多少种不同品种、规格的产品。例如表 5-1 中所列电视机产品系列有 32 英寸彩电、48 英寸彩电、50 英寸彩电等不同规格。

📓 创业情境

张伟和王军的创业历程(18)

对于一个初创企业来说,确定业务经营范围非常重要,产品组合不恰当可能造成产品的滞销和积压,甚至引起企业的亏损。张伟和王军经过前期对市场的调查,发现部分从事摄影服务和周边产品销售的企业都已经不再固守成立之初的单一产品线,横向扩充已经成为大势所趋。

通过对自身优劣势的分析,张伟和王军决定在以主题自拍和自助摄影两项业务(分开/结合)为主,传统拍写真、证件照等业务为辅的基础上,扩展产品组合的深度和宽度,增加旅拍、导游等业务,帮助顾客实现"旅游不盲目""边走边拍"的美好期望。同时,进行产品延伸,在原有的业务基础上提升品质,在摄影环境(例如不同主题自拍馆、自助摄影区域、高端摄影棚、付费摄影场地、明星同款摄影区域等)、配套设施(例如服饰首饰、相关道具等)、摄影师技术等方面进行升级。具体产品组合情况如下表所示。

产品或服务	主要特征
摄影服务	拍摄、技术咨询、后期制作、印刷输出等
短视频服务	短视频拍摄、后期制作、影视输出等
周边产品艺术设计服务	平面设计、电商美工、创意衍生品等
摄影场景搭建服务	根据方案需求,购买道具、设计拍摄场景、搭配服装等

三、产品的生命周期

每个企业经营者都要认识到,一种产品在市场上的销售情况和获利能力是随着时间的推移而发生变化的。这种变化的规律就像人的生命一样,从诞生、成长到成熟,最终走向衰亡。产品在每一时期各有其特点,如图5-2所示。

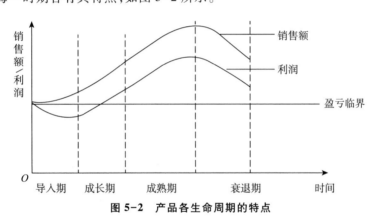

图5-2 产品各生命周期的特点

(一)产品各生命周期的特点

导入期是指产品投放市场的初期阶段,又称投入期、介绍期。这一时期的主要特点是:产品刚刚进入市场试销,尚未被消费者接受,销售额增长缓慢;生产批量小,试制费用大,产品的生产成本高;由于消费者对产品不熟悉,营销费用较高;企业利润少,甚至发生亏损;产品在市场上一般没有同行竞争。

成长期是指产品在试销成功以后,转入成批生产和扩大市场销售的阶段。这一时期的主要特点是:销售量迅速上升;产品设计和工艺基本定型,可以成批或大批生产,生产成本显著下降;企业利润迅速上升;同行业竞争者开始仿制这类产品,竞争开始加剧,其产销的垄断性基本消除。

成熟期是产品生命周期的一个"鼎盛"时期,其前半期的销售额逐渐上扬并达到最高峰,在一个相对短暂的稳定时期后,其销售额开始缓慢回落,这时便进入了一个转折时期。这一时期的主要特点是市场需求已趋向饱和,销售量达到最高点;生产批量大、产品成本低,利润也将达到最高点;很多同类产品进入市场,竞争激烈;成熟期的后期,销售量和利润增长缓慢。

衰退期是指产品不能适应市场需要,走向被市场淘汰或更新换代的阶段。这一时期的主要特点是销售量和利润由缓降变为急降;产品陈旧,且日趋"老化",已有新产品进入市场,正在逐渐替代老产品;大幅削价处理库存产品,竞争对手纷纷退出,竞争突出表现为价格竞争。

(二)产品导入期营销策略

由于企业开发和制造的新产品会首先进入导入期,以下将对此进行重点介绍。在导入期,企业要致力于提高产品的知名度,营销重点在于介绍产品及其性能,使产品尽快被顾客接受并进入成长期。

一般来说,企业会根据自身状况来选择不同的营销策略,主要有以下几种:

(1)快速掠取策略:高价格,高促销。如我国近年来市场上推出的折叠屏手机。

(2)缓慢掠取策略:高价格,低促销。采用这种策略的市场条件是:大多数消费者已经知道这种产品;消费者愿意出高价;潜在的竞争对手威胁不大。

(3)快速渗透策略:低价格,高促销。目的是提高市场占有率。采用这种策略的市场条件是:该产品市场容量很大;潜在消费者对该产品不了解,且对价格十分敏感;市场的潜在竞争较为激烈;产品的单位生产成本会随生产规模和销量的扩大而迅速下降。

(4)缓慢渗透策略:低价格,低促销。采用这种策略的市场条件是:该产品市场容量很大;大多数消费者已经了解该产品,但对价格十分敏感;存在相当数量的潜在竞争对手。

创业情境

张伟和王军的创业历程(19)

张伟和王军认为,从工作室的业务经营范围来看,消费者对自助摄影的需求比较大,但缺乏相应的认知。项目导入阶段,工作室所具备的技术尚不成熟,难以进行大批量生产,所以生产成本较高;同时,营销费用高,新产品刚进入市场时,消费者对产品的性能、质量、价格等都不太了解,所以为了吸引消费者注意并进行消费,工作室需要大量的广告及公共关系宣传。通过反复对比和商讨,二人决定采用第四种策略,即缓慢渗透策略,利用价格优势和产品优势来吸引更多的消费者,而不会在产品的营销上投入太多费用,等待获得一定利润后,再通过多种途径进行推广宣传,扩大规模和提高知名度。

做练习

请分析你的企业的状况,并制定企业产品刚进入市场时的营销策略。

四、新产品开发策略与程序

(一)新产品的类型

新产品一般可以分为以下几种,企业可以根自身优势确定要做什么样的产品。

(1)全新产品,是指采用新科学、新技术、新工艺或新材料生产制造出前所未有的、能满足消费者的一种崭新需求的产品。但由于全新产品研制难度大、耗费时间长、投资多、风险大,绝大多数企业很难开发出全新产品。

(2) 革新产品,是指采用新技术、新材料、新元件对原有产品做较大革新而创造的换代产品。

(3) 改进产品,是指对现有产品的品质、特点、款式、包装、花色等进行改进而形成的产品。如药物牙膏、电话手表即是对传统牙膏与传统手表的改良。

(4) 仿制产品,是指企业仿造市场上已出现的新产品,换上自己的商标后推向市场。企业在仿制产品时,应注意产品侵权问题。

(二) 新产品的开发程序

一般新产品开发要经历以下八个程序:

(1) 寻找创意。新产品开发是从寻找创意开始的。所谓创意,就是开发新产品的设想。新产品创意的主要来源有顾客、科学家、竞争对手、企业推销人员和经销商、企业高层管理人员、市场研究公司、广告代理商等。

(2) 甄别创意。取得足够多的创意之后,企业要对这些创意加以评估,研究其可行性,并挑选出可行性较高的创意,这就是创意甄别。甄别创意时,一般要考虑两个因素:一是该创意是否与企业的战略目标相适应;二是企业有无足够的能力开发这种创意。

(3) 形成产品概念。经过甄别后保留下来的产品创意还要进一步发展成为产品概念。在这里,首先应当明确产品创意、产品概念和产品形象之间的区别。

(4) 制定市场营销战略。形成产品概念之后,企业需要制定市场营销战略,其有关人员要拟订一份将新产品投放市场的初步的市场营销方案。

(5) 营业分析。新产品开发的第五个程序是营业分析。在这一阶段,企业市场营销管理人员要复查新产品预计销售额、成本和利润信息,看看它们是否符合企业的目标。如果符合,企业就可以进行新产品开发。

(6) 产品试制。如果产品概念通过了营业分析,企业研发部门及工程技术部门就可以把这种产品概念转变成产品,进入试制阶段。这一阶段应当弄清楚的问题是,产品概念能否变为技术上和商业上可行的产品。

(7) 市场试销。如果企业的高层管理人员对某种新产品开发试验的结果感到满意,就可以着手用品牌、包装和初步的市场营销方案把这种新产品装扮起来,并推向真正的消费市场进行试销。

(8) 批量上市。经过市场试销,企业的高层管理人员已经掌握足够的信息资料来决定是否将这种新产品投向市场。

做练习

请根据你的企业的状况,确定企业要开发的新产品的类别,并根据产品开发的步骤进行新产品的设计。

五、企业的品牌

企业除了要认识到名称对企业未来发展的重要性,还要在名称的设计上遵循一定的原则和运用一定的方法,使名称真正成为产品质量与特征、企业经营信誉的象征和标志,从而将产品推向成功之路,获得广大消费者的青睐,最终使企业获得更大的经济效益。

品牌是一个名称、符号、象征设计或其组合,用以识别品牌拥有者的产品或服务,使之与其他竞争者相区别。

品牌包括品牌名称和品牌标志两部分。品牌名称是指品牌中可以用语言表达的部分,比如"可口可乐""五粮液""联想"等。企业的品牌名称不仅仅是一个代号,它还具有某种象征意义且蕴含着企业美好的希望。好的品牌名称本身就拥有魅力,能引起人们的注意,勾起人们的好奇心。

品牌标志是指品牌中可被识别而不能用语言表达的部分,包括专门设计的符号、图案、颜色、艺术字体等。比如搜狐网站的狐狸标志、海尔品牌的海尔兄弟标志等。

品牌名称的拟定需要遵循以下原则:

1. 简短明快

品牌名称的首要功能是识别和传播,要让消费者轻而易举地通过名称来识别产品,并且能够通过各种途径使名称在市场上广为流传。比如当铺中的"当"字就概括了其经营内容,好记好懂。

2. 把握特征,突出重点

品牌名称往往很短,只能显示产品/企业某一方面的特点,这就要求把握特征,突出重点。这种突出,或侧重于展示身份,如"贵州茅台酒";或侧重于展示技术,如"古汉养生精"等。

3. 符合企业的理念、服务宗旨,以及企业的形象

品牌名称必须与企业的经营范围相吻合,通常应能反映企业的经营内容和特色,或反映主营商品的优良品质,使消费者易于识别企业的经营范围,并产生消费欲望。比如"同仁堂""德仁堂"作为老字号中药店已是家喻户晓,因为"堂"已经成为中药铺约定俗成的识别标志,故人们只看"同仁堂"招牌,就知道这里主营中药。

4. 考虑消费对象的心理

商品都有一定的消费对象,品牌命名只有考虑消费对象的心理才能赢得市场。例如,流行服装的消费对象主要是青年女性,所以品牌名称要时尚;高档消费品则针对消费者慎重选择的特点,用品牌名称来显示商品的名贵、精良、耐用、先进等。

5. 有美感,有寓意

在中国文化背景之下,品牌名称应使用一些符合中国传统审美的字样。所谓有美感,是指名称形象鲜明,所谓有寓意,是指名称蕴含意旨,能使人产生美好的联想。

做练习

请为你的企业的新产品确定品牌名称。

第二节 价 格 策 略

价格是企业营销策略中最重要的因素之一,也是最活跃的因素。企业市场营销活动开展得如何,在很大程度上要看价格定得是否合理。不管是经销商、生产商还是消费者,最关心的都是价格。所以,做生意、做买卖、做品牌、做市场,都从定价开始,价格甚至会影响到企业的命运。因此,企业在制定价格策略时必须认真考虑以下问题:

- 小企业在创立初期所要达到的定价目标是什么?
- 为了实现这个目标,应该如何选择适当的定价方法?
- 在市场竞争中,如何应对价格竞争?

一、定价目标

所谓定价目标,是指企业通过制定一定水平的价格,所要达到的预期目的。它和企业的战略目标是一致的,并为企业的战略目标服务,其总的要求是追求利润最大化。不同企业、不同产品、同一企业在不同时期和不同市场条件下有着不同的定价目标。因此,企业要结合自身的性质和经营状况,具体情况具体分析,权衡不同定价目标的确立依据和利弊,灵活制定自己的定价目标。企业的定价目标主要有以下几种:

1. 维持生存

在企业生产能力过剩、市场竞争激烈、大量产品积压、资金周转出现困难、企业生存受到威胁的情况下,企业不得不选择维持生存这一定价目标。在此定价目标下,企业应为其产品制定较低的价格,以求收回成本,使企业得以继续经营下去。

2. 追求当期利润最大化

获取最大化的利润几乎是所有企业的共同愿望。当企业及其产品在市场上享有较高声誉、在竞争中处于有利地位时,追求当期利润最大化的定价目标是可行的。

追求当期利润最大化不一定就是给单位产品制定较高的价格,利润最大化往往取决于合理价格所推动的销售规模,取决于企业的整体效益。如果价格过高,超过消费者的承受能力,则企业一点利润也实现不了。

3. 提高市场占有率

市场占有率是企业经营状况和产品竞争能力的综合反映。较高的市场占有率可以保证企业产品的销路,易于形成企业控制市场和价格的能力。这时,企业会为产品制定较低的有吸引力的价格,以最快的速度进行市场渗透,从而达到维持或提高市场占有率的目的。

4. 产品质量领先

质量与价格相吻合是定价的一般原则。要在市场上树立一个产品优质的形象,企业往往需要在成本及产品研发等方面做较大投入。为了补偿投入,企业往往要给产品制定较高的价格。反过来,这种较高的价格会提高产品的优质形象,吸引较高收入的消费者。

5. 应对或防止竞争

价格是市场竞争中最重要的手段和方式之一。因此,处在激烈市场竞争环境中的企业常常以应对或防止竞争为定价目标。企业在定价前要广泛收集竞争对手的有关资料,审慎地比较权衡后,根据自己的实力确定本企业产品的价格。实力弱的企业通常追随市场主导企业的价格或以此为参考,与其保持适当的差异。

二、企业定价的方法

企业定价的方法主要有以下三种:

(一) 以成本为导向的定价方法

以成本为导向的定价方法是以产品的全部成本为定价基础,在成本的基础上加上企业的利润比例或目标利润。它是一种按卖方的意图即站在卖方角度或立场上的定价方法。具体包括以下几种:

1. 成本加成定价法

成本加成定价法是以产品的单位总成本加上一定百分比的利润来确定产品价格的方法。其计算公式为:

$$单位产品价格 = 单位产品总成本 + 单位产品总成本 \times 利润加成率$$
$$= 单位产品总成本 \times (1 + 利润加成率)$$

2. 目标利润定价法

目标利润定价法也是一种较为典型的以卖方利益为出发点的定价方法。所谓目标利润定价法,就是企业按照预期的利润目标来确定产品价格的方法。其计算公式为:

$$单位产品价格 = \frac{产品总成本 + 目标利润总额}{预测销售量}$$

3. 盈亏平衡定价法

盈亏平衡定价法是对企业经营过程中涉及的产量或销量、成本和利润进行平衡分析,在产量或销量和成本既定的情况下,按照预期的利润目标来确定价格,即找出企业产品生产的保本点(又叫盈亏平衡点),确定盈亏平衡点的产量和价格,从而确保企业利润的一种定价方法。

盈亏平衡分析的基本原理是在某一产量或销量上,企业生产或销售所花费的各项成本费用与销售收入相等。其计算公式为:

$$销量 = \frac{产品的固定成本}{单位产品价格 - 单位产品变动成本}$$

(二) 以需求为导向的定价方法

以需求为导向的定价方法是根据消费者对产品的需求强度和消费感觉的不同而采用不同的定价方法,它是一种按买方的意图与能力即站在买方角度或立场上的定价方法。具体包括理解价值定价法和需求差异定价法。

1. 理解价值定价法

所谓理解价值,是指决定产品价格的关键因素是买方对产品价值的理解水平或认知程度,而不是卖方的成本。故在为某一产品定价时,首先要估计和测定产品在消费者心中的价值水平,然后再根据消费者对产品所理解的价值水平定出产品价格。

2. 需求差异定价法

需求差异定价法是指对不同阶层、不同收入水平与购买力、不同需求强度、不同购买时间及不同购买地点的消费者制定不同的价格。

（1）以消费者的年龄、收入水平、职业、阶层不同而进行的差别定价。例如,工业、农业及居民生活用水、用电存在价格差别,等等。

（2）以购买时间与购买地点不同而进行的差别定价。例如,影剧院、体育馆根据座位离舞台远近位置的不同,制定的价格也高低不一样,等等。此外,不同季节商品的价格不同,旺季或应季商品的价格要高一些,淡季或过季商品的价格要低很多,许多商家或消费者还热衷于反季节销售等。

（3）以产品的外观、款式、品种、花色不同而进行的差别定价。款式流行、花色新颖独特的产品定价高,过时的、陈旧的产品定价低或降价销售;颜色、型号齐全的或刚上市的新产品定价高,断档、断码或将要被替换下来的产品定价低或降价销售。

（三）以竞争为导向的定价方法

所谓以竞争为导向的定价方法,即以竞争产品的价格为本企业产品定价的依据,并随时根据市场竞争的状况来调整和改变产品的价格。主要有随行就市定价法和密封投标定价法。

1. 随行就市定价法

随行就市定价法是指企业将自己的价格与竞争对手的价格保持在一定水平上的一种"随大流"的定价方法。主要目的是避免并减少激烈的竞争。

一般来说,为了降低风险并确保利润,企业实力不同,其采取的定价方法也存在区别：

- 小企业——以低于竞争实力强的企业的价格出售产品；
- 中等企业——以市场平均价格出售产品；
- 大企业——以与竞争对手相同的价格出售产品。

2. 密封投标定价法

密封投标定价法是购买者在批量采购大型机械设备或为建筑工程项目选择承造商（承包商或承建商）时常用的一种定价方法。

创业情境

张伟和王军的创业历程（20）

张伟和王军经过反复权衡认为,工作室刚进入市场,最重要的是迅速打开市场,站稳脚跟,因此在价格的制定上以提高市场占有率为定价目标。实现这个目标最常用的办法是在充分测算成本的基础上,并保证一定的利润率和满足迅速打开市场的需要,参考市场同类服务的价格,对不同的服务方式采取不同的定价方式:对普通顾客服务采取组合定价方式,对工作室举办的各项其他活动采取成本加成定价方式。同时,配合折扣定价策略,具体包括:①现金折扣,一次性付清拍照费用的顾客可享受工作室推行的优惠政策。②数量折扣,购买工作室的产品达到一定数量的顾客可获得相应优惠、折扣、礼物或优惠券。③累计折扣,多次进行消费的顾客可享受叠加折扣,使顾客长期消费。④非累计折扣,一次性购买多件产品的顾客可享受一次性打折价,促进大量消费。⑤季节折扣,例如在秋冬季节对秋叶主题或雪天主题进行打折促销等,提高顾客的消费水平和消费能力。另外,以需求为导向,采取心理定价策略,对一些后续生产线较长的产品推出低价促销活动,使顾客获得更舒适的体验,吸引顾客购买更多品类的产品。

第三节 渠 道 策 略

产品生产的终极目标是被消费者接受,满足消费者的某种需求,但产品不会自动走到消费者跟前说:"我知道你需要我,我来了。"因此,随着市场竞争愈演愈烈,谁能抢占市场,将产品转移到消费者手中,谁就抢占了利润的制高点,这时候就需要营销渠道帮忙了。渠道策略是关系到企业产品如何走向市场的重要决策,对于新创办的小企业来说,分析、研究营销渠道中的各类成员,科学地进行营销渠道决策,不仅能加快产品流转、提高流通效率、降低流通费用、方便消费者购买,还有利于取得整体市场营销上的成功。

对于一个新企业来说,营销渠道除了要实现产品到资金的转变,还必须承担起获取市场信息、研究市场状况,即与市场充分沟通的职能。新企业在设计营销渠道时,总是要求以最经济的方法把产品推向市场,用最低的成本开拓最大的市场。

一、营销渠道的类型

渠道设计的三大要素是渠道长度、渠道宽度和渠道广度。这三个要素决定了渠道的规模。新企业渠道的规模要依据企业的规模来设计。

营销渠道可按不同的依据划分为若干类型。按是否使用中间商,可以分为直接渠道与间接渠道;按使用中间环节的多少,可以分为长渠道与短渠道;按各环节使用同种类型中间商数目的多少,可以分为宽渠道与窄渠道。

(一) 直接渠道与间接渠道

1. 直接渠道

生产者将产品直接销售给消费者,不经过中间环节,属于直接渠道,也即零级渠道。直接渠道可以减少损耗、降低费用、缩短时间、加速流通,帮助企业了解市场、提供服务、控制价格。但它会分散生产者的精力,增加资金投入,使生产者承担全部的市场风险。对于生产者来讲,也不可能广设网点,因而产品的销售范围和销售数量会受到限制。

2. 间接渠道

在生产者与消费者之间有中间商加入,产品销售要经过一个或多个中间环节,属于间接渠道,包括一级渠道、二级渠道、三级渠道等。目前市场上绝大多数的产品都是通过间接渠道销售给最终的消费者的,中间商的介入将起到调节产销矛盾、提高分销效率的作用。

(二) 长渠道与短渠道

如果有中间商加入,按照经过的中间环节或层次的多少,就有长渠道与短渠道之分。

环节越多,渠道越长,反之则越短。经过一个中间环节的,叫短渠道;经过两个及以上中间环节的,叫长渠道。渠道长短的选择,并无绝对好坏之分,关键是要适合自身的特点,权衡利弊,取长补短。新企业的产品线一般不会太深,这是一个循序渐进的过程。所以,新企业在设计渠道时不必过长,但需要预留往下纵深发展的空间。长渠道与短渠道的优劣势比较如表5-2所示。

表5-2 长渠道与短渠道的优劣势比较

项目		优劣势比较
长渠道	优势	能有效覆盖市场,扩大产品的销售;能充分利用中间商的职能作用;市场风险小
	劣势	使生产者市场信息迟滞;生产者与中间商和消费者之间关系复杂,难以协调;产品价格一般较高,不利于市场竞争
短渠道	优势	能减少流通环节,节省流通费用和时间;产品最终价格较低,能增强市场竞争力;信息传播和反馈速度快;由于环节少,有利于生产者与中间商建立直接、密切的关系
	劣势	迫使生产者承担更多的商业职能,不利于集中精力抓生产

（三）宽渠道与窄渠道

营销渠道的宽窄取决于渠道的每个层次(环节)使用同种类型中间商数目的多少。新企业在确定中间商数目时,有三种可供选择的策略:

(1) 广泛分销,也称密集分销或普遍分销,是指生产者利用尽可能多的中间商销售自己的产品,使广大消费者都能及时、方便地购买到所需产品。这种策略有利于渗透市场和扩大销售,比较适合消费品中的便利品(饮料、牙膏、洗衣粉、报纸、电话卡等)和工业品中的一般原材料,以及不宜长期存放的商品(鲜花、水果、肉制品、鲜奶等)。

(2) 选择分销,是指生产者在一定的市场区域内选择一些愿意合作且条件较好的中间商来销售自己的产品,借以提高产品形象,加大推销力度,提高产品购买率。这种策略适用于所有产品,但相对来说对消费品中的选购品(服装、鞋帽、家电等)和工业品中的零配件更合适。

(3) 独家分销,是指生产者在一定的市场区域内只选择一家中间商销售自己的产品,独家买卖。这种策略主要适用于特殊产品(专利技术、专门用户、优势品牌等),如钢琴、轿车、珠宝饰品等。这种策略有利于生产者控制市场和价格,激发中间商经营的积极性,提升企业形象。

创业情境

张伟和王军的创业历程(21)

张伟和王军通过商量认为,对于一个新企业而言,是否对自己的营销渠道进行仔细分析会直接关系到企业的成败,大企业的经验可以借鉴但不能照搬,相较于成熟企业而言,新企业对营销渠道的要求在侧重点上是有所不同的。

在渠道宽度的设计上,由于是新进入市场,在工作室尚未被市场认可、市场覆盖率不高的情况下,渠道宽度不宜过大。再加上资金比较紧张,因此工作室希望降低费用,缩短产品上市时间,加速流通,并很好地控制价格。

结合自助摄影产品和服务的特点,张伟和王军将营销模式分为线上和线下两个方面。线下部分,开设自助摄影工作室,提供专业的摄影服务和咨询服务,挖掘与同类企业的不同点,主推自助服务方式,打造工作室的独特优势;线上部分,通过微信公众号进行前期内容的推广,积累一定的流量和关注度,再通过抖音平台和官方微博进行网络营销,定期进行直播活动与粉丝互动,交流一些摄影经验或活动策划等内容;同时,定期开展线上线下联动的主题摄影展,丰富宣传推广的形式,提升营销活动的质量,力求在本行业内站稳脚跟,最大限度地满足顾客需求。

由于工作室处于初期探索状态,业绩水平和客源有限,故张伟和王军选择较小的经营规模和窄渠道分销,仅开设一家店铺和选择一家代加工厂进行合作,工作室人员与顾客和代加工厂直接交流,提高信息传递的速度和准确度,减去繁杂的中间过程,以提高三方相互配合的程度,最终达到多方满意。

二、中间商的类型

中间商可按不同的依据划分为多种类型。

(一) 按是否拥有产品所有权,中间商可分为经销商、代理商和经纪人

经销商是指从事产品流通服务,并拥有产品所有权的中间商,如批发商、零售商等。

代理商是指从事产品交易业务,接受生产商委托,但不具有产品所有权的中间商,其利润来源主要是被代理企业的佣金,产品的销售风险与利益一般由被代理企业承担。

经纪人俗称掮客,其主要职能在于为买卖双方牵线搭桥、协助谈判、促成交易,由委托方付给佣金,不承担产品的销售风险。

(二) 按在流通过程中所处地位和所起作用的不同,中间商可分为批发商和零售商

批发商是指专门从事成批产品买卖活动,为转售或生产加工,面对同一产品进行批购和批销的中间商。

零售商是指向最终消费者提供日常生活所需产品和服务的机构和组织。

三、影响营销渠道决策的因素

生产者在发展其营销渠道时,须在理想渠道与可用渠道之间进行抉择。一般来说,新企业在刚刚开始经营时,会采取在有限的市场上进行销售的策略,因其资本有限,大多需借助当地渠道中的现有中间商。具体来说,企业在选择营销渠道时应考虑以下几个因素,并根据各因素强度的不同,制定不同的渠道长度及宽度。

(一) 产品因素

产品的自然属性、单价、体积和重量、技术性和服务要求、时尚性和季节性、生命周期阶段等均会影响分销渠道的选择,具体如表5-3所示。

表 5-3 产品因素对营销渠道选择的影响

产品因素	营销渠道选择
自然属性	保质期短、易腐烂变质、易碎的产品,需选择短渠道或直接渠道;反之,则选择长渠道
单价	单价较高的产品应选择短渠道或直接渠道;单价较低的产品则宜选择较长、较宽的渠道
体积和重量	体积大且较重的产品,宜选择短渠道或直接渠道;反之,可选择长渠道广泛分销,扩大市场面
技术性和服务要求	技术复杂、服务要求高的产品,宜选择短且窄的渠道或直接渠道;通用性强、服务要求低、标准化的产品,则选择长而宽的渠道
时尚性和季节性	款式变化快、流行性强、季节性明显的产品,宜选择短而宽的渠道;款式不易变化的产品,宜选择长渠道
生命周期阶段	导入期的新产品,销售难度大,中间商积极性不高,可选择较短、较窄的渠道,或由厂家直销;进入成长期和成熟期的产品,则可选择长且宽的渠道

创业情境

张伟和王军的创业历程(22)

张伟和王军仔细分析了工作室产品和服务的特点以及相对应的营销渠道选择:

(1) 价位中等。根据前一节的分析,自助摄影服务的价格要尽可能地做到贴近消费者,同时又不能过于廉价,在覆盖各项成本的同时,确定一个中等价位,如果再增加流通环节则会造成产品和服务销售价格的提高,从而影响销路,这对工作室和消费者都不利。

(2) 定制产品。工作室提供的最具特色的服务就是自助摄影和定制产品,定制产品一般由供需双方直接商讨规格、质量、式样等技术条件,不宜经由中间商销售。

(3) 新产品。为了尽快把新产品投入市场,扩大销路,工作室可以选择直接与消费者见面,推介新产品并收集用户意见。而且,因为产品刚进入市场,销售难度大,中间商经销的积极性不高,在这种情况下最好采用直销方式。

(二) 市场因素

市场因素包括目标市场范围的大小、消费者的集中度、消费者的购买习惯、竞争对手的渠道类型等,具体如表 5-4 所示。

表 5-4 市场因素对营销渠道选择的影响

市场因素	营销渠道选择
目标市场范围的大小	市场范围大,潜在消费者多,可选择长而宽的渠道;反之,则可由生产商直接供应消费者
消费者的集中度	市场上消费者较集中,可选择直接渠道、短渠道;消费者分布广,宜选择长渠道、宽渠道

(续表)

市场因素	营销渠道选择
消费者的购买习惯	消费者购买频繁,但每次购买量小的产品,宜选择长且宽的渠道;不常购买、每次购买量大、服务多的产品,则可选择短渠道、窄渠道
竞争对手的渠道类型	企业通常应与同类竞争的产品采用相同或相似的渠道。但如果竞争对手已经控制营销渠道,则企业应另辟渠道,避免与其正面争夺市场

创业情境

张伟和王军的创业历程(23)

张伟和王军分析了工作室面临的市场特征:

(1) 目标顾客群体单一,比较适合自设工作室运营。

(2) 消费者分布较为集中。工作室准备设立在人流量较大的大学城,消费者较为集中,适合推广、销售和拍摄工作的开展。

(3) 潜在需求还没有进入旺盛时期,市场未来前景较为广阔,因此可以关注市场的深度开发,培育消费者的需求。

(4) 消费者未尝试过摄影的新形式,需要更多的引导,因此要设置更多的互动环节来促进销费转化。

(三) 企业自身因素

企业自身因素包括企业的营销目标、规模和实力、管理能力和经验、控制渠道的愿望和产品组合情况等,具体如表5-5所示。

表5-5 企业自身因素对营销渠道选择的影响

企业自身因素	营销渠道选择
企业的营销目标	如果企业的营销目标是高市场份额,则应选择长而宽的渠道;如果是追求高附加值和高利润率,则可选择短渠道、窄渠道或直接销售
企业的规模和实力	如果企业规模大、实力雄厚、信誉良好,控制渠道的能力较强,则可直接销售或选择较短的渠道,也可选择固定中间商经销其产品;如果企业规模小、资金有限、缺乏实力,则要依赖中间商扩大销售
企业的管理能力和经验	如果企业具有较强的营销能力和经验,则可选择短渠道或直接销售;否则,应选择较长的渠道
企业控制渠道的愿望	有些企业为了有效控制渠道,愿意花费较高的直销费用,建立短而窄的渠道;有些企业不希望控制渠道,则可选择长而宽的渠道
企业的产品组合情况	如果企业的产品组合比较深、比较宽,则可以选择较短的渠道,直接向零售商销售;反之,则要选择较长的渠道

(四) 中间商因素

企业在选择中间商时,必须结合自身及其产品的特点,且销售对象要与企业进入的目标市场一致。同时,企业必须考虑中间商的积极性及其经营能力、信用和分销能力。经营能力考察中间商经营的连续性;信用主要考察中间商履行合约、回款及时性等方面的信誉;分销能力则考察中间商开拓市场能力、营销能力、管理能力、提供技术支持与售后服务能力、商品储存和运输能力等。

创业情境

张伟和王军的创业历程(24)

鉴于工作室自身因素的限制,张伟和王军在营销渠道的选择上觉得问题重重:

(1) 资金比较薄弱。因为是初创企业,没有更多的资金去建立自己的营销渠道,因此工作室最好依赖低成本的互联网平台、新媒体平台进行宣传和推广工作,借助中间商销售周边产品。

(2) 销售力量较弱。创意服务型企业在销售力量、储存能力和销售实践等方面经验缺乏,但专业知识丰富,合理制定渠道策略是关键,应从实践中吸取经验。综合前两点来看,张伟和王军认为选择第三方企业去丰富工作室的产品和服务更为恰当,而且取得较好市场效果的可能性更大,但现在的问题是如何以较低的成本精准地筛选合作方呢?

(3) 可能提供的服务水平较差。对于自助摄影,市场中的目标顾客对此概念模糊,需要工作室投入较多的精力和成本去推广其服务与消费理念。由于张伟和王军经验不足,当前可提供的服务水平有待提高,还需要更多的实施层面的反馈才能进一步完善。

最终,张伟和王军决定以低成本的自主账号(微信、抖音、微博)为主要推广方式,以独立工作室的模式进行前期运营,同时联系一些工厂去代工周边产品,这样可以有效控制风险;后期根据工作室的经营情况再考虑与大型电商平台合作。

(五) 环境因素

分析环境因素时,要考虑经济形势和国家政策法规。对经济形势做出相应预测后,还应测算企业自身的经济收益。

经济收益是影响营销渠道选择的一个重要因素。对于经济收益的分析,主要考虑以下因素:

1. 销售费用

销售费用是指产品在销售过程中发生的费用。它包括包装费、运输费、广告宣传费、陈列展览费、销售机构经费、代销网点和代销人员手续费、产品售后服务支出等。一般情况下,减少流通环节可降低销售费用,但要综合考虑减少流通环节的程度,做到既节约销售费用,又有利于生产发展和体现经济合理的要求。

2. 价格分析

第一,当价格相同时,进行经济收益的比较。如果间接渠道的经济收益高,则选择间接销售对企业有利;如果直接销售量大于间接销售量,而且所增加的销售利润大于所增加的销售费用,则选择直接渠道对企业有利。

第二,当价格不同时,进行经济收益的比较。当价格不同时,要分别计算直接渠道和间接渠道的经济收益并进行比较,一般选择收益大的营销渠道。

此外,在选择营销渠道的过程中,依法合规是基本保障,社会环境和传统习惯也要有所体现,包括政策、消费习惯、文化习俗等都会对渠道的选择产生不同程度的影响。

做练习

"中间商是寄生虫,消除中间商,价格就会降下来。"这是市场对中间商的指控。假定你现在想吃一个小麦面包,从种小麦的农民开始,阐明现行的分销系统如何工作。换句话说,小麦如何变为一个面包并送达你的手中?如果这一系统被取消,顾客为得到一个面包将做些什么?你认为一个面包将花费多少钱?

四、新企业营销渠道设计步骤

新企业在设计营销渠道的过程中,必须充分考虑各种制约因素,同时也必须充分利用有利条件。新企业内部的制约因素包括企业的渠道目标、成本目标和企业自身的特点,外部的制约因素包括产品特性、市场状况和竞争对手情况(把产品特性归于企业外部的制约因素主要是考虑到产品除非是独一无二的,否则都会与竞争对手的产品有共性,而且是大部分的共性和小部分的异类)。因此,新企业在设计营销渠道时必须充分利用有利条件,尽量避免与制约因素正面冲突,这是总的原则。

营销渠道的设计主要包括以下步骤:

(一)设立并调整营销目标

设计营销渠道首先需要确定营销目标,完成营销任务。但是,在渠道设计阶段,新企业的营销目标往往并不明确,后期还需要不断调整和改进。因此,渠道设计者需要仔细审核企业的营销目标,根据未来市场的发展状况增加新的内容,同时关注是否与企业的整体目标和策略相一致。

(二)评估影响营销渠道结构的因素

对影响营销渠道结构的产品、市场、企业自身和外界等因素进行分析,结合企业的实际情况,对企业可采用的渠道类型、渠道长度和渠道宽度等的可行性进行论证和评估。

(三)制订营销渠道具体方案

1. 确定渠道的类型

企业要确定采用哪一种或哪几种类型的渠道来分销产品。每种类型的产品都有其适用范围,企业需要根据实际情况和制约因素来选择适合的渠道类型。

2. 确定渠道的长度

在确定了渠道的类型后,若是采用间接渠道分销产品,则企业还面临确定渠道长度的决策问题。技术和服务含量较高的产品,如计算机、汽车等,适宜采用较短的渠道;消费者选择性不强但要求方便购买的产品,如日用小百货等,则适宜采用较长的渠道。

3. 确定渠道的宽度

企业要确定在每个层次上使用中间商数目的多少,实际上是对宽、窄渠道的选择问题。具体来说,是对广泛分销、选择分销、独家分销三种策略的选择。

(四)规定营销渠道成员的权利和责任

在确定了渠道的类型、长度和宽度后,企业还要规定渠道成员的权利和责任,主要包括价格政策、销售条件、渠道成员的地区划分和各方面应提供的服务与责任。

(五)评估营销渠道方案

对营销渠道方案的评估可以从以下几个方面进行:

1. 经济性

经济性主要是分析每种渠道方案的销售额与成本的关系。

2. 可控性

从长远目标来看,企业对营销渠道的选择还要考虑企业能否对渠道实行有效的控制。一般来说,企业在其产品的营销渠道中参与越深,对渠道的控制力就越大,成本就越高,但控制力也越强。随着营销渠道的延长,企业对产品销售等的控制力就会减弱。

3. 适应性

在迅速变化的市场上,企业需要寻求能够获得最大控制力的渠道结构和政策,寻求快速调整营销策略的能力。

创业情境

张伟和王军的创业历程(25)

张伟和王军根据自身实际情况,准备按照下列步骤来设计产品的营销渠道:

第一步,全面理解现行的环境条件和机会。这包括市场环境调查和理解竞争对手渠道两方面工作。

第二步,确定渠道目标和近期发展规划。

第三步,设计理想的渠道网络系统。这包括用户调查、市场细分、基准分析和建立理想的网络模型等工作。这是一个"从零开始"的过程,并且将重点放在目标顾客对产品和服务的需求上。也就是把顾客满意和顾客需求作为渠道设计最根本的出发点,以及渠道设计的归宿点,围绕线上线下联动的模式进行设计。

第四步,建立管理模型。营销渠道作为一个企业运行系统,也必须受到企业管理工作(如目标、成本、控制)的约束。比如,必须考虑渠道设计的方向是否与企业发展战略和渠道战略相一致?设计出来的渠道的建设和运作成本是否较低并且容易控制?还有一个更为关键的问题是,设计出来的渠道是否收益最大?在进行管理模型评估时,要把合理的和不合理的约束都预先罗列出来,一些可能面临的困难也要考虑周全,还要加上企业有利的条件和因素,然后结合环境调查和竞争对手分析,形成一个受现实约束的管理模型。

第五步,分析差距。在综合理想的渠道网络系统和理想的管理模型后,对两者从顾客需求到企业成本控制、从市场竞争到企业渠道目标实现、从市场环境到企业发展战略规划进行深入、细致的分析。最终得出理想渠道与现实的差距,并得出修正方案。

第六步,选择最优发展战略。

第七步,设计最合适的渠道并准备实施。

第八步,对渠道运作进行实时监控并及时调整。

五、传统营销渠道与网络营销渠道的有机结合

将网络营销渠道与传统营销渠道有效地结合起来,降低成本,提高效益,是互联网时代营销渠道发展的又一主流。如戴尔公司70%的货物通过网上直销实现,30%的货物利用传统门店销售。小企业初创时期,可以利用互联网实现产品销售,积极抢占市场。

(一)网络营销的竞争优势

1. 成本费用控制

开展网络营销给企业带来的最直接的竞争优势是成本费用控制。网络营销采取的是新的营销管理模式。利用网络营销降低交通、通信、人工和办公室租金等成本费用,可最大限度地提高管理效益。许多创业者在网上创办企业也正是因为互联网企业的管理成本较低,有利于寻求发展机会。

2. 创造市场机会

互联网上没有时间和空间限制,其触角可以延伸到世界每一个地方。利用互联网从事市场营销活动可以远及传统销售所不能达到的市场,为新企业创造更多新的市场机会。

3. 让顾客满意

企业可以将其产品介绍、技术支持和订货情况等信息放到网上,顾客可以随时随地根据自己的需求有选择性地了解有关信息。这样就克服了在为顾客提供服务时的时间和空间限制。

4. 满足消费者对购物方便性的需求

网络营销是一种以消费者为导向,强调个性化的营销方式。网络营销能够满足消费者对购物方便性的需求,省去了到商场购物的体力和时间消耗,提高了消费者的购物效率。由于网络营销能为企业节约巨额的促销和流通费用,从而使产品成本和价格的降低成为可能,消费者能够以更低的价格购物。

(二)企业网络营销策略

1. 品牌网络广告

品牌网络广告是一种出现较早的网络营销手段,面向访问者强制推出,其呈现形式包括通栏、文字链接、流媒体、图片等。目前,品牌网络广告为大企业所垄断,中小企业网站难以争夺到订单。

2. 外部链接

一般意义上,外部链接是指其他网站连到本网站的链接。这种网络营销方式比较初

级,一般而言个人网站喜欢采用,在企业整体的营销策略中只作为基本的一环,而非关键性要素存在。

3. 网络广告联盟

网络广告联盟一直是个人网站获得收入的一个重要来源,相当于由众多网站组成一个联盟,然后由联盟发起者根据各个组成站的特点分发广告,可以视为互联网上的一种分众媒体。这种网络营销方式采取按效果付费的机制,已为各类企业所接受,初创的小企业也可以适当运用。

4. 电子商务与分类信息平台营销

电子商务平台通过虚拟商店的形式促成销售,典型的例子如阿里巴巴、慧聪等第三方电子商务平台提供的商铺及其打包服务(如阿里巴巴的诚信通和速卖通,慧聪的慧精彩)。紧接着兴起的分类信息平台也在推广上做起了文章,其基础是众多用户免费发布房屋、求职、招聘、二手商品等生活信息,之后服务商们开始推出提升位置排名的付费服务。这种网络营销方式目前尚未形成规模,也未获得广大企业主群体的认可。

5. 邮件营销

目前,邮件营销已占据主流,主要应用于会议培训、机票、鲜花、酒店、旅游线路等产品与服务的营销上。这种网络营销方式同时可以帮助企业实现市场调研、客户服务、品牌传播等营销目的,并可以直接用作营销工具,营销任何产品与服务。

6. 网络杂志营销

网络杂志凭借多样化的表现形式、细分化的目标受众、相对精准的营销方式,开辟出一条全新的多元化信息传播渠道,但企业对其接受度还远远不够。

创业情境

张伟和王军的创业历程(26)

网络营销是企业营销的一种趋势,创业者可以根据网络特点并结合企业的产品属性来制定相应的营销策略。对于张伟和王军来说,网络营销的方式似乎很适合他们。

(1)企业现状和市场环境适合网络营销。对初创企业来说,需要低成本的营销渠道和更多的市场机会,网络营销无疑是二者的最佳结合点;同时,当前是互联网+深化的时代,线上经营是未来企业发展不可或缺的一部分。

(2)产品性质适合网络营销。张伟和王军的工作室主要是提供个性化的自助摄影服务,而网络营销具有极强的互动性,可以提高消费者的满意度。

(3)专业特长。张伟和王军都是电子商务专业出身,对线上推广和项目运营环节非常熟悉。

最后,张伟和王军经过综合分析对比,选择了两种营销渠道:

(1)线下销售,即在合适的地区建立门店进行传统工作室运营。

(2)线上销售,借用自身的专业优势,利用网络对工作室进行推广。

第四节 促销策略

促销策略是市场营销策略的重要组成部分,是企业拓展市场的重要方法和手段。企业的产品或服务只有为目标顾客所认知和了解,才能引起其购买欲望。企业在制定促销策略时一般要考虑以下因素:

- 企业的目标顾客群体是谁?什么样的促销计划可以吸引顾客?
- 顾客关注的产品组合是什么?目标顾客对促销的回应是什么?
- 竞争对手的促销手段是什么?

一、促销组合

促销的方式有直接促销和间接促销两种,具体包括以下几个方面:

(一)人员推销

人员推销是指企业的推销人员直接与顾客或潜在顾客面对面地交流产品、洽谈生意,以达到促进销售目的的活动过程。人员推销一般包括以下几种形式:①上门推销。这是被企业和公众广泛认可与接受的一种推销形式。②柜台推销。企业在一定地点开设固定的营业场所,由营业人员接待进入商店的顾客并销售产品,如批发商和零售商的门店。③会议推销。企业利用各种形式的会议介绍和宣传产品,如洽谈会、订货会、展销会等都属于这种形式。

(二)广告促销

广告促销是指在电视、杂志和报纸上登载广告。对此企业要考虑三方面的因素:广告成本、各媒体的独特性以及媒体形象。

(三)营业推广

营业推广的方式多种多样,其中包括有奖竞赛、优惠销售、特供品销售和样品赠送等。确定最有效的营业推广方式的唯一途径就是事前进行试验性操作。

(四)公共关系促销

企业策划和实施公共活动的目的是通过媒体的正面宣传报道,来提高企业的社会知名度以及强化企业形象。

由于各种促销方式各有其优缺点(如表5-6所示),因此在促销过程中,企业常常将多种促销方式结合使用。企业可根据自身产品的特点和营销目标,综合各种影响因素,对这些促销方式进行选择、编配和综合运用。

表5-6 各种促销方式的优缺点比较

促销方式	优点	缺点
人员推销	机动灵活,针对性强,双向沟通便于当面解决问题	管理组织困难,费用支出大,接触面窄
广告促销	传播面广,形象生动,节省人力	说服力较小,针对性较差,单向信息传递,沟通性较差

(续表)

促销方式	优点	缺点
营业推广	吸引力大,即时效果明显,可促成现场交易	组织过程复杂,形式使用不当易引起顾客反感
公共关系促销	影响面广,效果持久,可提高企业的知名度和美誉度	需花费较大精力和财力,短期效果不明显

企业应根据促销需求,适当选择、编配和综合运用有关的促销方式,形成最佳的促销策略,具体方法如表 5-7 所示。

表 5-7 常见的促销方法

促销方式	常见方法	适用范围
人员推销	销售会议、电话营销、样品试用、展览会等	较适用于工业品的促销
广告促销	电视广告、报纸广告、网络广告、广播广告、路牌广告、车体广告等	较适用于消费品的促销
营业推广	奖品或礼品、积分、招待会、延期付款、低息贷款、以旧换新等	较适用于消费品的促销
公共关系促销	公益活动、记者招待会、演讲、研讨会、慈善捐助、赞助、社区活动等	较适用于塑造企业形象

做练习

假设某同学在校内开设了一家售卖日常用品的线上店铺,根据你所在学校的实际情况,分析该同学可以通过哪些具体的方式开展促销活动。

二、影响促销组合决策的因素

（一）产品种类、市场类型

消费品和工业品各有其特点,必须采用不同的促销组合。从市场类型分析,小规模的本地市场应以人员推销为主;大规模的市场则宜以广告促销为主;市场相对集中的,可采用人员推销;反之,宜选择广告促销、营业推广等。

（二）外部环境

外部环境对促销组合选择的影响主要体现在社会文化、人口、自然、政策法规等方面。

（三）促销目标

促销目标是以长远占领市场为主,还是以短期快速获取现金为主;是以生产者市场为主,还是以消费者市场为主等,这些都会影响促销组合的选择。

（四）产品生命周期的阶段

在产品生命周期的不同阶段，促销目标不同，促销组合也不同。

（五）顾客待购过程阶段

顾客待购过程可分为认识、了解、兴趣和准备购买这四个阶段。在不同的待购阶段，各种促销方式的效果是不同的。在认识阶段，企业主要是让顾客知道某种产品的存在，因此，广告和公共关系是最主要的促销手段。在了解阶段，顾客需要知道更多的产品信息，因此，企业除了运用广告促销，还可以运用人员推销。在兴趣阶段，人员推销的影响力最大，其次是广告促销。在最后的准备购买阶段，人员推销仍是最主要的促销手段。

（六）竞争状况

竞争的强弱也会影响到促销组合。在市场竞争激烈时，企业需要投入较多的促销预算，并且要根据竞争对手所采取的促销组合调整或改变自己的促销组合。

（七）企业实力

如果企业规模较小，实力有限，则应以人员推销为主；如果企业规模大，实力雄厚，则应以广告促销为主。

（八）市场结构状态

市场结构状态包括目标市场的范围、规模、集中度与分散度、竞争格局与态势等方面。同时，在促销预算中，必须考虑应急促销费用，以保证企业随时可以根据竞争或特殊情况的需要，制订和执行应急策略方案。对于范围小、规模大、集中度高的市场，适合采用人员推销方式。

三、网络营销策略

（一）网上折价促销

折价亦称打折、折扣，是网上最常用的一种促销方式。目前，网民在网上购物的热情正逐渐超过商场、超市等传统购物场所，网上销售的产品的价格一般要比线下低，以吸引人们购买。在电子商务发展初期，由于网上销售的产品不能给人全面、直观的印象，也不可试用、触摸等，再加上配送成本较高和付款方式较复杂，确实造成了网上购物的积极性不高，商家不得不以较大的折扣促使消费者进行网上购物的尝试并做出购买决定。随着互联网和大数据技术的发展，商家开始梳理自身资源和优势，在技术的加持下，带有折扣促销色彩的整合营销方案逐步成为当前线上促销的主流。

（二）网上赠品促销

目前，赠品促销在网上的应用不算太多，一般情况下，在新产品推出试用、产品更新、对抗竞争品牌、开辟新市场的情况下利用赠品促销可以达到比较好的促销效果。赠品促销的优点是可以提升品牌和网站的知名度；鼓励人们经常访问网站以获得更多的优惠信息；能够根据消费者索取赠品的热情程度而总结分析促销效果和产品本身的情况等。

(三)网上抽奖促销

抽奖促销是网上应用较广泛的促销形式之一,是大部分网站乐于采用的促销方式。抽奖促销是以一个人或数人获得超出参加活动成本的奖品为手段进行产品或服务的促销。消费者或访问者通过填写问卷、注册、购买产品或参加网上活动等方式获得抽奖机会。

(四)积分促销

积分促销在网上的应用比传统促销方式要简单和易操作。网上积分活动很容易通过编程和数据库等来实现,并且结果可信度很高,操作起来相对较为简便。积分促销一般会设置价值较高的奖品,消费者通过多次购买或多次参加某项活动来增加积分以获得奖品。积分促销可以增加网民访问网站和参加某项活动的次数,提升网民对网站的忠诚度,提高活动的知名度等。

创业情境

张伟和王军的创业历程(27)

张伟和王军知道,促销对于新企业来说非常重要,在现代化大生产、大流通的市场条件下,新企业必须利用一切手段做好产品信息传播和销售促进工作,只有这样才能在最短的时间内在市场中站稳脚跟。因此,选择什么样的促销组合非常重要。

对于企业经营者来讲,像自助摄影这样的新型消费适合两种促销方式,即广告促销和营业推广。但由于小企业的经济实力有限,从经济的角度考虑,可以选择以下方式:

1. 广告促销

(1)报纸。读者广泛,信息传播迅速,制作灵活,费用适中,小企业能够接受。

(2)杂志。在专业的摄影杂志上做广告,专门化程度高,能提高广告的针对性。

(3)广播。可以及时、迅速地传播企业的相关信息,而且范围广,制作简单,费用较低,比较适合小企业的宣传。

2. 营业推广

通过网络(微博、微信公众号等)发布工作室最新动态,向大家展示工作室最近的拍摄工作;在网络上发布工作室自行拍摄的宣传片等,吸引潜在顾客,树立品牌形象,提高工作室的知名度。

同时,在特定日期(如周年庆、节假日等)、特定地点(工作室或当地较繁华的公共地带)举办活动(如摄影作品展览、套餐组合优惠等),不定期进行顾客回馈(如老顾客相册换新、套餐升级等)。

另外,工作室应处理好与社会公众以及其他友商的关系,保障工作室在业内的口碑,例如在节假日举办一些回馈社会的活动,协调与社会公众的关系;在突发事件或严重损害工作室形象的事件发生时有足够应对危机的公关能力;与友商联合举办联谊活动,促进友好合作;等等。

四、制定促销策略的步骤

企业应按照以下七个步骤制定促销策略：

（一）确定目标市场

只有确定了潜在顾客，即确定了目标市场，企业才能采取最有效的促销手段，与他们进行营销沟通，并在沟通过程中传达最适合他们的营销信息。

（二）确定促销目标

总体来说，创业者希望实现的促销目标就是目标市场对促销活动所做出的反应，比如促使顾客获取购物优惠券并进行购物。如果创业者希望通过刺激消费者的购物欲望来达到提高销售业绩的目的，那么他就要准确了解各种促销方式与手段。就特定产品而言，创业者必须确定采取哪些促销手段才是实现这一目标的最佳途径。

比如，在某些情况下，企业想吸引更多的顾客试用其产品，从而实现扩大销售的目标。这时企业可以采取直接促销的手段，给顾客寄去促销邮件，并为第一次购买企业产品的顾客提供优惠条件或有奖销售方式，诸如此类的促售方式都能有效帮助企业实现预期的促销目标。

（三）确定促销信息

在进行促销沟通时，企业必须以充足的理由向潜在顾客表明为什么他们应该对你所传达的促销信息做出反应。企业所提供的产品能够给顾客带来的最大的价值是什么，这是促销信息中最关键的内容。

（四）选择促销手段

作为信息的发送者，企业必须选择最有效的促销手段，以便准确地传达促销信息。

（五）确定促销预算

确定促销预算的惯常做法就是在估算竞争对手促销预算的基础上来确定自己的促销预算。对竞争对手的促销预算进行评估的目的只是以它为借鉴，在此基础上，根据具体情况，制定适合本企业实际的促销预算。

另一个更为有效的方法是先将企业计划采用的促销手段列出一份清单，暂时不考虑资金问题，然后根据各个促销项目的收费标准，在清单上列出所有促销项目总的预算，并根据实际情况对方案进行调整，直到调整的预算方案为企业所接受。

（六）确定促销总体方案

当促销总体方案确定下来以后，企业必须自始至终协调和整合总体方案中所采用的各种不同的促销手段，这一点对实现预期促销目标来说显得非常重要。制订详细的推行计划是保证促销总体方案顺利实施的前提。

（七）评估促销绩效

对促销总体方案做出评估，不仅是为了调整那些效果不佳的促销手段，同时也是为了使以后的促销总体方案能够更有效地为实现促销目标服务。

做练习

某新企业产销 M 产品,其拥有专利技术,不过产品不具有知名度,且企业的生产规模和生产能力有限,但经过调查,产品的市场规模很大,顾客购买能力较强。请试为该产品制定较为理想的营销策略。

实践园地

星巴克的市场营销组合

市场营销组合是企业的综合营销方案,即企业针对目标市场需求,对自己可控制的各种营销因素(产品质量、包装、服务、价格、渠道、广告等)进行优化组合和综合运用,使之协调配合,扬长避短,发挥优势,以便更好地实现营销目标。市场营销组合由影响产品需求的一切措施组成。这里主要讨论的是 4P 策略,即产品(Product)、价格(Price)、渠道(Place)和促销(Promotion)。

1. 产品:顾客价值策略

星巴克这一咖啡品牌在中国有着二十多年的发展历史,在咖啡行业中占据了主导地位,有着一流的品牌形象和地位,并得到了众多消费者的喜爱和认同。星巴克的店内环境——从桌椅板凳到空间布局以及灯光和音乐——都给消费者营造出舒适、优美的消费空间,与此同时消费者还能享受到服务人员优质和个性化的服务。这在无形之中提高了消费者的满意度,并培养和建立了消费者对该品牌的忠诚度。通过强化品牌的魅力,星巴克在给消费者带来味觉上的美好享受的同时,又能使消费者感受到身份的提升。并且,在消费者进行消费之后,星巴克还会赠送一些优惠券,吸引消费者二次消费。

2. 价格:价格体现高端

星巴克的定价一般要高于市场咖啡定价的 50%—100%,一般快餐式咖啡如麦当劳、肯德基之类的咖啡定价大概在十几元,如肯德基的拿铁定价为 17 元,而星巴克的定价普遍都在三十几元;相较于精品咖啡店二十几元的咖啡,星巴克的定价也要高于它们 50% 左右。价格体现高端,人们选择星巴克,更多的是出于其身份和地位的象征,这远远超出了一杯咖啡本身的价值。

星巴克还善于运用"价格锚定"的营销原理。通过在门店内摆放二十几元的依云矿泉水与三十几元的咖啡饮品做对比,消费者看到一瓶矿泉水都卖到二十几元了,再多几元买杯咖啡也就觉得不贵了。同样的原理,星巴克门店内会摆放大量的杯子,定价在 200—300 元,这些杯子并不是门店主要销售的目标商品,而是希望通过商品的展示,成为一个"锚点",来反衬星巴克咖啡的"物美价廉",从而提高门店饮品的销量,进而提高门店的销售额。

3. 渠道:顾客便利

星巴克门店分为多种类型,主要有办公室门店、商圈门店、旗舰店、交通枢纽店和住宅区门店。办公室门店一般规模较小,主要设置在办公大楼的进门口处,门店的销售对象主要是上班的白领等;商圈门店一般规模较大,主要设置在商圈的进门口处或商圈正中心拐角处,方便逛街购物的顾客短暂休息,一般客流量较大,销售额较高;旗舰店不以盈利为主要目标,一般设置在各大区域的核心商圈处,如成都太古里旗舰店,这种门店一般面向外来旅游和逛街购物的顾客,用于展示星巴克的企业形象和高水平的咖啡质量;交通枢纽店一般面向乘坐公共交通的顾客;住宅区门店一般面向附近集中的住宅居民。

4. 促销:顾客联结

星巴克的企业理念有一条是"每人,每杯,每社区"(One person, one cup, one neighbourhood)。星巴克通过与顾客联结,产生联结的价值,培养顾客对星巴克的认可度和忠诚度,从而进行有效的销售和促销。星巴克合理利用了营销中的"推"与"拉"策略:一方面,星巴克员工对顾客进行积极的建议销售;另一方面,星巴克总部通过大量的新媒体如微信、微博等进行品牌宣传和新品展示,从而达到双赢沟通,在展示品牌形象的同时,还有效地提升了门店的销售额。

星巴克作为世界500强企业,拥有敏锐的市场洞察能力,紧跟市场变化做出顺势改变,在伴随中国市场成长的同时,积极推广咖啡文化和展示良好的企业形象。星巴克团队综合运用各种营销手段的不同组合,积极提高在中国市场的占有率,这一点是值得很多中国企业学习和借鉴的。

资料来源:星巴克营销策略研究[EB/OL].(2021-03-20)[2023-02-16].https://zhuanlan.zhihu.com/p/358495394。

问题:在制定企业营销策略的过程中,要考虑哪些因素?

分析提示:每个企业的产品和服务都具有一定的差别,企业要根据自身产品及在市场中的竞争位置确定营销策略。这需要创业者或企业管理者整合各类信息,建立各因素间的逻辑关系;同时,也需要各类职能部门协同发展,使企业形成一个整体。只有这样才能使产品策略、价格策略、渠道策略和促销策略构成的市场营销组合策略更具竞争力。

任务训练

任务训练一:描述产品的功能与特点

1. 请描述你的企业的产品的核心功能以及附加服务的优势与特点

产品与服务	优势与特点

2. 请设计你的企业的产品组合

产品 A	产品 B	产品 C
产品 A1：	产品 B1：	产品 C1：
消费者的需求 A1：	消费者的需求 B1：	消费者的需求 C1：
产品特色：	产品特色：	产品特色：
产品利益：	产品利益：	产品利益：
产品 A2：	产品 B2：	产品 C2：
消费者的需求 A2：	消费者的需求 B2：	消费者的需求 C2：
产品特色：	产品特色：	产品特色：
产品利益：	产品利益：	产品利益：

3. 请分析你的企业的状况，以及企业产品所处生命周期阶段的特征，确定相应的策略

产品所处生命周期阶段	产品所处生命周期阶段特征	产品所处生命周期阶段策略

4. 请描述你的企业和产品的特点,结合目标顾客的品位和风格,研究制订企业的品牌策略

任务训练二:为产品定价

请描述你的企业的定价目标,以确定定价策略和方法。

定价目标	定价策略	定价方法

任务训练三:确定销售地点和方法

1. 请根据你的企业的产品以及整体状况,分析影响营销渠道选择的因素

影响因素	分析描述
产品因素	
市场因素	
企业自身因素	
中间商因素	
环境因素	

2. 请结合下列因素对你挑选的中间商进行评估,并进行具体描述

评价要素	分析描述
地理位置	
中间商的经验	
经营范围	
经营实力	
经营机制和管理水平	
信息沟通	
货款结算政策	

3. 请完成你的企业的网络营销策划

第一步:设计企业网页界面。

第二步:在现实中找出三家网络营销机构,并分析其优势和劣势。

网络营销机构	支付方式接受程度	交易安全程度	商品种类齐全程度	退货保证	对商品的描述
1					
2					
3					

第三步:根据上一步统计结果进行网络营销机构的选择,并结合自身特色提供以下几项特色功能/服务:

_____
_____
_____
_____
_____

任务训练四:制订促销方案

1. 请讨论你的企业适合采用什么样的促销策略
2. 请对企业门店的促销气氛进行选择

企业产品	主题陈列	媒体	地推	吊旗	横幅	墙报	海报	广播
1								
2								
3								

3. 请为你的企业制定公关传播策略

请根据你的企业将要推出的产品或服务的特点,做一次产品或服务的公关传播策划活动。

(1)传播背景
_____

(2)传播对象
_____

(3)传播目的
_____

(4) 传播主题
_____

(5) 媒体策略
① 媒体投放目标
_____

② 媒体选择
电视：_____
选择理由：_____
_____

杂志：_____
选择理由：_____
_____

报纸：_____
选择理由：_____
_____

户外：_____
选择理由：_____
_____

4. 请针对你的企业的某种产品/服务制订一份促销方案

根据 2013 年版《全国年节及纪念日放假办法》，一年中共有七个法定假期，请从中选择一个假期为你的企业的产品/服务制订促销方案。

(1) 活动背景
_____

(2) 促销时间
_____

(3) 促销主题
_____

(4) 促销活动安排

根据调查，_____的消费者认为"特价促销"最有吸引力，_____的消费者认同"赠送促销"。此外，消费者对免费试用、优惠券、抽奖等促销方式也较感兴趣。为此，我们决定本次促销活动采用以下方式：

① _____

② _____
③ _____

（5）促销宣传安排

① 广告宣传

项目	总量	要求	作用	费用预算

② 商品展示宣传

_____

_____

（6）促销费用预算

_____

第六章

创业财务分析

知识与能力目标

了解创业的资金需求和创业初期的资金情况,熟悉流动资金预算编制的方法和销售预测分析的方法,掌握利润计划制订的方法,并对创业项目进行财务分析。

实训与素养目标

培养学生创业初期的财务思维,一切从实际出发;根据流动资金预算和销售预测制订利润计划;更好地将自身所学与市场的实际情况相结合,避免纸上谈兵的情况出现,使学生的创新思维能够走进现实。

创业情境

张伟和王军的创业历程(28)

张伟和王军认识到,预测创业资金的需求量是创业前必不可少且必须做好的一件事。由于他们没有创业的经验,因此决定边干边学。围绕已确定的创业项目,他们首先考虑到自己没有能用于开设工作室的房屋,经过商讨决定以租赁的方式开设工作室。然后他们依据已确定的目标顾客(18—30岁青年男性、18—30岁青年女性以及31—55岁中年男性)的特点以及不同地点的房屋所需支付的租金等进行了全面的权衡,确定了开设工作室的地点、工作室的面积以及合适的房租价格。此外,他们通过咨询装饰公司确定了符合其经营特色的装修方案及装修价格。对于经营中必须涉及的各类工作和前期的推广活动,他们认为凭借自己具有的电子商务相关技能可以自行运营,这样可以节省运营成本。其后,他们商定了开设工作室需要购买的物品并列出清单,在询价后具体计算出了所需金额。需要购买的物品包括摄影所需的相机、三脚架等摄影设备,电脑设备,直播设备,开展业务所需的桌椅,摄影作品展示架等,属于固定资产。

第一节 创业资金需求

一、创业资金的种类

创业资金用于支付经营场所、经营设备和工具、办公物品、原材料、库存商品、开办、工资、日常经营支出等费用。

创业资金根据用途的不同,可分为启动投资和企业日常运营所需的流动资金。其中,启动投资中占用资金数额较大的是购置固定资产。固定资产是指使用寿命超过一年且能够在相当长的生产经营期间内,为企业的生产经营提供连续服务且单位价值较高的资产。

流动资金是指企业用于购买、储存商品以及占用在生产过程和流通过程中的那部分周转资金。从流动资金的构成要素来看,它包括用于购买原材料等商品、支付工资和其他生产费用(或流通费用)的资金。从具体的存在形态来看,它包括分布在储备形态、生产形态、产成品(或商品)形态和货币形态上的资金。

二、创业资金的预测

创业是一个系统工程,预测创业资金是创业者在创办企业之前最需要做的事情之一。如果忽视创业资金的预测,缺少理性的思考和周详的计划,则很可能导致企业将来出现种种财务危机,给企业的经营带来很大的危险。

那么,创业到底需要多少资金呢?这个问题的确定主要依据创业项目的种类、创业企业规模的大小、经营地点等多种因素综合决定。所以,创业者一定要根据具体的情况,估算所需的创业资金数额,并严格按照这一数额执行,避免随意使用创业资金或改变预测的情况出现。

下面以小额投资项目为例,说明所需创业资金的主要组成部分。

(一)项目本身的费用

项目本身的费用是指付给所选项目的直接费用。比如,所选项目开业前的市场调研费用、接受面授或函授某一项技术的培训费用、技术资料费用、购买某种机器设备的费用、某一个项目的加盟费用等。如果创业者直接到项目出让方考查,则还需算上创业者的差旅费用。

(二)购置经营设备、工具等的费用

购置项目经营所需的机器设备和工具等的费用也是必不可少的,比如,经营餐饮店需要购置冰柜、炊具、燃气灶等设备、工具。

(三)经营场所及装修费用

创办企业需要有适宜的经营场所,创业者可以选择自行建造、从他处购买,或是租用场地。在这些方式中,租用比其他两种方式所需的资金要少,且更方便灵活,应是小企业创业时的首选。在预测租用经营场所的租金费用时,要根据当地市场行情计算。一般至少要预测 3 个月的租金费用,因为现在的租金至少是一季度付一次,有的是半年或一年付一次。对于租到的经营场所的装修标准应视经营项目的特色而定。如果是经营餐饮项目,则还要按照属地卫生防疫部门的规定进行装修。如果是展销产品的店铺,则还应算入货柜、橱窗等的费用。

（四）办理营业执照等的费用

个体经营者没有注册资金要求,但对于公司,应按《中华人民共和国公司法》的规定缴足注册资金(公司注册后,资金可以自由支配),注册资金工本费依据公司规模大小不等在几十元左右。此外,还有营业执照工本费、注册费等。

（五）经营周转所需的资金

在创办企业前,创业者应至少准备能支撑三四个月的经营周转资金,包括购买 3 个月生产或经营所需的原材料和包装材料的资金、员工工资、水电费、电话费、广告宣传费、维修费、办公费、交通费等,有分期偿还的借款及借款利息也应算入。总之,创业者应根据具体情况尽量准确地计算。

对于创业资金的预测,要本着尽量算足的原则,但也应注意预测中不要有过高的"水分",因为创业初期盈利较难,创业资金的需求量与创业者的创业信心关系密切。

做练习

预测经营小食品项目的创业资金组成,然后将预测的结果列出清单。

创业情境

张伟和王军的创业历程（29）

张伟和王军经过估算后,得出他们的启动投资包括租用工作室的租金每月 6 000 元,工作室装修费 100 000 元,电脑 18 000 元,打印机 2 000 元,用于顾客选择的服装道具 4 000 元,办公用品 8 000 元,办理登记注册和营业执照费 50 元,促销费 1 500 元,公用事业费(包括办公费、电话费、水电费等)1 400 元,还有其他杂项(包括网络运营费)2 000 元。此外,张伟和王军自有摄影设备价值 50 000 无,桌椅价值 3 000 元,摄影作品展示架价值 500 元。线上部分主要由张伟和王军自己的团队开展,随着规模的扩大,再考虑服务商的介入。

下表是他们估算的工作室启动投资。

启动投资估算

项目	金额(元)
工作室 4 个月租金(押一付三)	24 000
工作室装修费	100 000
摄影设备(自有)	50 000
电脑(3 台)	18 000

(续表)

项目	金额(元)
打印机(1台)	2 000
桌椅(自有)	3 000
摄影作品展示架(2个)(自有)	500
服装道具	4 000
办公用品	8 000
办理登记注册和营业执照费	50
促销费	1 500
公用事业费(包括办公费、电话费、水电费等)	1 400
其他杂项(包括网络运营费)	2 000
启动投资总额	214 450

根据以上估算,张伟和王军所需的启动投资为214 450元。由于银行贷款政策的规定,张伟和王军只能得到5万元的创业无息贷款,所以,他们决定向商业银行再申请有息贷款15万元,年利率为4.75%,期限为3年,按季付息,到期还本。再加上在手的现金,基本能够凑齐这笔启动投资。同时,张伟和王军决定在筹办工作室期间不要工资。

第二节 流动资金预算

人如果没有血液就没有生命,流动资金对于企业来说就像是人体中的血液一样重要。一个企业开张营业之后,一般需要经过至少3个月的市场培育期。市场培育期的长短,对于不同的行业、不同的企业是有所不同的。在这段时间内,企业也许由于开展的业务少而盈利很少,甚至根本没有盈利。因此,为了经营下去并得到发展,企业必须持有一定数量的流动资金,用于满足日常生产经营活动的需要,比如随时购买所需的物资、支付各项费用、偿还债务,以及用于企业各项经济往来的结算等。大量的现实已经证明,流动资金对于企业是十分重要的。大多数初创企业的失败,不是由于缺乏一般意义上的管理技巧或产品,而是由于缺乏足够的流动资金。所以,企业预先必须拥有一定量的流动资金储备,作为企业正常生产经营活动的周转资金。

创业者需要对以下方面的流动资金做出估算:

一、购买生产所需的原料、购进待售商品费用

制造企业储备的生产产品的原料及辅助材料,服务企业储备的经营中使用的物品及材料,零售企业和批发企业储备的待售商品等都是企业的存货,都需要占用企业的流动资金。对于企业来说,储备的存货越多,就需要越多的流动资金。因此,任何企业都应该进行项目的流动资金预测,合理地控制存货的数量,做到心中有数,以避免企业发生流动资金周转困

难,造成企业资金链断裂。有些制造企业采取零库存的订单式经营模式也是为了预防企业的流动资金出现问题,但是选择这种方式的前提是能够符合企业的经营要求。

二、促销支出

企业在初创阶段需要投入一定数量的流动资金用于开展各种让利促销等活动,目的是推广本企业的产品或服务、扩大企业的影响、发展企业的顾客群体。

三、工资费用

如果企业雇用员工,则必然要发生工资费用支出。在初创阶段,创业企业会有一段或长或短的不盈利甚至亏损时期。创业者要根据企业的具体情况,做好这部分工资费用的预算,并事先备足。当然,创业者也要考虑是否为自己发工资。

四、租金费用

创业企业如果是采取租房、租场地、租交通运输工具、租机器设备进行经营的方式,则应估算各种租金数额,计算的期间应大于企业自创办到实现收支平衡的月数;同时,创业者还要考虑到有些租金可能是季付或半年付从而导致占用更多流动资金的情况。

五、保险费

如果创业者考虑到企业的经营风险,为了保障企业财产物资的安全完整,选择购买保险并在初创阶段给付所有的保险费,则还应对用于支付保险费的流动资金进行估算。

六、其他费用

创业者还需对企业在初创阶段必须支付的其他费用(包括水电费、日常办公用品费、电话费、交通费等)所需的流动资金数额进行估算。

创业者在预测企业所需的流动资金时,应奉行以下原则:
- 对流动资金需求量预测的准确度越高,用于储备的流动资金数量就越少。
- 由于企业在创业初期可能遇到各种经营困难,也有可能发生急需流动资金的意外情况,因此创业者制定的流动资金预算应具有一定的弹性。

创业情境

张伟和王军的创业历程(30)

张伟和王军通过反复考虑,确定工作室开业后第4个月才能实现收支平衡,这段时间他们不要工资但是将工资计入成本,整个经营过程也不雇用店员。他们斟酌后列出了企业所需的流动资金项目,包括工作室租金、借款利息(按季度支付)、周边产品制作费、促销费、公用事业费。

下表是他们估算的工作室开业后前3个月的流动资金需求。

前 3 个月流动资金估算

项目	金额(元)
工作室 3 个月租金	18 000
借款利息	1 782
周边产品制作费	3 000
促销费	1 500
公共事业费	1 400
流动资金总额	25 682

通过以上估算,张伟和王军所需的流动资金为 25 682 元。因此,他们创办企业所需的创业资金总额为:

创业资金总额 = 启动投资 + 流动资金 = 214 450 + 25 682 = 240 132(元)

实际上,虽然张伟和王军对创业资金需求进行了预测,但是他们也意识到在实际运作工作室的过程中有可能发生预想不到的事情,与预测所设定的情况产生一定的偏差。因此,他们在做好心理准备的同时,会对现金流量计划进行必要的修正,尽量做到准确。

第三节 销售预测分析

一、制定销售价格

每个企业都会发生成本,在确定产品销售价格之前,创业者必须详细了解经营企业的成本。一些企业由于没能控制好经营成本而陷入财务困境。一旦企业发生的成本大于收入,企业就将面临倒闭。在了解了经营成本后,创业者需要制定合理的销售价格,保证企业的生产经营活动正常运转。

当制定市场营销策略时,你已经初步确定你的产品或服务的价格水平。现在,你要更准确地制定你的产品或服务的销售价格。

制定销售价格主要有两种方法:成本加成法和竞争价格法。

(一) 成本加成法

成本加成法是先确定成本价格,然后加上期望的毛利得到销售价格的方法。成本价格是指将制作产品或提供服务的全部费用加起来的价格,销售价格是指以成本价格为基数,加一定比例的利润得出的价格。成本加成法首先着眼于企业内部,然后再放眼外部市场。如果创业企业经营有效,成本不高,则采用这种方法制定的销售价格在当地应该是具有竞争力的。但是,如果创业企业经营不善,则企业的成本可能比竞争对手的高,这意味着用成本加成法制定的销售价格会因过高而不具有竞争力。

怎样具体地计算成本价格呢?

- 首先,了解企业生产产品或提供服务的成本构成。
- 其次,了解固定资产折旧也是一种成本。
- 最后,计算出单位产品或服务的成本价格。

1. 了解企业生产产品或提供服务的成本构成

企业的成本由两部分构成:一是固定成本,比如租金、保险费和营业执照费等;二是可变成本,如材料成本。企业在预测成本时,必须认真区分固定成本和可变成本,以及可变成本是如何随着销售量的变化而变化的。

对于一家新企业来说,预测成本绝不是一件容易的事。最好的方法是参照一家同类企业,了解该企业计算了哪些成本项目。创业者在预测企业的创业资金需求时,应该对这些成本项目有所了解。表 6-1 列出了企业常见的成本项目。

表 6-1　企业常见的成本项目

租金	工资和职工福利
保险费	广告费
营业执照费	律师和会计事务费
水费、电费、燃气费	燃料费
维修费	折旧费
银行收费	电话费
材料费	办公用品和邮费

2. 计算固定资产折旧

固定资产折旧是指固定资产在使用过程中因损耗而不断贬值产生的一种成本。为了保证再生产的正常进行,企业必须在产品销售以后,把那部分已经转移到新产品中去的固定资产的价值以货币形式提取并积累起来,以便若干年后即在固定资产价值全部转移完毕时用于更新固定资产。这种按固定资产的损耗程度进行补偿的方法就被称为折旧。

表 6-2 是我国税法规定的适用于大多数小企业的固定资产折旧率。

表 6-2　固定资产折旧率

固定资产类型	年折旧率
工具和设备	20%
机动车辆	10%
办公家具	20%
店铺	5%
工厂建筑	20%
土地	无

折旧虽然不是企业的现金支出,但仍然是一种成本。因此,创业者需要计算固定资产(有较高价值和有较长使用寿命的资产)的折旧费用。在大多数小企业里,能够作为固定资产计提折旧的物品数量并不多。

创业情境

张伟和王军的创业历程(31)

张伟和王军可以计提折旧的固定资产实在不多,只有摄影设备、电脑、打印机、桌椅、摄影作品展示架、服装道具、办公用品等。因为使用寿命不一样,这几种资产的折旧率也不一样。他们认为,摄影设备专业程度高,稍加维护,使用恰当,就能延长使用寿命,预计10年(120个月)报废。电脑、打印机等设备损耗较快,共价值20 000元,预计5年(60个月)报废。桌椅、摄影作品展示架、服装道具和办公用品等共价值15 500元,也预计5年(60个月)要更新。工作室不出10年也要重新装修。听说前期开办费3 000元也能按照这种方法摊进成本,于是他们定为自开业后到年底(10个月)进行摊销。

摄影设费折旧费 = 50 000 ÷ 120 = 417(元/月)

工具设备 + 办公家具折旧费 = (20 000 + 15 500) ÷ 60 = 35 500 ÷ 60 = 592(元/月)

工作室装修费摊销 = 100 000 ÷ 120 = 833(元/月)

前期开办费摊销 = 3 000 ÷ 10 = 300(元/月)

这样算下来,第一年每个月计提固定资产折旧费和装修费、前期开办费摊销共2 142元。这是他们根据实际情况确定的折旧期。对于自己定的比较贴近实际的折旧期,税务部门能同意吗?他们决定到税务机关去咨询。

3. 计算单位产品或服务的成本价格

通过了解企业生产产品或提供服务的成本构成和计算固定资产折旧,计算出企业一个月的总成本,再除以当月的产品或服务数量,就能得出产品或服务的单价。

创业情境

张伟和王军的创业历程(32)

张伟和王军知道,预测产品的单位成本是一项很重要的任务。他们设计并制作了一些样片、相册和相框,以确定单位产品耗材成本,从而推算出批量接单的成本。他们还对竞争对手的产品成本进行了分析比较。经计算,张伟和王军得出一个月订单量为100单的总成本如下表所示。

成本估算

项目	金额(元)
工作室租金	6 000
借款利息	594
促销费	500
公用事业费	467
折旧及摊销	2 142

(续表)

项目	金额(元)
张伟和王军的工资(每人工资底薪5 000元/月+绩效1 000元/月)	12 000
月总成本	21 703

通过计算,自助摄影服务单位成本=月总成本÷月订单量=21 703÷100=217(元)。

因为其产品组合不同,所以工作室自助摄影服务的成本价格也不同。张伟和王军要尽可能地发挥宣传推广的优势,在主题摄影活动期间提高成单率,以释放更多的利润,尽快实现盈亏平衡。

(二)竞争价格法

竞争价格法是制定销售价格的另外一种方法。在定价时,除了考虑成本,还要了解当地同类产品或服务的价格,以确定销售价格是否具有竞争力。如果企业定的价格比竞争对手低,则企业要考虑是否具备实施条件。如果企业定的价格比竞争对手高,则企业要保证能更好地满足顾客的需求。

在实际运营中,企业可以同时采用成本加成和竞争价格这两种方法来制定销售价格。企业一方面要严格核算产品成本,以保证定价高于成本;另一方面应随时观察竞争对手的价格,并与之比较,以保持产品价格的竞争力。

记住:不要拿制造商的批发价和商店的零售价进行比较,要比较同类竞争者的价格。

📖 创业情境

张伟和王军的创业历程(33)

张伟和王军提供的自助摄影服务的价格要有竞争力才能打开市场。他们进行市场调查时了解到,绝大部分摄影产品的单套拍摄零售价在500—800元。同时,要想打开这个市场,满足更多的需求,他们就要进行更多的内容类的推广。而他们预计提供的自助摄影服务模式比市场中现存的模式更加新颖,产品组合的选择性更多。如果一次自助摄影服务的单价为400元,以成本价217元推算,他们还有46%[=(400-217)÷400]的毛利。如果定价再高一点,则毛利更大。他们使用竞争价格法和成本加成法分别测算出的结果基本是吻合的。

制定销售价格是企业整个经营管理中至关重要的环节。对于新企业而言,竞争对手对其反应是难以预测的。有时,当一家新企业进入市场时,竞争对手的反应是很强烈的,特别是一些大型平价商店,它们也许会通过压低价格的方式进行价格战,使新企业难以立足。因此,即使创业企业的计划做得很完备,也总会面临一些意外的风险。

📖 做练习

记录一家市场中现存的企业的产品或服务的销售价格,然后将结果列成清单。

二、预测销售收入

预测销售收入是指在计划创办新企业时,结合对市场未来需求的调查,通过预测产品销量,计算一定量的销售能给企业带来多少收入。销售预测可以增强计划性,减少盲目性,帮助企业取得较好的经济效益。在预测销售收入时,企业应遵循以下步骤:

- 确定预测对象。列出企业推出的所有产品或产品系列,或者所有服务项目。
- 明确预测时间。对第一年每个月每项产品的销量进行预测,它来自创业者所做的市场调查。
- 制定销售价格。为企业计划销售的每项产品制定价格。
- 计算销售收入。用销售价格乘以月销量来计算每项产品的月销售额。

创业情境

张伟和王军的创业历程(34)

张伟和王军打算2月份开业。他们计划正常月份每月承接100单自助摄影服务。但在前3个月他们预计订单量要小一些,分别是30单、50单和80单。当然,这3个月的订单量还是有一定潜力的,因为马上就要进入春季,在春暖花开的季节,市场需求会有所提升,能否把握住这个机遇,还要看前期宣传推广工作的效果。下表是他们对前9个月销售收入的预测。

销售收入预测

项目	2月	3月	4月	5月	6月	7月	8月	9月	10月
订单量(单)	30	50	80	100	100	100	100	100	100
产品单价(元)	400	400	400	400	400	400	400	400	400
含税销售额(税率6%)(元)	12 720	21 200	33 920	42 400	42 400	42 400	42 400	42 400	42 400

预测销量和销售收入是创业计划中最重要与最困难的部分。大多数创业者都会过高地估计自己的销量。因此,创业者在预测销量时不能太乐观,要力求实际。千万要记住,在开办企业的头几个月里,企业的销售收入不会太高。

第四节 利润计划方法

一、制订销售和成本计划

制订销售和成本计划不仅可以使创业者明白创业项目的利润情况,而且这是投资者或贷款者据以判断项目是否可行、决定是否投资或贷款的重要依据。当计划创办一家新企业时,创业者应该预测第一年每个月的利润。

创业情境

张伟和王军的创业历程（35）

张伟和王军基于自己的成本预测和销售收入预测来制订前期的销售和成本计划，从而制订利润计划，具体如下表所示。

销售和成本计划　　　　　　　　　　　　　单位：元

	项目	2月	3月	4月	5月	6月	7月	8月	9月	10月	合计
销售收入	含税销售额	12 720	21 200	33 920	42 400	42 400	42 400	42 400	42 400	42 400	322 240
	增值税（税率6%）	720	1 200	1 920	2 400	2 400	2 400	2 400	2 400	2 400	18 240
	销售净收入	12 000	20 000	32 000	40 000	40 000	40 000	40 000	40 000	40 000	304 000
销售成本	工资				12 000	12 000	12 000	12 000	12 000	12 000	72 000
	工作室租金	6 000	6 000	6 000	6 000	6 000	6 000	6 000	6 000	6 000	54 000
	借款利息	594	594	594	594	594	594	594	594	594	5 346
	促销费	500	500	500	500	500	500	500	500	500	4 500
	公用事业费	467	467	467	467	467	467	467	467	467	4 203
	折旧及摊销	2 142	2 142	2 142	2 142	2 142	2 142	2 142	2 142	2 142	19 278
	总销售成本	9 704	9 704	9 704	21 703	21 703	21 703	21 703	21 703	21 703	159 330
	利润	2 296	10 296	22 296	18 297	18 297	18 297	18 297	18 297	18 297	144 670
税费	纳税基数										216 670
	个人所得税（税率20%）										43 334
	城市维护建设税和教育费附加（1%+3%）										729.6
	净利润										100 601.6

张伟和王军很高兴，看来从2月开始工作室就有了利润。为了使流动资金更宽裕，他们决定前3个月不拿工资（他们已经预留3个月的生活费，生活不用发愁），但后期工资必须计入成本，以便计算出准确的利润。

- 含税销售额 = 含税销售单价 × 销量

如2月份的销售额为12 720元，即424（含税销售单价）×30（订单量）=12 720（元），其余以此类推。

- 利润 = 含税销售额 − 增值税 − 总成本
- 增值税 = 不含税销售单价 × 0.06 × 订单量

如2月份的增值税为720元，即400×0.06×30=720（元），其余以此类推。

- 应纳增值税税额 = 销售净收入 × 6%

- 应纳城市维护建设税和教育费附加 = 应纳增值税税额 × (1% + 3%)

个人所得税纳税基数 = 业主工资 + 利润

应纳个人所得税税额 = (业主工资 + 利润) × 累进税率(3%—45%)

根据《中华人民共和国个人所得税法》中关于"个体工商户的生产、经营所得和对企事业单位的承包经营、承租经营所得"适用的个人所得税税率的规定,张伟和王军适用20%的税率,因为他们的年收入(业主工资+利润)在9万到30万元的区间内。

做练习

制订项目的销售和成本计划,并测算出初创阶段每个月的利润,列出表格。

二、制订现金流量计划

制订现金流量计划是企业极为重要且不可被替代的任务。现金流量计划集中反映了企业在某个时期从事各种业务活动或发生其他实际现金流入和流出的情况,以及现金变动的结果。

现金是指库存现金,是可以随时用于支付的存款和现金等价物。企业生产经营活动所产生的现金流量包括购销商品、提供和接受劳务、经营性租赁、缴纳税款、支付劳动报酬、支付经营费用等活动形成的现金流入和流出。由于商业信用的大量存在,营业收入与现金流入可能存在较大差异,能否真正实现收益,还取决于企业的收现能力。

制订现金流量计划可以帮助创业企业保持充足的动力,避免企业出现现金短缺的问题。

创业情境

张伟和王军的创业历程(36)

张伟和王军制订了销售和成本计划,预测自助摄影工作室提供的服务利润很可观。为了保证工作室经营活动的正常运行,管理工作室的现金流量,他们决定制订现金流量计划。他们发现,制订现金流量计划绝非易事,下列原因为制订现金流量计划带来了困难:

- 有时候采购会赊账,这会使现金流量计划的制订变得很复杂。作为一家新企业,他们决定不赊账采购。

- 有些销售需要赊账,赊销通常在几个月后才能收回现金。由于张伟和王军面对的顾客都是具有一定购买能力的年轻人,且购买服务的消费很少采取赊销模式,因此他们决定采用现销政策,着重提供更高质量的服务。

- 工作室的折旧费不包括在现金流量计划里。但是,当设备折旧期一过,就必须用现金购买新设备。张伟和王军意识到,如果没有考虑到这个因素并备足现金,那么将会给工作室的正常运转带来麻烦。

张伟和王军从2月份正式开始营业,但是前期1月份的现金流入和流出也应列入现金流量计划。通过仔细计算,张伟和王军制订了现金流量计划,具体如下表所示。

现金流量计划

单位:元

	项目	1月	2月	3月	4月	5月	6月	7月	8月	9月	10月	合计
	月初现金	0	6 506	11 665	25 304	51 663	74 502	96 941	119 780	142 619	165 458	—
现金流入	现金销售	0	12 720	21 200	33 920	42 400	42 400	42 400	42 400	42 400	42 400	322 240
	贷款(有息)	150 000	0	0	0	0	0	0	0	0	0	150 000
	业主投资	0	0	0	0	0	0	0	0	0	0	0
	可支配现金	150 000	19 226	32 865	59 224	94 063	116 902	139 341	162 180	185 019	207 858	—
现金流出	工资	0	0	0	0	12 000	12 000	12 000	12 000	12 000	12 000	72 000
	促销费	500	500	500	500	500	500	500	500	500	500	5 000
	工作室租金	6 000	6 000	6 000	6 000	6 000	6 000	6 000	6 000	6 000	6 000	60 000
	借款利息	594	594	594	594	594	594	594	594	594	594	5 940
	公用事业费	1 400	467	467	467	467	467	467	467	467	467	5 603
	开办费	3 000	0	0	0	0	0	0	0	0	0	3 000
	工作室装修费	100 000	0	0	0	0	0	0	0	0	0	100 000
	设备采购	20 000	0	0	0	0	0	0	0	0	0	20 000
	办公用品、服装道具	12 000	0	0	0	0	0	0	0	0	0	12 000
	增值税	0	—	—	—	—	—	—	—	—	—	18 240
	城市维护建设税和教育费附加	0	—	—	—	—	—	—	—	—	—	729.6
	个人所得税	0	—	—	—	7 561	—	—	—	—	—	43 334
	总现金流出	143 494	7 561	7 561	7 561	19 561	19 561	19 561	19 561	19 561	19 561	283 543
	月底现金	6 506	11 665	25 304	51 663	74 502	96 941	119 780	142 619	165 458	188 297	—

张伟和王军计划在1月份筹备期采购设备和办公用品等,并对租下的工作室进行装修。他们在筹备期和开业后的前3个月共计4个月都不拿工资。

张伟和王军通过制订现金流量计划发现每个月的现金还算充裕,主要是其前期启动投资和流动资金预算做得好,又获得了15万元的有息贷款,因此工作室在经营过程中没有出现现金短缺现象。但由于开业前几个月订单量较少,因此工作室可用现金不多。另外,从表中来看10月底有现金188 297元,但并非都是利润,其中包含前4个月两人未领取的工资48 000元,以及未来应缴纳的税金62 303.6元(包括增值税18 240元+城市维护建设税和教育费附加729.6元+个人所得税43 334元),共计110 303.6元。

实践园地

新能源车企应何去何从?

蔚来是一家智能电动汽车公司,由易车董事长李斌在2014年创立并担任董事长。李斌的人脉给蔚来带来了豪华的投资人阵容,小米董事长雷军、腾讯董事会主席马化腾、京东董事局主席刘强东、红杉资本全球执行合伙人沈南鹏、车和家CEO(首席执行官)李想、高瓴资本CEO张磊先后入局。

2015—2017年,蔚来累计股权融资24.52亿美元(约164亿元人民币)。截至2018年6月末,蔚来还从银行和投资人处获得了12.56亿元的贷款。2018年9月12日,蔚来在美国纽约证券交易所上市,以10.02亿美元(约67亿元人民币)的筹资额成为阿里巴巴之后在美融资金额最大的中国上市公司,并与特斯拉一同成为近五十年来美股唯二成功上市的汽车整车企业。算上本次募资,蔚来总融资额已超过240亿元。

在发展初期,蔚来选择了轻资产的代工生产模式,与江淮汽车签订了五年内合作生产ES8的协议。但代工无法完全掌控生产线和供应链,这导致蔚来整车质量无法把控,也不利于其品牌定位的提升,比如已经交付的高端车型ES8频现系统死机、续航缩水等问题。因此,在拥有一定的资本积累及造车经验后,蔚来计划在上海嘉定建设自己的工厂。但在2018年第四季度财报中,蔚来已明确表示,自建工厂计划将终止,公司将在未来继续与江淮汽车合作走代工路线。

与之相反,特斯拉超级工厂在上海的落地速度惊人。此外,特斯拉在2019年3月1日表示,全系车型在中国大幅调价。Model 3降价2.6万—4.4万元,Model S降价1.13万—27.75万元,Model X P100D最大降价幅度达34.11万元。

2018年,蔚来的销售成本为52.07亿元,毛利率为-5.2%,净利率为-194.7%。而同一时期,特斯拉的毛利率为18.8%,净利率为-5%。营运能力方面,根据Choice数据,2018年蔚来的存货周转率为6.7次,流动资产周转率为0.48次,固定资产周转率为1.46次,总资产周转率为0.3次。特斯拉的这四项指标分别为6.48次、2.89次、2.01次、0.74次。由于ES8在2017年年底上市,当年年末蔚来存货仅为0.89亿元,但该数据在2018年年末暴涨至14.65亿元。因此,早期产量不足导致的存货较少,并不能说明蔚来的存货周转水平高。而在其他几项指标中,蔚来均明显落后于特斯拉。

偿债能力方面,截至2018年年末,蔚来的资产负债率为56.8%,流动比率为1.42;持有的现金及现金等价物、限制性货币资金和短期投资为83.46亿元,高于32.37亿元的有息负债总额。这说明以股权融资为主的蔚来没有太大的债务风险。

现金流量方面,2016年、2017年及2018年蔚来的经营活动现金量流分别为-22.02亿元、-45.75亿元及-79.12亿元,其绝对值呈逐年增大之势;筹资活动现金流量分别为22.93亿元、128.67亿元及116.03亿元。蔚来2016—2018的现金及现金等价物净增加额分别为2.5亿元、69.34亿元及-43.06亿元。在2018年蔚来需要大举"烧钱"之时,其融资力度已出现下降之势。考虑到在今后较长的时间内蔚来仍将面临资金短缺问题,其需要进一步拓展融资来源。

创新能力方面,2016年、2017年及2018年蔚来的研发开支分别为14.65亿元、26.03亿元及39.98亿元。2018年,蔚来的研发开支占收入的比重为82.4%;而同期特斯拉的研发开支为14.6亿美元(约98亿元人民币),占收入的比重为6.8%。

资料来源:蔚来何去何从:研发占营收82%,三年烧掉172亿,将直面国产特斯拉竞争[EB/OL].(2019-07-10)[2023-02-16].https://www.sohu.com/a/308986773_100001551。

问题:在市场竞争中,企业要考虑的财务分析指标包括哪些?

分析提示:财务问题是一个企业的核心问题,无论是创业企业还是大型企业,都要定期对自身的财务状况进行分析,确保企业的资金状况良好。在进行财务分析时,要多角度考虑企业的情况,不应以偏概全。

任务训练

任务训练一:测算创业所需资金

赵亮想开办一家彩民茶社,为众多的彩民"谈彩论经"提供一处适宜的场所。这不仅为交流投彩经验的彩民和社会办了一件好事,还能为自己带来可观的收入。

通过考察,赵亮租到一处50平方米的房屋,月租金4 000元左右(季付);并进行了一般的装修,共花费5 000元;购买桌、椅、茶具等设备共花费3 000元;购置彩票书籍、模拟摇奖机及茶叶等存货共花费3 000元;办理营业执照等经营手续共花费600元;订阅一年的有关彩票的杂志和报纸等共花费1 200元。另外,赵亮还雇用了两名帮工,月工资共1 600元;他给自己定的工资是2 000元/月。他又认真地估算了其他费用,包括水电费500元/月,电话费50元/月。

根据以上资料,请你计算赵亮开办彩民茶社需要多少创业资金便可以"剪彩迎民"了;赵亮在现有2万元存款的情况下,还需向银行贷款多少(贷款利率为4.75%),并填写下表。

1. 估算启动投资

启动投资估算

项目	金额(元)

(续表)

项目	金额(元)

2. 估算流动资金(开业 2 个月实现盈亏平衡)

前 2 个月流动资金估算

项目	金额(元)

3. 计算创业资金总额和贷款额

创业资金总额和贷款额

项目	计算公式	总额(元)

任务训练二:估算销售收入与成本

李磊想开一家相机专卖店,为众多的摄影爱好者提供一处休闲购物的场所。这不仅为喜爱摄影的人办了一件好事,还能为自己带来可观的收入。

通过考察,李磊租到一处 100 平方米的房屋,月租金 5 000 元左右(季付);并进行了一般的装修,共花费 10 000 元;购买展示柜、桌、椅等设备共花费 3 000 元;购买单反相机、卡片数码相机等存货共花费 20 000 元;办理营业执照等经营手续共花费 600 元。另外,李磊没有雇人,他给自己定的工资是 2 000 元/月。他又认真地估算了其他费用,包括水电费 200 元/月,电话费 100 元/月。

根据以上资料,请你计算李磊开办相机专卖店的销售成本是多少,李磊的销售收入是多,少并填写下表。

1. 估算销售成本

销售成本估算

项目	金额(元)
月成本总计(元)	

2. 预测销售收入

销售收入预测

项目	月份	月份	月份	月份	合计
销量(件)					
产品单价(元)					
销售收入(含税)(元)					

任务训练三:制订利润计划

张彤非常喜欢烘焙,自己在大学又学习了营养学专业。大学毕业后,张彤想开一家甜品店。这不仅符合自己的兴趣,还能学以致用,为自己带来可观的收入。

张彤经过仔细测算、考察,在一处比较高档的小区租下了一套 200 平方米的商铺,月租金 10 000 元左右(季付);并进行了精致的装修,共花费 30 000 元;购买各种烘焙用具和制作甜点的原材料、模具等存货共花费 20 000 元;办理营业执照等经营手续共花费 600 元。另外,张彤还雇了一名店员,工资 2 500 元/月,她给自己定的工资是 3 000 元/月。她又认真地估算了其他费用,包括水电费 500 元/月,电话费 100 元/月。张彤从街道获得无息贷款 50 000 元,要求 3 年还清;同时,她又向父母借了 20 000 元。张彤的甜品店主要以售卖各种蛋糕、甜品为主要业务。

根据以上资料,请制订张彤的利润计划。

利润计划　　　　　　　　　　　单位:元

项目	月份	月份	月份	合计
销售收入				
销售成本				
利润				
税费				

第七章

制订创业计划

📚 知识与能力目标

了解创业计划所包含的内容,熟悉创业计划书的结构和撰写要求,掌握创业计划书的评估指标并完成创业计划书的撰写。

📚 实训与素养目标

使学生认识到计划工作的重要性;培养学生的逻辑思维,在充分考虑各方面因素的基础上,完成一次创业计划书的编写并使其具备可行性。

📖 创业情境

张伟和王军的创业历程(37)

张伟和王军决定先把他们的创业构思写下来,以便进一步审视创业过程,思考创业中存在的风险和需要进一步明确的经营任务。之后,他们根据创业构思撰写了创业计划书。

第一节 创业计划书的构思与构成

一、创业计划书的构思

创业计划是创业者在创业前的一次纸上模拟,是对创业操作过程的一次综合思考。同时,一份创业计划书也可作为商业计划用于向银行贷款或者从其他渠道借助资源。因此,创业计划书应该按照实战来构思。一般情况下,创业计划书是按照实际创业准备过程及开办企业所需的步骤和程序来构思的。一份创业计划书应该清楚明了、真实可信、操作性强,具有内在的逻辑性和一致性。

一个微型或小型企业的创业计划书不必长篇累牍,而应尽量实用和清晰。在构思阶段,创业者应该在纸上列出一些基本事实和数字,帮助其熟悉创业的过程,看清创业面临的问题。所描述的内容通常包括：
- 个人简介(一般不超过 200 字)；
- 所面临的市场情况(包括竞争对手概况)；
- 能够调动的技术、客户、社会关系、资金等资源情况或工作经历；
- 产品或服务项目的优势；
- 如何开展产品或服务项目；
- 长期目标和计划；
- 预计销售额和利润。

二、创业计划书的构成

（一）创业目的和目标

创业目的和目标包括为什么而创业？如何创业？通过创业希望获得什么并且实现哪些理想？创业能满足创业者什么愿望？

（二）企业的基本情况

企业的基本情况包括企业名称，企业地址及邮编，代表企业文化的徽标、口号，企业主要经营范围，企业规模，企业的法律形态，企业的愿景和责任等。

（三）创业者的基本情况

创业者的基本情况包括创业者的教育背景、创业者的社会经历、创业者的资金情况、创业者的个体优势等。

（四）市场基本情况

市场基本情况包括所在行业情况、市场容量、竞争程度、经营的优势和劣势、预测市场占有率、了解目标顾客等。

（五）市场营销策略

市场营销策略包括市场竞争策略、目标顾客定位策略、产品或服务项目策略、价格策略、渠道策略、促销策略等。

（六）组织计划

组织计划包括组织结构、团队建设、人员分工、绩效方案等。

（七）财务计划

财务计划包括启动资金预测、营运资金预测、薪酬计划、销售收入预测、销售和成本计划、现金流量计划、贷款申请等。

（八）未来规划

未来规划包括产品或服务项目规划、市场规划、人员规划、财务规划等。

第二节　创业计划书的编写案例

表 7-1 是一个创业计划书编写范本，其中对该创业者所要创办的企业的内外部情况、预期目标以及财务状况等进行了全面阐述。

表 7-1　创业计划书编写范本

创业计划

企业名称：<u>迷你秀生活奇品店</u>

创业者姓名：　<u>范君　宋玮</u>

日期：　<u>2023 年 6 月 8 日</u>

一、企业概况

主要经营范围

小家电、工艺礼品、日用百货、儿童礼品等的销售。

兼营

通信电力用穿线管的销售。

所属行业

□生产制造业　　☑零售业　　□批发业　　□服务业

□农业　　　　　□新型产业　□传统产业　□其他

二、创业者个人情况简介

以往的相关经验

1997—1999 年，张家口市××××厂供销科，期间调任驻保定办事处经理。

2000—2002 年，张家口市××××有限公司，任经理、执行董事。

教育背景

1995—1997 年，河北经贸大学（东校区）学习市场营销专业。

三、市场评估

目标顾客描述

1. 散户：工资收入中等、追求现代时尚的中青年，关注健康的中老年，以及关心下一代健康成长的年轻妈妈。

2. 团购：(1) 工商企业的促销品；

　　　　(2) 行政事业单位的福利品、奖品、赠品、纪念品。

市场容量/本企业预计市场占有率

市场容量每年 1 万台小家电。

本企业现在每年仅销售 2 000 台小家电，市场占有率为 20%。

市场容量的变化趋势

1. 中国小家电市场成长非常快，新产品功能全、方便快捷，备受消费者青睐；

2. 在当前买方市场的情境中，工商企业对促销品的需求量也在逐年上升；

3. 行政事业单位、人性化管理企业的节日纪念品、赠品也会推陈出新。

竞争对手的主要优势
1. 进入市场早,有大件家电卖场的支持;
2. 有一定的知名度和顾客群体;
3. 人员训练有素。

竞争对手的主要劣势
1. 大件家电知名度高,但小家电问津者少,尚无行业领头羊;
2. 工艺礼品、促销品散户多,服务难以跟进,且品种单一。

相较于竞争对手的主要优势
1. 统一的企业形象、品牌、文化理念;
2. 熟练的销售技巧、有强烈视觉冲击的卖场演示操作;
3. 完整的销售队伍,点对点的顾客沟通,特别是团购;
4. 完善的后续服务,如建立顾客档案、实行顾客积分制;
5. 完全的营销方式,集演示、展销、试用、观摩、出租等立体化消费模式于一体。

相较于竞争对手的主要劣势
1. 刚进入市场,没有现成的渠道和顾客;
2. 资金短缺,启动资金比较高;
3. 人员需要培训。

四、市场营销策略

产品

产品(产品系列)	主要特征
料理机	榨果汁、磨豆浆、磨籽、磨粉,均衡补充营养
蒸汽枪	立式熨斗,方便快捷
微型缝纫机	电动、手动都可,小巧美观,方便取用

价格

产品(产品系列)	成本价(元/台)	销售价(元/台)	竞争对手的价格(元/台)
料理机	140	299	178—400
蒸汽枪	80	150	尚无
微型缝纫机	70	120	尚无
将给予10%—20%的折扣			
将给予赊销			

地址		
地址	面积(平方米)	租金或建筑成本(元/月)
张家口市桥东区一路迎宾馆旁	15—20	2 000

选择该地址的主要理由

1. 附近有工人文化馆、迎宾馆、张家口宾馆、高校、电子市场、商业银行、电力公司、科技馆等,有利于打响知名度;

2. 房租价格适中;

3. 接近目标顾客群体,有利于广告促销活动的开展。

营销方式

1. 产品将卖给:

☑终端消费者　　□零售商　　□批发商

2. 选择该营销方式的理由:

(1) 突出感性消费,奇品店的商品展示给顾客以强烈的视觉冲击,导购人员的现场演示及解说增强了顾客对产品的了解,沟通是销售模式的一大亮点;

(2) 变更买卖关系,不仅让消费者获得所需产品的使用价值,更重要的是把一种消费理念、价值观、文化底蕴融入前卫的消费方式;

(3) 让口碑铸造品牌,通过导购人员的解说,使一种文化理念、健康理念在购买者及其朋友、同事、亲戚中传播,加之报纸、电视等媒体的通力配合,使企业的知名度、美誉度迅速提升;

(4) 易于广告传播,每周在《张家口市广播电视报》上刊登的促销广告让消费者感受到一种新的都市消费方式。

促销

人员推销	4人(2人店面散户,2人团购)	成本预测(元/月)	300
广告促销	《张家口市广播电视报》	成本预测(元/月)	300
公共关系促销	—	成本预测(元/月)	—
营业推广	联合厂家,展销会推广	成本预测(元/月)	200

五、企业组织结构

企业将注册成

□个人独资企业　　□个体工商户　　☑合伙企业　　□中外合资企业

□股份有限公司　　□有限责任公司　　□其他

拟议的企业名称

迷你秀生活奇品店

企业员工

职务	月薪(元)
业主	1 600
营业员	2 000+提成

企业将获得的营业执照证件

类型	费用预测(元)

企业的责任(保险、税)

类型	费用预测(元)

六、固定资产

工具和设备

根据预测的销量,企业需要购买以下工具和设备:

设备描述	数量	单价(元)	总费用(元)
精品展示架			2 000

工具和设备供应商

供应商名称	地址	电话或传真

交通工具

根据营销活动的需要,企业拟购置以下交通工具:

交通工具描述	数量	单价(元)	总费用(元)

交通工具供应商

供应商名称	地址	电话或传真

办公设备

企业办公室需要配备以下设备:

设备描述	数量	单价(元)	总费用(元)
办公桌	1	170	170
椅子	2	35	70

办公设备供应商

供应商名称	地址	电话或传真

固定资产折旧明细

资产类型	价值(元)	年折旧(元)
工具和设备	2 000	400
交通工具	—	—
办公设备	240	48
零售店面	—	—
工厂厂房	—	—
土地	—	—
装修	—	—
总计	2 240	448

原材料、包装材料

企业需要购置以下原材料和包装材料：

材料描述	数量(台)	单价(元)	每月总费用(元)
料理机		140	
蒸汽枪		80	
微型缝纫机		70	
氧吧设备		80	

原材料、包装材料供应商

供应商名称	地址	电话或传真

七、其他经营费用（不包括折旧费用和贷款利息）

其他费用	月费用(元)	说明
业主工资	1 600	
营业员工资	2 000	
租金	2 000	24 000元/年
营销费用	800	
电费	20	
电话费	200	
维修费	—	
保险费	—	
企业注册费	240	
其他必备品	—	
总计	6 860	

八、销售收入预测（12个月）

产品		月份													总数
		5	6	7	8	9	10	11	12	1	2	3	4	
料理机	销售数量（台）	30	40	50	50	50	40	30	20	20	20	20	30	400
	平均单价（元）	299	299	299	299	299	299	299	299	299	299	299	299	
	月销售收入（元）	8 970	11 960	14 950	14 950	14 950	11 960	8 970	5 980	5 980	5 980	5 980	8 970	119 600
蒸汽枪	销售数量（台）	30	30	30	40	40	40	40	40	40	40	20	20	410
	平均单价（元）	150	150	150	150	150	150	150	150	150	150	150	150	
	月销售收入（元）	4 500	4 500	4 500	6 000	6 000	6 000	6 000	6 000	6 000	6 000	3 000	3 000	61 500
微型缝纫机	销售数量（台）	30	30	30	30	30	30	30	30	30	30	30	30	360
	平均单价（元）	120	120	120	120	120	120	120	120	120	120	120	120	
	月销售收入（元）	3 600	3 600	3 600	3 600	3 600	3 600	3 600	3 600	3 600	3 600	3 600	3 600	43 200
氧吧设备	销售数量（台）	10	20	30	30	30	30	30	30	30	30	20	20	310
	平均单价（元）	150	150	150	150	150	150	150	150	150	150	150	150	
	月销售收入（元）	1 500	3 000	4 500	4 500	4 500	4 500	4 500	4 500	4 500	4 500	3 000	3 000	46 500
总销售收入（元）		18 570	23 060	27 550	29 050	29 050	26 060	23 070	20 080	20 080	20 080	15 580	18 570	270 800

九、销售和成本计划

单位:元

	项目	月份												总数
		5	6	7	8	9	10	11	12	1	2	3	4	
销售收入	含税销售收入	18 570.00	23 060.00	27 550.00	29 050.00	29 050.00	26 060.00	23 070.00	20 080.00	20 080.00	20 080.00	15 580.00	18 570.00	270 800.00
	增值税(税率6%)	1 051.13	1 305.28	1 559.43	1 644.34	1 644.34	1 475.09	1 305.85	1 136.60	1 136.60	1 136.60	881.89	1 051.13	15 328.30
	销售净收入	17 518.87	21 754.72	25 990.57	27 405.66	27 405.66	24 584.91	21 764.15	18 943.40	18 943.40	18 943.40	14 698.11	17 518.87	255 471.70
销售成本	业主工资	1 600.00	1 600.00	1 600.00	1 600.00	1 600.00	1 600.00	1 600.00	1 600.00	1 600.00	1 600.00	1 600.00	1 600.00	19 200.00
	营业员工资	2 000.00	2 000.00	2 000.00	2 000.00	2 000.00	2 000.00	2 000.00	2 000.00	2 000.00	2 000.00	2 000.00	2 000.00	24 000.00
	租金	2 000.00	2 000.00	2 000.00	2 000.00	2 000.00	2 000.00	2 000.00	2 000.00	2 000.00	2 000.00	2 000.00	2 000.00	24 000.00
	促销费用	800.00	800.00	800.00	800.00	800.00	800.00	800.00	800.00	800.00	800.00	800.00	800.00	9 600.00
	电费	20.00	20.00	20.00	20.00	20.00	20.00	20.00	20.00	20.00	20.00	20.00	20.00	240.00
	电话费	200.00	200.00	200.00	200.00	200.00	200.00	200.00	200.00	200.00	200.00	200.00	200.00	2 400.00
	维修费													
	保险费													
	企业注册费	240.00	240.00	240.00	240.00	240.00	240.00	240.00	240.00	240.00	240.00			2 400.00
	折旧	37.33	37.33	37.33	37.33	37.33	37.33	37.33	37.33	37.33	37.33	37.33	37.33	448.00
	利息	133.33	133.33	133.33	133.33	133.33	133.33	133.33	133.33	133.33	133.33	133.33	133.33	1 600.00
	料理机	4 200.00	5 600.00	7 000.00	7 000.00	7 000.00	5 600.00	4 200.00	2 800.00	2 800.00	2 800.00	2 800.00	4 200.00	56 000.00

（单位：元）（续表）

项目		5	6	7	8	9	10	11	12	1	2	3	4	总数
销售成本	蒸汽枪	2 400.00	2 400.00	2 400.00	3 200.00	3 200.00	3 200.00	3 200.00	3 200.00	3 200.00	3 200.00	1 600.00	1 600.00	32 800.00
	微型缝纫机	2 100.00	2 100.00	2 100.00	2 100.00	2 100.00	2 100.00	2 100.00	2 100.00	2 100.00	2 100.00	2 100.00	2 100.00	25 200.00
	氧吧设备	800.00	800.00	2 400.00	2 400.00	2 400.00	2 400.00	2 400.00	2 400.00	2 400.00	2 400.00	1 600.00	1 600.00	24 000.00
	总销售成本	16 530.66	17 930.66	20 930.66	21 730.66	21 730.66	20 330.66	18 930.66	17 530.66	17 530.66	17 530.66	14 890.66	16 290.66	221 887.92
税前利润		988.21	3 824.06	5 059.91	5 675.00	5 675.00	4 254.25	2 833.49	1 412.74	1 412.74	1 412.74	−192.55	1 228.21	33 583.78
税费	企业所得税（税率25%）	247.05	956.02	1 264.98	1 418.75	1 418.75	1 063.56	708.37	353.19	353.19	353.19	0.00	258.92	8 395.95
	其他税费	42.05	52.21	62.38	65.77	65.77	59.00	52.23	45.46	45.46	45.46	26.21	32.98	594.98
净利润（税后）		699.11	2 815.84	3 732.55	4 190.48	4 190.48	3 131.69	2 072.89	1 014.10	1 014.10	1 014.10	−218.70	936.30	24 592.87

十、现金流量计划

单位：元

项目		5	6	7	8	9	10	11	12	1	2	3	4	总数
月初现金		25 000.00	-6 041.00	-16 959.09	-27 887.78	-34 688.38	19 982.29	28 973.43	36 711.62	42 836.36	46 483.65	50 130.94	55 912.33	195 454.37
现金流入	业主投资	25 000.00												25 000.00
	现金收入	1 750.00	18 570.00	23 060.00	27 550.00	29 050.00	29 050.00	26 060.00	23 070.00	20 080.00	20 080.00	20 080.00	15 580.00	253 980.00
	赊销收入													
	贷款	20 000.00												20 000.00
	其他流进													
	可支配现金	46 750.00	12 529.00	6 100.91	-337.78	-5 638.33	49 022.29	55 038.43	59 781.62	62 916.36	66 563.65	70 210.94	71 492.23	494 429.32
现金流出	料理机	4 200.00	5 600.00	7 000.00	7 000.00	7 000.00	5 600.00	4 200.00	2 800.00	2 800.00	2 800.00	2 800.00	4 200.00	56 000.00
	蒸汽枪	2 400.00	2 400.00	2 400.00	3 200.00	3 200.00	3 200.00	3 200.00	3 200.00	3 200.00	3 200.00	1 600.00	1 600.00	32 800.00
	微型缝纫机	2 100.00	2 100.00	2 100.00	2 100.00	2 100.00	2 100.00	2 100.00	2 100.00	2 100.00	2 100.00	2 100.00	2 100.00	25 200.00
	氧吧设备	800.00	800.00	2 400.00	2 400.00	2 400.00	2 400.00	2 400.00	2 400.00	2 400.00	2 400.00	1 600.00	1 600.00	24 000.00
	赊购支出	9 500.00	11 700.00	13 900.00	13 900.00	14 700.00	13 300.00	11 900.00	10 500.00	10 500.00	10 500.00	8 100.00	9 500.00	138 000.00
	业主工资	1 600.00	1 600.00	1 600.00	1 600.00	1 600.00	1 600.00	1 600.00	1 600.00	1 600.00	1 600.00	1 600.00	1 600.00	19 200.00
	营业员工资	2 000.00	2 000.00	2 000.00	2 000.00	2 000.00	2 000.00	2 000.00	2 000.00	2 000.00	2 000.00	2 000.00	2 000.00	24 000.00
	租金	24 000.00												24 000.00
	促销费用	800.00	800.00	800.00	800.00	800.00	800.00	800.00	800.00	800.00	800.00	800.00	800.00	9 600.00

（续表）（单位：元）

项目		月份												总数
		5	6	7	8	9	10	11	12	1	2	3	4	
现金流出	电费	20.00	20.00	20.00	20.00	20.00	20.00	20.00	20.00	20.00	20.00	20.00	20.00	240.00
	电话费	200.00	200.00	200.00	200.00	200.00	200.00	200.00	200.00	200.00	200.00	200.00	200.00	2 400.00
	维修费	531.00												531.00
	担保费													
	贷款利息		400.00			400.00			400.00			400.00		1 600.00
	偿还贷款本金												20 000.00	20 000.00
	保险费													
	企业注册费	2 400.00												2 400.00
	设备费	2 240.00												2 240.00
	增值税	1 051.13	1 305.28	1 559.43	1 644.34	1 644.34	1 475.09	1 305.85	1 136.60	1 136.60	1 136.60	881.89	1 051.13	15 328.30
	其他税费	42.05	52.21	62.38	65.77	65.77	59.00	52.23	45.46	45.46	45.46	26.21	32.98	561.91
	企业所得税	247.05	956.02	1 264.98	1 418.75	1 418.75	1 063.56	708.37	353.19	353.19	353.19	0.00	258.92	8 395.96
	总现金流出	54 131.23	29 933.51	35 306.79	36 348.86	37 548.86	33 817.65	30 486.45	27 555.25	27 155.25	27 155.25	22 128.10	44 963.03	406 530.22
	月底现金	-7 381.23	-17 404.51	-29 205.88	-36 686.64	42 918.19	15 204.64	24 551.98	32 226.38	35 761.12	39 408.41	48 082.84	26 529.20	87 899.10

资料来源：劳动和社会保障部培训就业司，中国就业培训技术指导中心. 就业·创业案例实践篇[M]. 北京：中国劳动社会保障出版社, 2005。

第三节　创业计划书的编写说明

一、创业计划书的编写步骤

（一）准备阶段

创业计划书的编写涉及的内容较多，因而创业者在编写创业计划书前必须进行周密的安排。主要有以下一些准备工作：①确定创业的目的与宗旨；②组成创业计划书编写小组；③制订创业计划书的编写计划；④确定创业计划书的种类与总体框架；⑤制定创业计划书编写的日程安排与人员分工。

（二）资料收集阶段

以创业计划书的总体框架为指导，针对创业的目的与宗旨，收集内部与外部资料，包括创业企业所在行业的发展趋势、产品市场信息、竞争对手信息、同类企业的组织机构状况、同类企业的财务报表等。资料收集可以分为实地调查与收集二手资料两种方法。实地调查可以得到创业所需的一手真实资料，但时间及费用耗费较大；收集二手资料较为容易，但可靠性有时相对较弱。创业者可根据实际情况选择资料收集方法。

（三）形成阶段

创业计划书形成阶段要完成以下几项任务：①拟定创业计划书纲要；②草拟初步创业计划；③修改完善计划；④创业计划书定稿。

二、创业计划书编写的注意事项

那些既不能给投资者以充分的信息又不能使投资者产生投资想法的创业计划书，其最终结果只能是被扔进垃圾箱里。为了确保创业计划书能"击中目标"，创业者在编写创业计划书时应注意以下几个方面：

（一）重点突出，注重时效

每一份创业计划书都应有自己的特点，要突出创业项目的独特优势及竞争力。另外，要注意创业计划书中所使用资料的时效性，编写周期长的创业计划书应及时更新有关资料。

（二）语言简练、专业、清晰

创业计划书的语言要简练、规范、专业；财务分析要形象直观，尽可能采用图表描述；要有目录，使投资者很容易地查阅各个章节。

（三）摘要引人入胜

创业计划书的摘要非常重要，相当于封面，投资者首先会看它。创业计划书的摘要应写得引人入胜。

（四）注意分工协作

创业计划书中包含的内容多、涉及面广，因此，创业计划书编写小组要分工协作，最后由组长统一协调定稿，以免出现创业计划书零散、不连贯、风格不一致等问题。

第四节　创业计划书的评估

投资者在进行投资前会对创业计划书进行科学、严谨的评估,因此创业计划书能否顺利通过评估是能否获得投资的关键所在。创业计划书评估指标如表 7-2 所示。创业者可按照表中的每个评估指标为自己的创业计划书打分,然后对计划书进行修改和完善。

表 7-2　创业计划书评估表

评估指标	指标内涵	满分	实际得分	说明
1. 市场需求	市场需求调查充分,产品或服务有明显的市场需求	15		
2. 竞争分析	清楚地了解竞争对手,自身具有明显的竞争优势	15		
3. 市场营销策略	市场营销策略合理	20		
4. 财务分析	项目收支预算合理,有防风险能力,预计净利润较高	20		
5. 创业者的个人情况	创业者具有社会实践经历,并取得成效	15		
6. 管理团队	管理团队分工合理、优势互补	15		
合计		100		

任务训练

任务训练一:构思创业计划书

1. 个人简介(一般不超过 200 字)

2. 所面临的市场情况(包括竞争对手概况)

3. 能够调动的技术、客户、社会关系、资金等资源情况或工作经历

4. 产品或服务项目的优势

5. 如何开展产品或服务项目

6. 长期目标和计划

7. 预计销售额和利润

预计销售额和利润　　　　　　　　单位:元

项目		月份						合计
		1	2	3	4	5	6	
销售额	含税销售收入							
	增值税							
	销售净收入							
销售成本	工资							
	营销和促销费							
	店铺租金							
	……							
	总成本							
	利润							
税费	纳税基数							
	个人所得税							
	附加税费							
	个人净收入							

任务训练二：编写创业计划书

请编写你的企业的创业计划书，内容包括以下十个部分。

1. 企业概况

2. 创业者的个人情况

3. 市场评估

4. 市场营销策略

5. 企业组织结构

6. 固定资产

7. 流动资金

8. 销售收入预测（12个月）

产品	项目	月份												总计
		1	2	3	4	5	6	7	8	9	10	11	12	
产品1	销售数量（件）													
	平均单价（元）													
	月销售收入（元）													
产品2	销售数量（件）													
	平均单价（元）													
	月销售收入（元）													
产品3	销售数量（件）													
	平均单价（元）													
	月销售收入（元）													
……														
总销售收入（元）														

9. 销售和成本计划

单位：元

项目		月份												总数
		1	2	3	4	5	6	7	8	9	10	11	12	
销售收入	含税销售收入													
	增值税													
	销售净收入													
销售成本	工资													
	租金													
	促销费用													
	水电办公费													
	折旧													
	贷款利息													
	保险费													
	注册费													
	原材料													
	……													
	总销售成本													
	税前利润													
税费	企业所得税													
	个人所得税													
	其他税													
	净利润（税后）													

10. 现金流量计划

单位：元

项目		1	2	3	4	5	6	7	8	9	10	11	12	总数
	月初现金													
现金流入	业主投资													
	现金收入													
	贷款													
	其他流入													
	可支配现金													
现金流出	现金采购													
	工资													
	租金													
	促销费用													
	水电办公费													
	贷款利息													
	保险费													
	增值税													
	其他税费													
	个人所得税													
	总现金流出													
	月底现金													

第八章 开办企业

📚 **知识与能力目标**

了解并熟悉创业企业在创立初期所需办理的各类手续,包括工商、税务和保险等方面。

📚 **实训与素养目标**

培养学生的社会实践能力和灵活应变能力,使学生能够更好地体验真实的商业环境,了解创办企业所需经历的步骤。

📚 **创业情境**

张伟和王军的创业历程(38)

张伟和王军编写好创业计划书后,下一步着手开办企业。他们必须首先弄清楚如何申请企业名称、办理工商和税务登记手续。同时,他们还需订立合伙协议,界定双方的权利和责任。

第一节 办理工商登记

企业要想获得一个合法的身份从事生产经营活动,就必须办理注册登记手续。企业的登记机关是各级工商行政管理部门。依法设立的企业,由企业登记机关颁发营业执照。营业执照的签发日期为企业的成立日期。

一、注册成立有限责任公司

(一)注册成立有限责任公司的程序

注册成立有限责任公司,一般要经过以下步骤,如图8-1所示。

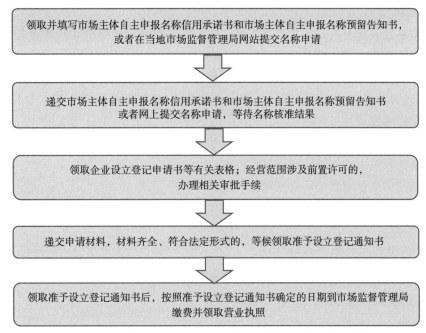

图 8-1 有限责任公司、合伙企业、个人独资企业注册成立步骤

(二)注册成立有限责任公司应提交的材料

注册成立有限责任公司应提交以下文件、证件:

(1)市场主体自主申报名称信用承诺书和市场主体自主申报名称预留告知书。企业名称应当由行政区划、字号、行业(经营特点)、组织形式依次组成,法律法规另有规定的除外。例如:北京晨旭腾龙科技有限责任公司,"北京"为行政区划;"晨旭腾龙"为字号;"科技"为行业(经营特点);"有限责任公司"为组织形式。

企业名称保留期为自名称核准之日起 6 个月,可在届满前 30 日内向名称核准机关申请一次名称延期,延期最长 6 个月,只能延期一次。预先核准的企业名称在有效期内,不得用于从事经营活动,不得转让,但可以进行企业的设立行为。

根据《国务院关于取消和下放一批行政许可事项的决定》(国发〔2019〕6 号)和《市场监管总局关于做好取消企业名称预先核准行政许可事项衔接工作的通知》(国市监注〔2019〕70 号)文件要求,取消企业名称预先核准行政许可事项,不再发放《企业名称预先核准通知书》(含《企业名称变更核准通知书》《企业名称自主预查通知书》)。申请人可以在办理登记时直接向企业登记机关提交拟登记的企业名称,也可以通过网上名称自主预查服务系统查询并保留企业名称。农民专业合作社和个体工商户参照执行。市场主体自主申报名称信用承诺书和市场主体自主申报名称预留告知书示例见附件1。

(2)公司登记(备案)申请书。由法定代表人亲笔签署。公司登记(备案)申请书示例见附件2。

(3)公司章程。公司章程应由全体股东一致同意共同制定,全体股东应当在公司章程上亲笔签字;有法人股东的,要加盖该法人单位公章。公司章程示例见附件3。

(4)股东资格证明。自然人股东提交身份证复印件,企业法人股东提交加盖公章的营业执照复印件。

（5）指定代表或者共同委托代理人授权委托书。应由全体股东共同签署，指定代表或者共同委托代理人授权委托书示例见附件4。

（6）住所使用证明。产权人签字或盖章的房产证复印件。产权人为自然人的应亲笔签字，产权人为单位的应加盖公章。如果是租赁用房，则还需提供不短于6个月的房屋租赁合同和租赁费发票。

（7）许可项目审批文件。仅限经营项目涉及前置许可的情况，如餐饮、住宿等。

（8）企业联系人登记表。示例见附件5。

（9）补充信息登记表。示例见附件6。

二、注册成立合伙企业

（一）注册成立合伙企业的程序

注册成立合伙企业的步骤与注册成立有限责任公司相近，如图8-1所示。

（二）注册成立合伙企业应提交的材料

注册成立合伙企业应提交以下文件、证件：

（1）市场主体自主申报名称信用承诺书和市场主体自主申报名称预留告知书。合伙企业的企业名称结构与有限责任公司相同，也是由行政区划+字号+行业（经营特点）+组织形式依次组成，法律法规另有规定的除外。但组织形式不得申请为"有限公司（有限责任公司）"，可以申请用"厂""店""部""中心""工作室"等作为企业名称的组织形式，例如"北京×××食品厂""北京××商店""北京××技术开发中心"。

企业名称保留期及延期规定与有限责任公司相同，市场主体自主申报名称信用承诺书和市场主体自主申报名称预留告知书示例见附件1。

（2）合伙企业登记（备案）申请书。由全体合伙人签署，合伙企业登记（备案）申请书示例见附件7。

（3）合伙协议。合伙协议应由全体合伙人一致同意，共同制定，全体合伙人应当在合伙协议上亲笔签字，合伙协议参考格式见附件8。

（4）全体合伙人的身份证明或主体资格证明。合伙人为自然人的提交身份证复印件，合伙人为企业法人的提交加盖公章的营业执照复印件，特殊普通合伙企业还应提交合伙人的职业资格证明。

（5）指定代表或者共同委托代理人授权委托书。应由全体合伙人共同签署，指定代表或者共同委托代理人授权委托书示例见附件4。

（6）住所使用证明。产权人签字或盖章的房产证复印件。产权人为自然人的应亲笔签字，产权人为单位的应加盖公章。如果是租赁用房，则还需提供不短于6个月的房屋租赁合同和租赁费发票。

（7）许可项目审批文件。仅限经营项目涉及前置许可的情况，如餐饮、住宿等。

（8）企业联系人登记表。示例见附件5。

（9）补充信息登记表。示例见附件6。

三、注册成立个人独资企业

（一）注册成立个人独资企业的程序

注册成立个人独资企业的步骤与注册成立有限责任公司、合伙企业相近,如图8-1所示。

（二）注册成立个人独资企业应提交的材料

注册成立个人独资企业应提交以下文件、证件：

（1）市场主体自主申报名称信用承诺书和市场主体自主申报名称预留告知书。个人独资企业名称命名规则、保留效期等法律规定与合伙企业相同,市场主体自主申报名称信用承诺书和市场主体自主申报名称预留告知书示例见附件1。

（2）个人独资企业登记（备案）申请书。由投资人亲笔签署,个人独资企业登记（备案）申请书示例见附件9。

（3）投资人的身份证明。一般应为投资人的身份证复印件。

（4）指定代表或者共同代理人授权委托书。指定代表或者共同代理人授权委托书示例见附件4;投资人自己办理的,不必提交指定代表或者共同代理人授权委托书。

（5）住所使用证明。产权人签字或盖章的房产证复印件。产权人为自然人的应亲笔签字,产权人为单位的应加盖公章。如果是租赁用房,则还需提供不短于6个月的房屋租赁合同和租赁费发票。

（6）许可项目审批文件。仅限经营项目涉及前置许可的情况,如餐饮、住宿等。

（7）企业联系人登记表。示例见附件5。

（8）补充信息登记表。示例见附件6。

四、注册设立个体工商户

（一）注册设立个体工商户的程序

注册设立个体工商户,一般要经过以下步骤,如图8-2所示。

（二）注册设立个体工商户应提交的材料

注册设立个体工商户应提交以下文件、证件：

（1）市场主体自主申报名称信用承诺书和市场主体自主申报名称预留告知书。个体工商户的命名规则相对简单,与个人独资企业类似。未取字号名称的个体摊商不提交该材料。市场主体自主申报名称信用承诺书和市场主体自主申报名称预留告知书示例见附件1。

（2）个体工商户登记（备案）申请书。个人经营的,由经营者亲笔签署;家庭经营的,由主持经营者亲笔签署。个体工商户登记（备案）申请书示例见附件10。

（3）经营者资格证明。经营者身份证复印件;家庭经营的,应提交能证明亲属关系的文件。

（4）指定代表或者共同代理人授权委托书。指定代表或者共同代理人授权委托书示例见附件4;个人经营的,由经营者亲笔签署;家庭经营的,由全体经营者共同签署。

（5）住所使用证明。产权人签字或盖章的房产证复印件。产权人为自然人的应亲笔

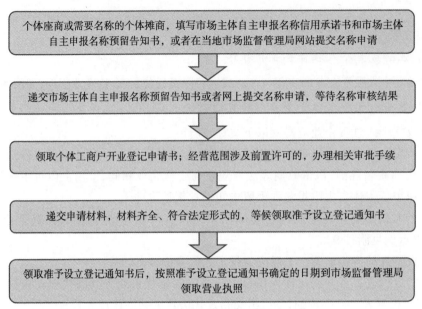

图 8-2　个体工商户注册设立步骤

签字,产权人为单位的应加盖公章。如果是租赁用房,则还需提供不短于 6 个月的房屋租赁合同和租赁费发票。

(6) 许可项目审批文件。仅限经营项目涉及前置许可的情况,如餐饮、住宿等。

(7) 补充信息登记表。示例见附件 6。

创业情境

张伟和王军的创业历程(39)

张伟和王军在了解了合伙企业的设立程序和应提交的材料后,就着手准备创办企业。第一,关于企业名称。他们想好了一个有他们两人名字的企业名称:"北京军伟摄影工作室",当然他们还另外准备了三个备选的名称。第二,关于企业住所。他们花费 6 000 元租了一个临街的店面,签订了房屋租赁合同。第三,关于出资。张伟以银行存款 8 000 元出资,王军以一台价值 50 000 元的单反相机出资。第四,关于经营范围。由于他们创办的是自助摄影工作室,不涉及前置许可,因此不需要办理审批手续。另外,他们共同起草了合伙协议,在合伙协议中约定平均分配利润和分担损失。他们决定第二天就去申请企业名称,然后依次办理其他登记手续。

第二节　办理税务登记

企业领取营业执照后,可凭营业执照刻制印章,申请税务登记。税务登记是纳税人必须依法履行的义务。从事生产、经营的纳税人应当自领取营业执照之日起 30 日内,到税务机关领取或在税务机关网站下载税务登记表,填写完整后提交税务机关,办理税务登记。

县以上(含本级)税务局(分局)是税务登记的主管税务机关。县以上税务局(分局)按照国务院规定的税收征收管理范围,实施属地管理。

根据《税务登记管理办法》的规定,企业,企业在外地设立的分支机构和从事生产、经营的场所,个体工商户和从事生产、经营的事业单位(以下统称从事生产、经营的纳税人),向生产、经营所在地税务机关申报办理税务登记:

(1) 从事生产、经营的纳税人领取工商营业执照的,应当自领取工商营业执照之日起30日内申报办理税务登记,税务机关发放税务登记证及副本;

(2) 从事生产、经营的纳税人未办理工商营业执照但经有关部门批准设立的,应当自有关部门批准设立之日起30日内申报办理税务登记,税务机关发放税务登记证及副本;

(3) 从事生产、经营的纳税人未办理工商营业执照也未经有关部门批准设立的,应当自纳税义务发生之日起30日内申报办理税务登记,税务机关发放临时税务登记证及副本;

(4) 有独立的生产经营权、在财务上独立核算并定期向发包人或者出租人上交承包费或租金的承包承租人,应当自承包承租合同签订之日起30日内,向其承包承租业务发生地税务机关申报办理税务登记,税务机关发放临时税务登记证及副本;

(5) 境外企业在中国境内承包建筑、安装、装配、勘探工程和提供劳务的,应当自项目合同或协议签订之日起30日内,向项目所在地税务机关申报办理税务登记,税务机关发放临时税务登记证及副本。

办理税务登记时,应提交如下材料:

(1) 工商营业执照或其他核准执业证件;

(2) 有关合同、章程、协议书;

(3) 组织机构统一代码证书;

(4) 法定代表人或负责人或业主的居民身份证、护照或者其他合法证件。

其他需要提供的有关证件、资料,由省、自治区、直辖市税务机关确定。

纳税人在申报办理税务登记时,应当如实填写税务登记表(示例见附件11、附件12),主要内容包括:

(1) 单位名称、法定代表人或者业主姓名及其居民身份证、护照或者其他合法证件的号码;

(2) 住所、经营地点;

(3) 登记类型;

(4) 核算方式;

(5) 生产经营方式;

(6) 生产经营范围;

(7) 注册资金(资本)、投资总额;

(8) 生产经营期限;

(9) 财务负责人、联系电话;

(10) 国家税务总局确定的其他有关事项。

纳税人提交的证件和资料齐全且税务登记表的填写内容符合规定的,税务机关应及时发放税务登记证件。纳税人提交的证件和资料不齐全或税务登记表的填写内容不符合规定的,税务机关应当场通知其补正或重新填报。纳税人提交的证件和资料明显有疑点的,税务机关应进行实地调查,核实后予以发放税务登记证件。

税务登记证件的主要内容包括纳税人名称、税务登记代码、法定代表人或负责人、生产经营地址、登记类型、核算方式、生产经营范围(主营、兼营)、发证日期、证件有效期等。

已办理税务登记的扣缴义务人应当自扣缴义务发生之日起30日内,向税务登记地税务机关申报办理扣缴税款登记。税务机关在其税务登记证件上登记扣缴税款事项,税务机关不再发给扣缴税款登记证件。

根据税收法律、行政法规的规定可不办理税务登记的扣缴义务人,应当自扣缴义务发生之日起30日内,向机构所在地税务机关申报办理扣缴税款登记。税务机关核发扣缴税款登记证件。

创业情境

张伟和王军的创业历程(40)

张伟和王军查询了本市的创业优惠政策。当前,为了促进高校毕业生就业,政府给予了大学生很多创业方面的优惠政策,鼓励大学生通过创业来更好地就业。张伟和王军发现,由于他们创办的是合伙企业,企业成立后最多可以申请金额为60万元的贷款额度。企业创立初期,他们暂时不需要过多的资金,具体的资金需求在创业计划书中已经确定。一旦企业取得较好的效益,需要扩大规模时可以利用贷款优惠政策向银行申请贷款。企业成立后,重点工作应放在宣传推广和市场拓展上,在主营业务方面打开市场后,企业才能正常运转,后续的资金需求还要根据企业的实际发展情况来确定。

第三节 购买商业保险

为了防止企业在遭受自然灾害和意外事故时陷入停业、停产的困境,创业者还要考虑购买商业保险——企业财产保险。企业财产保险是以企事业单位、机关团体存放在固定地点的固定资产和流动资产及有关利益等为保险标的,保险人对因保险合同约定的自然灾害、意外事故造成的保险标的损失而承担赔偿责任的财产损失保险。

一、企业财产保险的基本特征和种类

企业财产保险以团体为投保单位,保险标的是陆地上处于相对静止状态的财产,而且承保财产地址不得随意变动。

企业财产保险有许多种类,其中企业财产基本险和综合险两个险种最为常见。

二、企业财产保险的保险责任

(一)企业财产基本险的保险责任

(1)列明的保险责任:火灾、雷击、爆炸、飞行物体及其他空中运行物体坠落造成的在产品和贮藏物品等保险标的的损坏。

（2）"三停"损失：被保险人拥有财产所有权并自己使用的供电、供水、供气设备因保险事故停电、停水、停气而造成的在产品和贮藏物品等保险标的的损坏。

（3）施救损失：被保险人因施救、抢救而造成的保险标的的损失。

（4）施救费用：当发生属于保险范围的灾害事故时，被保险人为减少保险财产损失，对保险财产采取施救、保护、整理措施而支付的必要的合理费用，由保险人负责赔偿。

（二）企业财产综合险的保险责任

在企业财产综合险中，保险人的责任比基本险有所扩展，除承保基本险的责任以外，还需负责赔偿因暴雨、洪水、台风、暴风、龙卷风、雪灾、雹灾、冰凌、泥石流、崖崩、突发性滑坡、地面突然塌陷等而造成的保险标的的损失。

企业财产综合险的投保单示例见附件13。

任务训练

任务训练一：填写工商登记表格

1. 如果你设立的是有限责任公司，请参照附件1、2、3、4、5、6，填写市场主体自主申报名称信用承诺书和市场主体自主申报名称预留告知书、公司登记（备案）申请书，制定公司章程，填写指定代表或者共同委托代理人授权委托书、企业联系人登记表、补充信息登记表。

2. 如果你设立的是合伙企业，请参照附件1、4、5、6、7、8，填写市场主体自主申报名称信用承诺书和市场主体自主申报名称预留告知书、合伙企业登记（备案）申请书，制定合伙协议，填写指定代表或者共同委托代理人授权委托书、企业联系人登记表、补充信息登记表。

3. 如果你设立的是个人独资企业，请参照附件1、4、5、6、9，填写市场主体自主申报名称信用承诺书和市场主体自主申报名称预留告知书、个人独资企业登记（备案）申请书、指定代表或者共同委托代理人授权委托书、企业联系人登记表、补充信息登记表。

4. 如果你设立的是个体工商户，请参照附件1、4、6、10，填写市场主体自主申报名称信用承诺书和市场主体自主申报名称预留告知书、个体工商户登记（备案）申请书、指定代表或者共同委托代理人授权委托书、补充信息登记表。

任务训练二：填写税务登记表格

请根据你设立企业的情况，参照附件11、附件12，填写税务登记表。

任务训练三：填写投保单

请根据你设立企业的财产情况，参照附件13，填写企业财产保险投保单。

第九章

创业企业管理

知识与能力目标

了解企业人员组成及岗位设置情况和岗位职责,熟悉岗位职责设置方法,熟悉员工招聘的方法和流程,掌握企业制度建设与工作流程设计的方法和逻辑。

实训与素养目标

培养学生的大局观以及实际执行工作过程中的目标感,不断调整阶段性工作成果,在创业项目搭建过程中不断利用理论知识解决遇到的问题,提升学生工作实践中的适应能力和应对能力。

创业情境

张伟和王军的创业历程(41)

办理工商登记等相关手续后,张伟和王军还要为企业制订人员计划,组织员工实现企业的生产销售计划。他们必须知道企业有哪些工作要做,并且要雇用合适的人去做这些工作。如何才能雇用到合适的人员?张伟和王军请教了有实践经验的人力资源管理老师,从而了解到先要设置岗位,明确员工的岗位职责,确定企业各岗位员工所需具备的素质、技能,再按照员工招聘的流程选择适合的员工,做到"人岗匹配"。同时,还需制定相应的企业管理制度,保证企业的正常运行。

办理工商登记等相关手续后,企业的经营是要靠人来进行的。创业者需要为新企业制订人员计划,组织员工实现企业的生产销售计划。为了使新企业顺利而成功地运行起来,创业者必须很好地选拔人员、安排人员,知道企业有哪些工作要做,并且要雇用合适的人去做这些工作。一个有效的企业,必须拥有一支具备知识和技能的员工队伍。每个员工都对企业的成功发挥着作用。创业者要认真对待雇用员工的问题,要考虑员工的职责,懂得如何安排他们的工作。通过本章的学习,你要确定以下几个方面:

- 企业的人员组成。

- 企业的岗位设置和员工的岗位职责。
- 企业各岗位员工所需具备的素质或技能。
- 企业如何进行员工招聘。
- 企业如何安置员工。
- 企业管理制度和各岗位工作流程。

第一节 组织构建与管理

创业企业的组织构建与管理流程通常包括确定企业人员组成、岗位设置、工作分析、员工招聘与选拔、员工安置等环节,如图 9-1 所示。

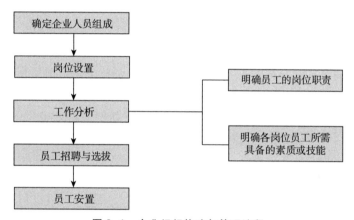

图 9-1 企业组织构建与管理流程

一、确定企业人员组成及岗位设置

(一) 人员组成

大多数小微企业雇员不多,组织结构简单。规模更大一些或复杂一些的企业可能需要建立若干部门。如果创业企业是规模不大的小微企业,则一般可以由以下人员组成:企业主,即创业者本人;企业合伙人;员工;企业顾问。

1. 企业主

在大多数小微企业中,企业主就是经理。在计划创办企业、制订创业计划时,创业者要考虑自己的经营能力,明确哪些工作可以由自己去做,哪些工作是自己既没有能力又没有时间去做的。企业如果需要一个经理,就要考虑经理应具备的能力和经历。

企业主(经理)可以行使以下职责:
- 开发创意,制定目标,制订行动计划。
- 组织和调动员工实施行动计划。
- 确保计划的执行,使企业达到预期的目标。

2. 企业合伙人

如果创业企业拥有不止一个企业主,那么这些企业主将以合伙人的身份,共享收益、共担风险。他们将决定彼此如何分工合作,例如一个人负责销售,另一个人负责采购。

要管理好一个合伙企业,合伙人之间的交流一定要透明和诚恳。合伙人之间意见不一致往往导致企业的失败。因此,有必要准备一份书面合作协议,明文规定各自的权利和义务。

3. 员工

如果创业者没有时间或能力把全部工作都包揽下来,就要雇用员工。小微企业可能只需雇1~2名员工就可以了。为了雇到合适的员工,创业者要考虑以下几点:

- 根据企业构思,把该做的工作都列出来。
- 明确哪些工作自己做不了。
- 雇用员工来做这些工作,并明确岗位职责和各岗位员工所需具备的素质或技能,以及其他要求。
- 决定完成每项工作需要的人数。
- 向员工(包括企业主本人)支付薪酬。

4. 企业顾问

听取各种咨询意见对所有企业主都有意义。因为企业主不可能是所有企业事务方面的专家。

认准那些对企业有过帮助且将来还可能对企业有帮助的行业专家,包括专业协会会员、会计师、银行信贷员、律师、咨询顾问等。创业者可以考虑从一些企业、贸易和教育机构获得帮助、信息、咨询意见和培训。

(二)岗位设置

有些企业人员不多,但其岗位数量可能比人员数量多,即一人兼多职。例如一家企业需要由经理负责管理,会计、出纳负责财务,还要有人负责采购、销售、产品设计开发、生产等工作。具体的岗位设置需要创业者根据创业计划等因素来确定。

创业情境

张伟和王军的创业历程(42)

张伟和王军经过协商,画出了企业的组织结构图,如下所示。

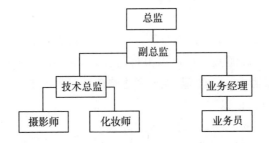

二、工作分析

工作分析是对组织中所有为实现组织目标所做的工作进行分析,以确定每一个工作的任务和职责,以及完成工作任务所需的知识、技能、能力和其他要求的过程。工作分析对于

人员招聘与管理具有非常重要的意义。通过工作分析可以明确:
- 工作任务是什么。在人力资源管理中,对工作任务、工作职责、职位等都有明确而规范的界定。
- 工作职责是什么。
- 该工作应何时完成。
- 该工作在何处完成。
- 员工如何完成工作任务。
- 为完成工作任务,员工应具备何种知识、技能、能力和其他资格。

工作分析的最后成果是工作说明书。工作说明书包括岗位职责及员工所需具备的知识、技能、能力和其他资格,如表9-1所示。

表9-1 工作说明书

工作说明书

工作说明书编写人:×××　　　编写时间:××××年××月××日
职位名称:销售人员
工作代码:×××-×××
应具备完成以下任务和职责的知识与技能:
任务和职责
1. 了解/反馈市场信息
   - 了解/反馈客户对本公司的反应
   - 了解/反馈竞争对手的信息
   - 了解/反馈本公司的市场占有率
   - 了解/反馈政府有关政策
2. 拜访现有客户
   - 制订拜访客户计划
   - 了解客户需求
   - 了解客户经营状况
   - 执行公司的信用政策、理赔政策、促销政策、客户政策、价格政策
   - 协助陈列产品
   - 填写客户拜访记录
3. 开发新客户
   - 了解客户的议价能力、市场影响、财务状况、决策能力
   - 提出选择客户的建议
   - 协助经理预签经销商协议
4. 实现销售
   - 了解客户库存
   - 争取、执行、跟踪订单
   - 督促客户完成指标
   - 合理使用信用额度
   - 按期收回货款
5. 完成售后服务
   - 接受客户投诉

- 协调质量理赔

知识与技能要求
- 基本财务知识
- 法律知识（合同法、经济法、税法）
- 收款技巧
- 时间管理能力
- 谈判技巧
- 沟通技巧
- 说服力
- 解决问题能力
- 预测力
- 分析判断能力

人格特征要求
- 影响力
- 吃苦耐劳
- 承受压力/挫折
- 自我约束力
- 进取心
- 创新
- 随机应变
- 思维敏捷
- 重信誉
- 自信
- 团队合作
- 对公司忠诚
- 职业道德

创业情境

张伟和王军的创业历程（43）

张伟和王军经过协商，列出了一张简单的人员配备表。

岗位	岗位职责	所需具备的素质与技能	岗位人员
经理	做计划，制定目标，监督实施，协调内部关系，与工商、税务等部门打交道	诚信、认真、计划制订与实施能力、善于与人交往、随机应变、较好的自我反省能力、成本控制能力、团队合作能力	张伟
财务管理	出纳、收款、记账、管理现金、盘点库存	诚信、认真、有条理	王军

（续表）

岗位	岗位职责	所需具备的素质与技能	岗位人员
销售管理	市场调查、与客户建立和保持良好的关系、接订单、销售预测、制定价格、提出促销方案、发货送货、采购原材料	诚信、认真、善于与人交往、有一定的沟通技巧、团队合作能力、自我反省能力	张伟
产品设计开发	跟踪市场需求动态、收集市场信息、设计产品和服务的组合	信息收集与分析能力、有美术和文化修养、有创造性、懂工艺、自我反省能力	王军
生产管理	寻找、确定加工企业，负责提供样式，与加工企业沟通，验收成品	认真细致、了解产品、具备一定的后期技术、善于与人交往	王军 其他员工

三、员工招聘与选拔

员工招聘就是企业采取一些科学的方法寻找、吸引应聘者，并从中选出企业需要的人员予以录用的过程。

这一过程包括以下环节，如图9-2所示。

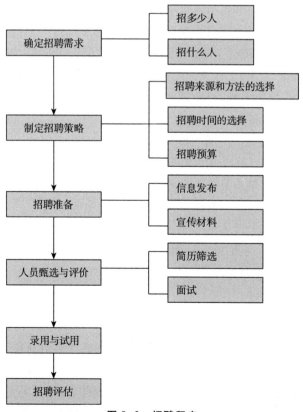

图9-2 招聘程序

（一）确定招聘需求

确定招聘需求就是根据企业组织结构、人员配备来确定企业需要招多少人、招什么人。这些内容在本章前述部分已经说明。

（二）制定招聘策略

招聘策略是为了实现招聘计划而采取的具体策略，具体包括招聘来源和方法的选择、招聘时间的选择、招聘预算等。

1. 招聘来源和方法的选择

招聘工作的成败在很大程度上取决于有多少人来应聘以及应聘者的素质。因此，企业需要有针对性地吸引更多目标群体来应聘。主要的方法有广告和亲朋推荐。

广告是通过网络、广播电视、报纸或行业出版物等媒体向公众传送企业的就业需求信息。广告是能够最广泛地通知潜在求职者职位空缺的办法。借助不同的媒体做广告会带来显著不同的效果。创业者可以采用网络广告的形式来进行招聘，即在网络上发布信息，或在网络上寻找符合要求的求职者。如果在网络上发布信息，则内容应包括本企业的基本情况；招聘是否经过有关部门的批准；空缺职位的情况；申请者必须具备的条件；报名的时间、地点和联系方式；需要的证件及材料等。空缺职位的情况可以参照工作说明书来介绍，但应把空缺职位情况转换成读者的角度加以表述。

亲朋推荐是指亲朋从他们的朋友或相关人员中引荐求职者。这种招聘方法可以使企业和应聘者双方迅速了解，并节省招聘费用。推荐者通常会认为被推荐者的素质与他们自己有关，只有在保证其不会给自己带来负面影响时才会主动推荐。因而，亲朋推荐是一种较好的招聘来源。

2. 招聘时间的选择

为了保证新聘人员准时上岗，企业需要确定合适的招聘时间。一般来说，招聘日期的具体计算公式为：

$$招聘日期 = 用人日期 - 准备周期$$
$$= 用人日期 - 培训周期 - 招聘周期$$

上述公式中，培训周期是指新聘人员进行上岗培训的时间；招聘周期是指从发布招聘信息、接收简历、确定候选人名单、面试直到最后录用的全部时间。

3. 招聘预算

在招聘过程中，一般都会有费用发生。企业如果想节省经费，则可采用亲朋推荐的方法。

（三）招聘准备

招聘准备环节需要发布招聘信息、准备宣传材料。

招聘信息应包括企业简介，职位空缺，招聘数量，岗位所需具备的知识、技能与能力等方面的内容。

在招聘过程中，企业一方面需要吸引更多的有效应聘者，增加甄选的余地并且减轻工作负担，还要从人力资源管理战略的角度出发考虑员工的稳定性；另一方面必须利用招聘过程进行积极的企业形象或声誉的宣传。为了在招聘过程中实现这些目标,企业不仅要提供职位薪酬、工作类型、工作安全、晋升机会等与职位相关的信息,还要让求职者了解企业管理方式、工作条件、员工、工作时间等企业信息。企业只有准确、有效地传达了这些信息,求职者才会在评价自身的基础上思考自己是否适合这样的工作。这就使求职者在企业甄选之前完成了一个自我甄选的过程。

(四)人员甄选与评价

甄选候选人是招聘过程的一个重要组成部分,其目的是将不合乎职位要求的求职者排除掉,最终选拔出最符合企业要求的人员。工作说明书是甄选的基础,也就是说,企业应以工作说明书中所要求的知识、技能与能力来判断候选人的资格。

人员甄选与评价主要做两件事:简历筛选和面试。

1. 简历筛选

在大多数招聘过程中,企业都要先从应聘者提供的简历中对应聘者做出初步的判断。查看应聘者的简历使企业有了第一次了解应聘者的机会,并能够简便、快捷地掌握应聘者的一些基本信息。所以,简历是整个甄选过程中不可缺少的一部分,招聘人员要花费大量的时间和精力查看简历,将应聘者的数量缩小到能够应对的数目。

在筛选简历的过程中,企业需要甄选以下信息:

(1)工作经历。简历中的工作经历一栏对于企业的招聘决策是至关重要的。因为在工作经历中可以查找到与应聘职位相关的工作经验,应聘者拥有更多的相关经验无疑可以更快地适应应聘职位的要求。要想知道应聘者是否拥有与应聘职位相关的工作经验,不能只是注意简历上所注明的各种工作头衔,更重要的是要看应聘者在每一个岗位上具体负责什么样的工作。企业可以根据应聘者提供的这些信息以及对应聘者所接触的产品、从事的项目或是服务过的公司的了解,来判断应聘者是否曾将这类工作做得很出色。

(2)教育背景。教育背景资料可以提供关于应聘者的受教育程度、教育类型、所学专业等信息。在教育类型中,最理想的情况是应聘者受到了综合的教育,既具备理科如化学、物理、生物等方面的知识,又受到过文史方面的熏陶,这样的应聘者会是一个具有广泛兴趣且知识比较全面的人。

(3)职业方面的进展。通常情况下,了解应聘者在过去的职业生涯中取得过哪些进展是很重要的。因为一个一直进步很快的人很可能在今后的工作中仍然保持这种状态。这也可以说明他具有较好的自我激励措施、魄力和能力。

(4)应聘者具备的无形资产。应聘者来应聘这份工作时,是随身携带了一些无形资产的,如能力、经验、受到的培训、对事物的洞察力或者对相关产品的了解等。一般来讲,应聘者具备的这些无形资产越多,在进入新的工作岗位时,他需要的调整期就越短,就越能在短期内做出成绩。

(5)沟通能力。简历还可以显示出应聘者的沟通能力,例如简历的组织结构、表达方式及设计等。简历中涉及的信息应具体、真实,在列出成绩时应给出具体的事实和可以考证的数字。如果简历中的表述含混不清或过于概括,字迹不整,错误百出,则表明应聘者缺乏较好的沟通能力。

（6）应聘者态度的特征。从态度方面来看，一份成功的简历应能表现出应聘者很有礼貌、观点很专业、做事果敢、有人情味、思维有条理等。如果在阅读简历时，面试官对应聘者产生了任何一种不好的感觉，都应该引起注意，除非这种感觉纯粹来自个人的偏见。

2. 面试

面试是指在特定时间、地点所进行的，预先精心设计好的，有着明确的目的和程序的谈话，面试官通过与应聘者面对面的观察、交谈等，了解应聘者的个性特征、能力状况以及求职动机等情况。通过面试，企业并不能获得应聘者的全部特征信息，但与其他方法相比，面试往往可以给应聘者更大的发挥余地，面试官也可以根据面试过程中的具体状况灵活决定某些问题的取舍与先后次序。

为了进行一次成功的面试，面试官需要认真地进行以下几个方面的工作，如图9-3所示。

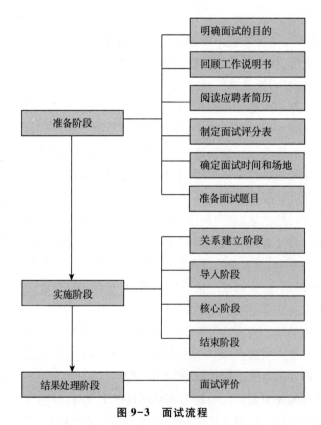

图 9-3 面试流程

（1）明确面试的目的。在面试过程中，许多面试官总是问一些漫无目的的问题，这是因为他们对自己希望通过这次面试达到什么样的目的感到模糊。因此，面试官在面试之前一定要花费一些时间想清楚面试的真实目的，除了最基本的考察应聘者是否具备成为企业员工的基本个人素质，还应通过面试掌握应聘者从前工作的行业或企业信息，或者宣传企业的诸多优势，或者使对方了解企业和工作职位等。

(2) 回顾工作说明书。对职位的描述和说明是在面试中判断一个候选人能否胜任该职位的依据,因此面试官在进行面试之前必须对职位说明了如指掌。面试官在回顾工作说明书时,要侧重了解的信息包括职位的主要职责,对应聘者在知识、能力、经验、个性特征、职业兴趣取向等方面的要求,以及工作环境、晋升和发展机会、薪酬福利等待遇。面试官为了判断自己是否对工作说明书足够熟悉,可以通过向自己提问的方式来测验。例如,对应聘者身上应具备哪些重要的任职资格足够了解吗?能够将该职位的职责清晰地向应聘者描述吗?能够回答应聘者提出的关于职位信息和企业信息的问题吗?

(3) 阅读应聘者简历。在面试之前,面试官一定要仔细阅读应聘者的简历。这样做的原因主要有两个:一是熟悉应聘者的背景、经验和资格,并将其与职位要求和工作职责相对照,对应聘者的胜任程度做出初步的判断;二是发现应聘者的简历中存在的问题,供面试时讨论。阅读的内容包括应聘者的教育背景、工作经历、工作调换频率以及应聘者具备的无形资产等,对照在甄选简历时记录下来的疑问和重点,重新构思和整理在面试中需要从应聘者那里获得的信息。

(4) 制定面试评分表。在市场上找到十全十美的应聘者是不可能的,有些应聘者在某些方面很强,但在其他方面可能比较薄弱。这就需要一种方法能将应聘者多方面的特点化作一个整体,以便面试之后在各不相同的应聘者之间进行比较,这种方法就是面试评分表。面试评分表能够使面试官把精力集中到某一职位的具体要求上,然后再根据这些要求对每个应聘者进行测评并做出判断(即打分),如表9-2所示。这样就可以有效并客观地对应聘者进行评估。

表9-2 销售职位的面试评分表

应聘者姓名	
面试时间	
评价指标	得分
人际关系能力(15分)	
沟通技巧(15分)	
团队合作(15分)	
承受压力/挫折能力(15分)	
重信誉(15分)	
相关工作经验(10分)	
学历(10分)	
举止仪表(5分)	
合计(100分)	

(续表)

评价：	
录用决策	录用□ 备用□ 不录用□

需要强调的是，面试评分表要把每个项目具体化，制定出不同的等级分数和每个等级的标准，以便详细了解每个项目的含义；并根据每个项目，有针对性地准备几个问题，确保在面试中准确了解应聘者各个方面的状况。

（5）确定面试时间和场地。面试双方必须事先约定好面试时间，约定的时间应该是双方都可以全身心投入面试的时间。为此，面试官应该特别注意计划好自己的时间，避免面试与其他重要工作的时间发生冲突。在场地的选择上，企业通常会选择办公室作为面试场所，但要注意的是不要让电话和意外的事情干扰面试的进行。面试的环境要舒适、安静、整洁，座椅摆放要合理，因为任何一点不恰当的摆设都可能会影响应聘者的心情，影响他们的发挥，进而影响面试的效果。另外，面试场所也可以突出本企业的特点，便于双方的交流。

（6）准备面试题目。在面试中，面试官经常使用四种提问方式，即直接式、开放式、澄清式和自我评价式。当然，还有行为性问题和测验性问题，但这两种都属于开放式问题的范畴。每一种提问方式在面试中都起到举足轻重的作用，面试官只有掌握了各种提问方式的特点，才能对面试驾轻就熟，掌握面试的节奏，保证面试的有效性。

① 直接式提问可以使应聘者把注意力集中在某一信息上，提供具体、直接的答案。答案一般是"是""不是"，或是一些微小的信息和数据，如一个日期、数字等。

② 开放式提问是向应聘者提出一些没有固定答案的问题，允许应聘者在较大的范围内回答。这样面试官就可以在应聘者较多的话语中捕捉信息，从中观察其思考问题的方法和观点、某些决定或行为后面的逻辑推理以及对某些过程的解释。

③ 澄清式提问是为了问出更多的信息，或是为了使应聘者对其答案做出进一步的解释。当面试官认为应聘者所给的答案不清楚或不完整时，可以使用澄清式提问。

④ 自我评价式提问是要让应聘者对他们自己及其行为、技能进行分析和评估，如"你认为你最大的优势是什么？"

（7）实施面试。大多数面试过程都包括关系建立、导入、核心、结束四个阶段。每个阶段都有各自不同的主要任务，在不同阶段，适用的面试题目类型也有所不同。

在开始面试之前，面试官应努力营造一种轻松、友好的氛围，使双方能够消除紧张感，更加有效地沟通。通常的方式是讨论一些与工作无关的问题，如天气、交通等。关系建立阶段大致占整个面试2%的比重。这一阶段通常不采用基于关键胜任能力的行为性问题，而主要是简短的直接式问题。

在这之后,面试官首先要问一些应聘者一般有所准备的比较熟悉的题目,如让应聘者介绍一下自己、介绍自己过去的工作等。导入阶段一般占整个面试8%的比重,以开放式问题为主。提出这样的问题可以给应聘者较大的自由度,使其答复的内容更丰富。而这些内容不仅为面试官提供了谈话的素材,还使双方减少了紧张感,逐渐进入角色。

这时,面试官应该知道面试已经进入最为重要的核心阶段。在核心阶段,面试官应该通过引导应聘者讲述一些关于核心胜任力的事例来收集应聘者核心胜任力方面的信息,并对这些信息做出基本的判断和评价。核心阶段占整个面试80%的比重,主要通过直接式、开放式、澄清式以及自我评价式的问题和其他面试技巧与应聘者进行交流,面试官应控制面试的节奏,有效获得应聘者的核心胜任力信息。

当面试接近尾声时,面试官应该检查自己是否有遗漏的问题和不能确认的信息需要在最后阶段加以追问。由于面试官已经获得应聘者关于职业目标的很多信息,在最后阶段如果已经初步认定应聘者合适,就可以向他"推销"一些空缺职位,介绍企业的情况以及员工福利等,以增加应聘者对企业的兴趣。如果面试官还无法肯定应聘者是不是企业所需要的人,结束时就要用一些感谢的话来表明对对方的友好和尊重。

(8)面试评价。这一阶段主要是在面试评分表上打分、写评价及做出录用决策,这些工作也可在面试过程中进行。

(五)录用与试用

企业应对经过甄选合格的应聘者做出录用决策。企业可以通过电话或信函联系被录用者,联系时要讲清楚企业向被录用者提供的职位、工作职责和薪酬等,并讲清楚报到时间、报到地点以及报到应注意的事项等。对决定录用的人员,在签订劳动合同以后,要有1—6个月的试用期①。被录用者如果试用合格,则试用期满便可按劳动合同规定享有正式合同工的权利和责任。

(六)招聘评估

这是招聘工作的最后一项工作。一般来说,评估工作主要从录用人员的数量和质量、招聘效率等方面来进行,包括招聘成本与效益评估和招聘工作评估两项内容。研究表明,不同的招聘渠道和方法产生的招聘效果是不大相同的。采用不同的方法招聘进来的员工也可能表现出不同的工作绩效、不同的流失率、不同的缺勤率。企业如果对招聘工作进行及时的评估,就可能找到招聘工作中存在的问题,从而适时地对招聘工作进行修整,提高下一轮招聘工作的质量。

四、员工安置

员工安置可分为三个阶段进行。

1. 帮助新员工认识和了解企业

新员工在正式开始工作之前,需要对企业有一个全面的认识和了解。所以,帮助新员

---

① 《中华人民共和国劳动合同法》第十九条规定:劳动合同期限三个月以上不满一年的,试用期不得超过一个月;劳动合同期限一年以上不满三年的,试用期不得超过二个月;三年以上固定期限和无固定期限的劳动合同,试用期不得超过六个月。试用期包含在劳动合同期限内。

工了解企业是员工安置的一项重要工作。这项工作需要企业管理者向新员工介绍企业的业务范围、组织结构、工作流程等内容。

2. 帮助新员工熟悉工作

新员工开始工作后总是希望知道其工作任务和职责,了解企业对其工作业绩的期望。因此,企业管理者应帮助新员工了解并熟悉工作,使新员工能够尽早独立地开展工作。这一阶段企业管理者需要与新员工不断沟通,帮助新员工明确其工作任务和职责以及企业对他们的业绩期望。这一过程是企业管理者和员工双向进行的,企业管理者要听取新员工的意见,以便制定有效的、切合实际的工作任务和业绩期望。

3. 帮助新员工制定下一阶段的工作目标和计划

新员工工作一段时间后,企业管理者要和新员工一起对该阶段的工作进行评估,即判断新员工能否适应企业和工作的要求,新员工对工作的内容和形式有何看法与意见。通过评估,企业可以判断新员工能否胜任工作;新员工也可以判断自身是否适合组织。确实无法适应企业和工作要求的员工,企业将不再留用。

对于那些能够融入企业,适应企业和工作要求的新员工来说,他们希望在企业中得到发展。所以,企业管理者要与新员工沟通,了解他们对职业发展的想法,帮助他们分析工作中的优势、潜力和不足,与他们一起制定下一阶段的工作目标和计划。

第二节　建立管理制度和工作流程

企业组织构建完成后,创业者需要完成相应的企业日常工作。这就需要企业建立相应的管理制度和工作流程作为保障。

一、企业的日常工作

由于企业的类型不同,其日常工作也存在差异:

(1)零售商店的日常工作主要是销售商品、采购存货、记账和管理店员。

(2)服务企业的日常工作主要是招揽生意、提供服务,管理员工,使他们的工作有成效且保质保量。此外,企业还要采购原材料、控制成本和为新业务定价。

(3)制造企业的日常工作要复杂得多,包括接订单、核实生产能力、安排车间生产。这意味着企业要购进原材料、调配工厂设备、监控工人工作质量、控制成本、销售产品等。

无论哪种类型的企业,以下工作都是必不可少的:

(一)监督管理员工

企业的成功是由所有员工的整体业绩带来的。如果员工的技能不足、积极性不高、配合不当,则即使你有一个好的企业构思,最终也无法成功。所以,企业要非常重视对员工的激励。

1. 建立团队意识

大多数员工喜欢集体配合工作。团队工作一旦完成,每个成员都会受到鼓舞。这种方法的主要好处在于:

- 提高员工的工作积极性——他们能体会到团队的成绩里有他们的一份贡献。
- 提高工作质量标准——团队成员共同配合解决质量问题。
- 提高工作效率——团队工作比单干更能使员工各展其长。

2. 重视员工培训

员工培训可以采用外部培训和内部培训两种方式。虽然员工培训需要经费支出,但员工能学到新的、更有效的工作方法;同时,员工能感受到企业对他们的关爱,认为企业对他们的工作感到满意。

（二）采购存货、原材料或服务

所有企业都买进卖出。零售商从批发商处买来商品,然后卖给顾客;批发商从制造商处进货,然后卖给零售商;制造商从不同渠道采购原材料制成产品,然后卖给顾客。服务行业的经营者买来设备和材料,然后向顾客提供服务。在这项工作中,慎重地采购原材料和选择服务方式可以降低成本并提高利润。

（三）生产管理

生产管理是制造行业和服务行业的一项日常工作,通常要做出以下决策:
- 生产什么。
- 何处生产。
- 如何生产。
- 生产数量。
- 生产质量。

这些工作的目的是合理地组织企业的生产活动,保质保量地为顾客提供产品。

（四）为顾客提供服务

如果没有顾客,任何企业都无法生存下去。如何招揽顾客是各企业非常重视的一项工作。促销可以使现有的和潜在的顾客了解企业的产品。以下是几种常见的促销手段:
- 在橱窗和公共场所做广告。
- 散发传单或小册子。
- 在报纸或杂志上做广告。
- 利用广播和电视做广告。
- 利用新媒体做广告。

（五）掌握和控制成本

企业的成本是企业资金支出的根源。企业经营者要彻底了解生产成本或进货成本。这有助于经营者更好地制定价格策略、赚取利润。为此,把成本维持在最低限度对企业来说是很关键的。

成本方面的信息来自企业的财务系统。即使是最简单的财务记录,也会为经营者提供计算企业成本的依据。

（六）制定价格

企业经营者要为企业生产的产品或提供的服务制定合适的价格,使企业的产品或服务既能产生利润,又具有相当的市场竞争力。企业需要明白,只有当销售收入大于销售成本时,企业才会有利润。因此,在制定价格之前,企业经营者必须先了解成本,否则将无从知道企业是在盈利还是在亏损。

（七）业务记录

企业经营者应时刻掌握企业的经营状况。如果企业经营遇到困难,则经营者通过分析业务记录,可以分析问题所在。如果企业运转良好,经营者也能利用这些记录进一步了解企业的优势所在,使企业更有竞争力。做好业务记录能帮助企业经营者做出有利的经营决策。

做好业务记录还有助于以下工作的开展：

- 控制现金。
- 控制赊账。
- 随时了解企业的负债情况。
- 控制库存。
- 了解员工动态。
- 掌握固定资产状况。
- 了解企业的经营情况。
- 上缴税款。
- 制订计划。

大多数小微企业为了节省开支而不雇用专职会计人员。所以,为了掌握现金流量,企业经营者需要自己学习简单的记账方法。虽然不同企业的记账方式有所差别,但一般包括以下内容：

- 收入的现金。
- 支出的现金。
- 债权人。
- 债务人。
- 资产和库存。
- 员工信息。

（八）组织办公室的工作

办公室是企业的信息中心。因此,办公室的组织和领导对企业也会产生影响。企业需要购买办公设备及带醒目企业标志的办公文具,还需设立一个接待顾客和来访者的场所。

二、管理制度和工作流程的具体内容

为了规范员工行为、利于管理,每家企业都需要建立相应的管理制度和工作流程。一般情况下,企业都要制定人力资源管理制度、绩效管理制度、薪酬管理制度等。制定制度的原则包括有用、有效、客观、可操作。每项制度包括基本规定、管理规定、规定的修订与批准等内容。

创业情境

张伟和王军的创业历程(44)

张伟和王军经过商议,根据企业的需要,制定了人力资源管理制度、绩效管理制度和薪酬管理制度。

人力资源管理制度

一、基本规定

1. 人力资源管理的目的

通过对人力资源的聘任、使用、调配和激励等一系列管理活动,支持和保障企业战略与发展目标的实现,并促进员工的全面发展。

2. 人力资源管理的任务

通过对人力资源的发展、调配、培训,确保企业的人力资源为企业带来竞争优势。其中包括确保企业各岗位配置数量适当的员工,并保证这些员工具备企业战略所需的各种不同类型和不同层次的知识、技能、能力;建立控制体系,确保员工的行为有利于推动企业发展目标的实现。

3. 本规定涉及的人力资源管理范畴

包括工作分析、人力资源规划、员工招聘计划与实施、员工培训计划与实施、绩效管理、薪酬管理等。

二、管理规定

4. 进行工作分析

经理应对各个岗位的工作信息进行收集、分析和综合,以确定特定岗位的设置目的,主要职责,任务,权利,工作隶属关系,所需的知识、技能和能力等,为企业人力资源管理系统奠定基础和提供依据。

5. 制定人力资源规划

经理应根据企业发展目标制定相应的人力资源规划,其中包括企业人力资源规模和结构以及人力资源管理基本政策等内容。

6. 制订人力资源计划

人力资源部应根据企业战略与发展目标、人力资源规划、工作分析和企业各部门下一财年人力资源供需缺口制订人力资源计划,并据此制订员工招聘、员工培训和岗位调整等计划。

7. 进行员工招聘

人力资源部应根据员工招聘计划开展员工招聘工作。

8. 进行员工培训

员工培训包括新员工培训和员工在职培训。

9. 员工绩效考核

员工绩效考核是员工薪酬调整、奖金分配、岗位调整以及制订下一年度个人发展计划的依据。

10. 薪酬管理

薪酬管理包括有关薪酬政策的基本原则、指导方针、薪酬构成等内容。

三、本规定的修订与批准

11. 本规定的修订由人力资源部主管负责,经经理批准后生效执行。

绩效管理制度

一、基本规定

1. 绩效管理的目的

通过经理与员工之间就工作职责、工作绩效和员工发展等问题所做的持续的双向沟通,帮助经理和员工不断提高工作质量,促进员工发展,确保个人和企业绩效目标的实现。

2. 适用范围

适用于企业员工的绩效管理。

3. 绩效管理的主要环节

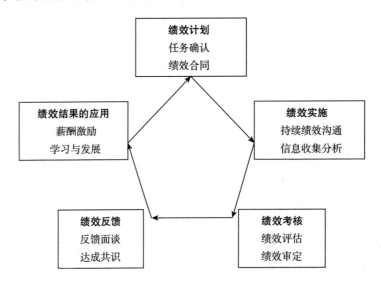

二、管理规定

4. 各环节的具体要求

(1) 制订工作计划

(2) 计划跟进与调整(时间:考核周期全过程)

(3) 过程辅导与激励(时间:考核周期全过程)

经理应跟进员工工作计划执行过程,就绩效问题与员工保持持续的沟通,并定期(建议至少每月一次)与员工一起就计划执行情况进行正式的回顾和沟通,帮助员工分析、解决计划执行中已经存在或潜在的问题。

(4) 绩效评定

企业要求的两次绩效评定时间为每年的×月份和×月份,至少保证半年一次。

① 员工自评(时间:考核周期结束前一周)

考核周期结束时,员工应对照工作说明书和期初制定的绩效计划/考核表,从工作绩效和核心胜任力两个方面进行述职与自我评价,填写绩效计划/考核表中的相关内容,并提交给直接上级。

② 评定

经理应按照员工的工作说明书、绩效计划/考核表的要求,参考员工自评和参与评价者(合作伙伴、顾客等)的意见,对员工本考核周期的工作绩效和核心胜任力进行评价。

绩效考核评分标准表

等级	分值	评分标准
出色	100—90分	工作绩效始终超越本职位常规标准要求,能够在规定的时间之前完成任务,完成任务的质量显著超出规定的标准,能够得到工作对象较高的评价
优良	90—80分	工作绩效经常超越本职位常规标准要求,能够严格按规定的时间要求完成任务,在质量上超出规定的标准,能够得到工作对象比较高的评价
可接受	80—60分	工作绩效维持本职位常规标准要求,能够达到规定的时间、数量、质量等工作标准,工作对象满意
需改进	60—50分	工作绩效基本维持或偶尔未达到本职位常规标准要求,有时在时间、数量、质量上达不到规定的工作标准,偶尔会有工作对象的投诉
不良	小于50分	工作绩效显著低于本职位常规标准要求,工作中有大的失误,或在时间、数量、质量上达不到规定的工作标准,经常会有工作对象的投诉

(5)绩效反馈

得出最终绩效评定结果后,经理应与员工进行绩效面谈,以肯定成绩,指出不足,提出改进意见和建议,帮助员工制定改进措施,与员工确认本考核周期的评定结果和下半年绩效计划/考核表。

(6)结果运用

绩效考核结果与年终奖金相关。

三、本规定的修订与批准

5.本规定的修订由人力资源部负责,经经理批准后生效执行。

四、本规定的附件

6.本规定的附件包括

(1)附件一:绩效计划/考核表

(2)附件二:绩效面谈记录表

(3)附件三:绩效改进计划

附件一：绩效计划/考核表

姓名：_____ 岗位：_____ 考核周期：____年__月__日至____年__月__日

第一部分：绩效计划/考核表

重点工作项目	目标衡量标准	关键策略（把重点工作按照时间和关键节点进行展开）	权重（%）	资源支持承诺	参与评价者评分	自评得分	上级评分
1.							
2.							
3.							
4.							
5.							
6.							
7.							
合计	评价得分＝Σ（评分×权重）		100%				

计划确认：本人_____ ____年___月___日 直接上级_____ ____年___月___日

填写说明	1."重点工作项目"一般不超过6项，不能确定的用"上级临时交办的任务"表示，但权重不能超过10%。 2."目标衡量标准"要具体，一般从数量、质量、时效性、所节约的资源和客户（含上级）的评价等方面确定。 3."关键策略"要求把重点工作按照时间和关键节点进行展开，以制定具体的阶段性分目标，便于落实。 4."资源支持承诺"是指为实现目标所需的资源和上级的支持，经双方确认后填写。
考核评分说明	评分标准： 100分——创造性地、完全超乎预期地实现目标； 85分——明显超越目标； 70分——实现目标并有所超越； 60分——基本实现目标，但有所不足； 40分——与目标存在明显差距； 0分——未进行此项工作。

第二部分：核心胜任力评价表

评价标准说明： 1分——偶尔表现出类似行为； 2分——有时表现出类似行为； 3分——经常表现出类似行为； 4分——总是表现出类似行为。	评分说明： 1.可以打以0.5结尾的分； 2.打4分和1分时，要在说明栏中写明具体事例。

(续表)

评价指标	评价标准	自评得分	自评说明	经理评分	经理说明
服务客户	了解谁是本职范围内的客户,包括企业外部的和公司内部的				
	耐心倾听客户的要求,甚至是抱怨				
	及时、快速地响应客户的问题,哪怕暂时没有合理的解决方案,并且不局限于8小时的工作时间				
	在自己的独立工作范围内,有能力解决客户提出的业务问题,用客户能理解的语言向客户沟通专业技术				
	在本职范围内,全力满足客户需求,同时关注客户的额外要求并能及时反馈给上级主管				
精准求实	接受上级指派的任务,并明确对任务的期望和结果				
	接受任务后,善于动脑筋,利用各种数据,分析市场和需求、成本(包括管理成本)和利益的关系,再迅速采取行动				
	严格执行和落实布置的任务或决定、企业的业务流程,并能够独立自主地寻找完成任务所需的资源,按时按质完成任务				
	合理分配个人的时间和精力,分清主次,特别注重把握关键业务流程和细节,把80%的精力放在20%的重点工作中去				
	对工作中遇到的问题,不仅敢于快速向上级反映,还能追根溯源直至找出解决方案,调整相应的规则和流程				
	关注并理解企业/本部门的利润指标,积极寻求节约成本的方法和途径				
创业创新	在实现本岗位工作目标的情况下,愿意承担更多的任务和挑战,并采取必要的行动				
	不断审视目前的工作方法/流程,积极寻求更能满足客户真正需求、更高效、更低成本(包括管理成本)的工作方式				
	善于总结经验教训,制定防范措施,并提醒他人,避免同类问题发生				
	永不满足现状,对学习本领域内其他工作岗位的知识有浓厚的兴趣,强调运用新知识来改进方案和解决问题				
合作共享	明确自己的工作职责,了解本岗位在工作流程中的作用以及与其他合作人员的工作衔接点,并将自己的工作进度与共同工作的同事和上级主管分享				
	对自己控制的企业资源负责,并从工作需要的角度主动与他人分享,同时能积极寻找资源来有效地完成本职工作				
	主动向他人介绍业务进程,沟通工作方法和分享经验(尤其是失败的经验和改进的方法),特别是在进行工作交接时				
	在工作分工不明确、任务边界不清晰的情况下,仍主动承担工作并积极推进				
	在跨部门合作项目中,尊重其他部门的同事,并在共同的目标上达成一致				

（续表）

评价指标	评价标准	自评得分	自评说明	经理评分	经理说明
诚实守信	恪守企业的财务制度和价格制度				
	不轻易承诺，但对承诺过的事情保证兑现				
	公开表明自己的个人意见，尤其是当自己的意见与领导的意见不符时				
	当在工作进程中发现问题和疏漏时，不掩盖且及时通报，以避免损失或将损失降至最小				
合计					

附件二：绩效面谈记录表

岗位		时间	年　月　日
被考核人	姓名：	职位：	
直接上级	姓名：	职位：	

绩效讨论要点：

能力讨论要点：

给予员工的发展建议：

附件三:绩效改进计划

说明:本绩效改进计划可以在正式绩效面谈中使用,也可以运用于计划执行。

岗位			时间	年 月 日
被考核人	姓名:	职位:		
直接上级	姓名:	职位:		

不良绩效描述(含绩效、行为表现和能力目标,请用数量、质量、时间、成本/费用、客户满意度等标准进行描述):

原因分析:

绩效改进措施/计划:

被考核人: 直接上级: 年 月 日

绩效改进措施/计划实施记录:

被考核人: 直接上级: 年 月 日

期末评价:
□优秀:出色完成改进计划
□符合要求:完成改进计划
□尚待改进:与计划目标相比有差距
评价说明:

被考核人: 经理: 年 月 日

签字:被考核人_____ 直接上级_____

薪酬管理制度

一、基本规定

1. 设计思路

（1）明确企业薪酬定位,将员工的薪酬控制在市场水平,保证企业现有人员队伍的稳定,充分调动员工的工作热情,并且形成一定的外部吸引力。

（2）引入多元化的激励模式,充分利用薪酬杠杆调节作用,充分调动员工潜能与工作热情。完善企业福利制度,调整福利制度的灵活性,满足员工多元化的需求,将福利制度引导到增强员工归属感和忠诚度、促进其个人成长的道路上来。

（3）依据企业经营效益以及市场薪酬行情变化等因素适时对薪酬体系进行调整,促使企业薪酬制度逐步实现市场化。

二、管理规定

2. 设计内容

（1）薪酬定位

根据企业寻求快速的、高效的、稳定的市场化发展的战略目标要求,考虑到企业目前规模偏小、资金压力大等客观现实,企业的总体薪酬水平可以定位于市场中游水平。

（2）薪酬设计原则

① 竞争性原则:整体薪酬水平位居市场中游水平,具有一定的外部竞争力。

② 公平性原则:制定薪酬区分标准,并形成规范制度,避免人为因素主导薪酬区分。

③ 激励性原则:依据岗位性质合理调整薪酬结构,加大变动收入比例,提高薪酬制度的激励效应。

④ 绩效导向原则:员工薪酬水平全面与绩效挂钩,严格执行"按贡献分配"。

⑤ 动态性原则:企业整体薪酬结构以及薪酬水平根据企业经营效益、市场薪酬行情、宏观经济因素变化等因素适时调整,能动地适应企业发展和企业人力资源开发的需要。

（3）薪酬结构

整体薪酬结构分为基本薪酬、绩效薪酬、津贴补助、福利四个类别。

三、本规定的修订与批准

3. 本规定的修订由人力资源部负责,经经理批准后生效执行。

实践园地

企业管理决定企业的发展历程

华为是中国的骄傲,是信息和通信技术领域的领头羊。我们最常见的华为产品就是华为手机了,华为手机技术领先、设计人性化、性能优越、功能众多。其实很多管理者都在学习华为,但一些企业"学不会"甚至"不愿学"的,恰恰是华为所遵循的管理普遍规律和原理。

1. 坚定的战略导向

无论是业务领域的选择和转换,还是竞争策略的组合和展开、竞争优势的形成和扩大,以及竞争能力的积累和提升等,华为始终有清晰明确的认知、方向和管理逻辑。尤其在中国企业界存在机会主义的背景下,华为基于宗旨使命和长远目标的战略导向就显得更加难能可贵。

华为的战略导向有三点值得我们注意:一是在对市场、行业、技术等形势、大局、趋向准确判断的基础上,思考并形成整体性、系统性战略框架;二是居安思危,进行动态的战略调整和变革;三是坚持不懈地建设能力体系和平台,打造企业长治久安的能力基石。

具有战略导向理念和行为的关键在于强烈的使命意识——它是战略导向的前提和源泉,是一种正确的战略思维方式。更为重要的,使命意识是组织智慧生成的机制、程序和手段,是竞争能力的内核所在。

2. 惠及广大员工的利益分享机制

众所周知,华为创始人持有的公司股份比例很小。华为大范围地吸纳员工入股,形成了开放、共享的利益结构。华为坦率地承认,企业是一个利益共同体。组织成员共同的愿景、协同的愿望,以及组织的合力需以利益分享机制为基础。华为重视企业文化,但从不用虚头巴脑的"理念"来替代利益。

华为以员工对企业的贡献和人力资本为尺度,通过产权和利益分配制度的创新,使员工对企业发展产生真正的关切,让员工分享企业成长的收益;同时保持了高效、统一的治理结构。从效率角度来看,华为形成了"高能力、高报酬、高绩效"之间的良性循环。

华为的利益分享机制是部分民营企业难以企及的,一方面,许多企业的创始人和控制人缺乏与员工分享利益的胸怀和境界;另一方面,客观地说,许多企业的领导人缺少基于能力、人格魅力的权威,只能以产权控制为依托保持在组织中的领导和权威地位。

3. 企业中"非正式组织"的普遍存在

当前,部分中国企业内部很难形成"大规模的合约",只能分化为权责边界清晰的小型主体(如事业部、事业部中的二级事业部等),它们以结果为导向独立运作。

这种体制虽有灵活、敏捷、快变的优点,但非常不利于构建统一的能力平台和发挥组织的协同效能,有可能导致企业内部的离心倾向和"诸侯化"局面。华为不迁就所谓的"文化宿命",坚决倡导内部的合作,坚持客户导向的流程化管理,以复杂的矩阵式组织结构,将内部不同机构、不同职位以及不同人员编织成一张整体性的、纵横交错的协同之网。这种结构将事业分工和专业职能分工有机结合起来,兼顾平台能力打造和市场快速反应,充分体现组织的作用和力量。

华为汇集了大量的高素质人才,但并没有出现各自为战的个人主义,而是彰显出以人格尊重为前提的团队精神。"组织化"的难点在于合作文化、流程文化的塑造和延续,也在于流程建设的决心。

4. 知识型员工的管理

华为的主体是来源于一流大学的知识型员工。对这类员工的管理,长期以来是中国企业的管理难题。他们思想活跃、个性鲜明、渴望尊重、注重公正、向往公平、希冀参与,有强烈的实现自我价值的愿望。关键在于:既要充分保证和发挥其自主性、创造性,又要使其认同组织、融入团队、乐于合作。不能使人才成为"原子化"的个体,更不能使人才成为奴才。

华为将他山之石和自身实际结合起来,经过长期积累,形成了知识型员工管理的结构化体系:以能力为核心,以任职资格为基础,招录、培养、使用等多个模块相互衔接;以体现公正原则的价值评价为中心,考核激励、职业发展等多个环节联为一体,同时注重企业文化和组织氛围管理,营造员工满意度高的文化环境。

从华为的经验来看,知识型员工管理的关键在于:是否真正重视人力资本,是否真正尊重和理解知识型员工,是否坚守客观、公正的组织规则,是否愿意投入资源长期进行体系建设,是否具备对知识型员工的领导力以及与其沟通的能力等。

除了以上几点,"不易学会"的华为经验还包括民主决策机制(例如轮值CEO制度)以及科学决策程序(例如"红军""蓝军"的设置)。尤其需要指出的是,华为长期遵循和践行核心价值理念(如以客户为中心、以奋斗者为本、天道酬勤、艰苦奋斗等),已成为重要的组织制约和牵引机制。

文化即传统和习惯,文化需长期积累,文化建设需多管齐下、长期不懈。华为这方面的做法,学起来也殊为不易。在学习华为企业管理精髓的道路上,希望各家企业且行且学习。

资料来源:管理者必学的华为企业管理精髓[EB/OL].(2017-12-15)[2023-02-22].https://zhuanlan.zhihu.com/p/32035359。

问题:如何根据企业的具体情况,建立长期有效的企业管理制度?

分析提示:企业管理是成体系的,要结合企业的主营业务和企业的核心价值观来建设,同时根据外部环境和行业政策的变化,定期对企业管理制度进行调整;要随机应变,结合理论进行实践,并根据实践成果不断进行评估和完善。

任务训练

任务训练一:编写员工招聘书

以你的企业的某一空缺职位为例,编写工作说明书、面试评分表和招聘计划书。

(一)编写工作说明书

工作说明书				
工作说明书编写人:	编写时间:	年	月	日

职位名称:

工作代码:

任务和职责

1.

   ➢

   ➢

(续表)

➢
2.
   ➢
   ➢
   ➢
3.
   ➢
   ➢
   ➢
4.
   ➢
   ➢
……	

知识与技能要求	
人格特征要求	

（二）编写面试评分表

应聘者姓名	
面试时间	
评价指标	得分
人际关系能力(15分)	
沟通技巧(15分)	
团队合作(15分)	

（续表）

评价指标	得分
承受压力/挫折能力（15分）	
重信誉（15分）	
相关工作经验（10分）	
学历（10分）	
举止仪表（5分）	
合计（100分）	

评价：

录用决策	录用□　备用□　不录用□

（三）编写招聘计划书

招聘职位	
招聘人数	
招聘对象	
招聘标准	
招聘时间	
招聘地点	
招聘渠道选择	
招聘信息发布	
简历筛选	
面试	
招聘预算	

任务训练二：建立企业管理制度

建立你的企业的绩效管理制度和薪酬管理制度。

（一）绩效管理制度

绩效管理制度（一）

一、基本规定

（续表）

二、管理规定

三、本规定的修订与批准

四、本规定的附件
- 附件一：绩效计划/考核表
- 附件二：绩效面谈记录表
- 附件三：绩效改进计划

绩效管理制度（二）

- 附件一：绩效计划/考核表

绩效管理制度（三）

- 附件二：绩效面谈记录表

绩效管理制度（四）

- 附件三：绩效改进计划

（二）薪酬管理制度

薪酬管理制度

一、基本规定

二、管理规定

三、本规定的修订与批准

附 件

附件 1

市场主体自主申报名称信用承诺书

  我们已认真阅读了《企业名称登记管理规定》《企业名称登记管理实施办法》和《市场主体名称自主申报须知》,并对照《企业名称禁限用规则》《企业名称相同相近比对规则》,确定选择自主申报预选号＿＿＿＿＿＿＿＿＿＿＿＿作为本企业名称,并承诺如下：
  1. 已知晓企业名称自主申报系统查询出的可能近似企业名称信息(名称查询清单附后),经过慎重考虑,选择申请该名称。
  2. 自觉服从登记机关规范指导,在办理企业登记时,如登记机关发现企业名称违反名称登记规定或提交的材料与实际不相符的,不予登记的责任由全体投资人承担。
  3. 在今后的经营活动中,企业将规范使用企业名称,不侵犯他人企业名称权、商标权或其他知识产权,不损害他人的合法权益。如果与在先企业名称相近产生了名称争议,或造成了公众误认,本企业愿意服从登记机关裁决和法院判决,被要求更改企业名称时,将主动申请名称变更登记。
  4. 本企业愿意承担因名称争议所产生的一切后果和民事法律责任。
  5. 同意登记机关将本承诺信息通过企业信用信息公示系统和主流媒体向社会公示。

  投资人签字及盖章：

  企业(盖章、签字)：

                    年　　月　　日
  备注:企业申请设立登记时,由全体投资人签署;企业申请名称变更登记时,由企业法定代表人签字,加盖企业公章。

名称查询清单

拟申报的名称：

字号：　　　　　　拼音：

经查询该名称可能与他人名称近似的共有 X 条，清单如下：

序号	企业名称	中文字号	查询方式
1			
2			
3			
4			
5			
6			
7			
……			

附件

市场主体自主申报名称预留告知书

自主申报预选号：_____

×××：

你代表委托方自主申报的_____企业名称，已被预留。

投资人信息：

姓名或名称	设立人类型	国别(地区)	证件类别	证件号码

该名称保留期至_____，请在保留期内办理企业登记相关手续。在保留期内，该名称不得用于经营活动，不得转让。

年　月　日

注：1. 申请人办理设立登记或者名称变更登记时，需向登记机关提交《市场主体自主申报名称信用承诺书》；

2. 预选的名称需要提交相关证明材料的，在办理企业登记时一并提交给企业登记机关；

3. 在办理企业登记时，如登记机关发现企业名称违反名称登记规定或提交的材料与实际不相符的，有权要求申请人更换名称或不予登记。

附件2

公司登记(备案)申请书

\u3000	□基本信息(必填项)	
名　称	(集团母公司需填写:集团名称:　　　集团简称:　　　)	
统一社会信用代码 (设立登记不填写)		
住　所	北京市____区_____(门牌号)	
联系电话		邮政编码
\u3000	□设立(仅设立登记填写)	
法定代表人 姓　名		公司类型 \u3000 □有限责任公司 □股份有限公司 □外资有限责任公司 □外资股份有限公司
注册资本	____万元　(币种:□人民币　□其他____)	
投资总额 (外资公司填写)	____万元(币种:____)　折美元:____万元	
设立方式 (股份公司填写)	□发起设立 □募集设立	营业期限/ 经营期限 \u3000 □长期　□____年
申领执照	□申领纸质执照　其中:副本____个 (电子执照系统自动生成,纸质执照自行勾选)	
经营范围 (根据登记机关 公布的经营项目 分类标准办理 经营范围登记)		

注:1. 本申请书适用于内资、外资公司申请设立、变更、备案。
2. 申请书应当使用 A4 纸。依本表打印生成的,使用黑色或蓝色墨水钢笔或签字笔签署;手工填写的,使用黑色或蓝色墨水钢笔或签字笔工整填写、签署。

□变更(仅变更登记填写,只填写与本次申请有关的事项)

事　项	□名称　　　□住所　　　□法定代表人(姓名)　　□注册资本　　□公司类型 □经营范围　　□股东　　□股东(发起人)姓名或名称	
变更事项	原登记内容	变更后登记内容

注:1. 变更事项包括名称、住所、法定代表人(姓名)、注册资本、公司类型、经营范围、有限责任公司股东(股东姓名或者名称)、股份有限公司发起人的姓名或者名称。

2. 申请公司名称变更,在名称中增加"集团或(集团)"字样的,应当填写集团名称、集团简称(无集团简称的可不填)。

□备案(仅备案填写)

事　项	□公司董事、监事、高级管理人员　　□章程(含修正案)　　□经营期限 □认缴出资数额　　□联络员　　□外国投资者法律文件送达接受人	
备案事项	原登记内容	备案后登记内容

注:高级管理人员包括经理、副经理、财务负责人,上市公司董事会秘书和公司章程规定的其他人员。

	□指定代表/委托代理人（必填项）		
委托权限	1. 同意□ 不同意□ 核对登记材料中的复印件并签署核对意见； 2. 同意□ 不同意□ 修改企业自备文件的错误； 3. 同意□ 不同意□ 修改有关表格的填写错误； 4. 同意□ 不同意□ 领取营业执照和有关文书。		
固定电话		移动电话	

（指定代表或者委托代理人身份证件复（影）印件正反面粘贴处）

指定代表/委托代理人签字：

年　　月　　日

☐申请人签署(必填项)

本申请人和签字人承诺如下,并承担相应的法律责任:

1. 向登记机关提交的材料文件和填报的信息真实、准确、有效、完整。

2. 使用的名称符合《企业名称登记管理规定》有关要求,不含有损国家、社会公共利益或违背公序良俗及有其他不良影响的内容;名称与他人使用的名称近似侵犯他人合法权益的,依法承担法律责任;如使用的名称被登记机关认定为不适宜名称,将主动配合登记机关进行纠正。

3. 已依法取得住所(经营场所)使用权,申请登记的住所(经营场所)信息与实际一致。

4. 经营范围涉及法律、行政法规、国务院决定规定、地方行政法规和地方规章规定,需要办理许可的,在取得相关部门批准前,不从事相关经营活动。不从事本市产业政策禁止和限制类项目的经营活动。

5. 本企业法定代表人不存在《中华人民共和国公司法》第一百四十六条所规定的不得担任法定代表人的情形。

6. 本企业一经设立将自觉报送年度报告,依法主动公示信息,对报送和公示信息的真实性、及时性负责。

7. 本企业依法纳税,依法缴纳社会保险费,自觉履行法定统计义务,严格遵守有关法律法规的规定,诚实守信经营。

8. 本企业不存在《中华人民共和国公司法》中对一人有限公司的限制性规定。

9. 外商投资企业设立、变更或再投资办理登记时,全体投资人已承诺申报内容符合《中华人民共和国外商投资法》及《外商投资准入特别管理措施(负面清单)》要求。

全体股东签字或盖章(仅限有限责任公司设立登记,可另附签字页):

董事会成员签字(仅限股份有限公司设立登记,可另附签字页):

法定代表人签字:

公司盖章(限变更、备案登记)

年   月   日

注:1. 股东为自然人的由本人签字,为法人和其他组织的由法定代表人、负责人或有权签字人签字,并加盖公章。

2. 公司更换法定代表人的变更登记申请由新任法定代表人签字。

附表 2-1

法定代表人信息

本表适用于设立及变更法定代表人填写。

姓名		国别（地区）	
职务	□董事长 □执行董事 □经理	产生方式	
身份证件类型		身份证件号码	
固定电话		移动电话	
住所		电子邮箱	

（身份证件复（影）印件粘贴处）

拟任法定代表人签字：

年　　月　　日

附表 2-2

董事、监事、高级管理人员信息表

姓名	国别(地区)	证件类型	证件号码	职务	产生方式	移动电话

注:1. 本表适用于设立及变更主要人员填写,变更时请完整填写新任职人员信息(未发生变化人员仅需填写"姓名"及职务两栏)。请另行提交人员任免职文件,无须股东在本表盖章或签字。本页不够填的,可复印续填。

2. "职务"指董事长(执行董事)、董事、经理、监事会主席、监事、副经理、财务负责人、董事会秘书等。上市股份有限公司设置独立董事的应在"职务"栏内注明。"产生方式"按照章程规定填写,董事、监事一般应为"选举"或"委派";经理一般应为"聘任"。中外合资(合作)企业应当明确上述人员的委派方。

3. 高级管理人员包括"经理、副经理、财务负责人、上市公司董事会秘书和公司章程规定的其他人员"。

附表 2-3

董事、监事、高级管理人员身份证明页

（身份证件复（影）印件粘贴处）

（身份证件复（影）印件粘贴处）

（身份证件复（影）印件粘贴处）

注：新设立或涉及董事、监事、高级管理人员变更的，请将其身份证件复印件、影印件正反面粘贴在本页，本页如不够粘贴可复印使用。

附表 2-4

股东(发起人)、外国投资者出资情况

股东(发起人)、外国投资者名称或姓名	国别(地区)	证件类型	证件号码	认缴出资额	实缴出资额	出资(认缴)时间	出资方式

单位:万元(币种:□人民币　□其他_____)

附表 2-5

自然人股东(发起人)身份证明页

(身份证件复(影)印件粘贴处)

(身份证件复(影)印件粘贴处)

(身份证件复(影)印件粘贴处)

注:新设立或涉及自然人股东(股东或发起人姓名或名称)变更的,请将其身份证件复印件、影印件正反面粘贴在本页,本页如不够粘贴可复印使用。

附表 2-6

非自然人股东(发起人)资格证明页

(资格证明复(影)印件粘贴处)

(资格证明复(影)印件粘贴处)

(资格证明复(影)印件粘贴处)

注:新设立或涉及非自然人股东(股东或发起人姓名或名称)变更的,请将其资格证明复印件、影印件附于本页,本页如不够粘贴可复印使用。

附表 2-7

住所使用说明

本表适用于设立及变更住所填写。

名 称	
住 所	北京市_____区_____（门牌号）
产权人证明	该地址房屋安全，同意将其提供给企业使用。 产权人盖章（签字）： 　　　　　　　　　　　年　　月　　日
需要证明情况	上述住所房屋安全，产权人为_____， 房屋用途为_____。 　　特此证明。 证明单位公章： 证明单位负责人签字： 　　　　　　　　　　　年　　月　　日

附表 2-8

联络员信息

姓　　名		固定电话	
移动电话		电子邮箱	
身份证件类型		身份证件号码	

（身份证件复（影）印件正反面粘贴处）

注：1. 联络员主要负责本企业与企业登记机关的联系沟通，以本人个人信息登录国家企业信用信息公示系统依法向社会公示本企业有关信息等。联络员应了解企业登记相关法规和企业信息公示有关规定。

2. 联络员信息未变更的不需要重填。

附表 2-9

外商投资企业法律文件送达授权委托书

授 权 人：＿＿＿＿＿＿＿＿＿＿＿＿＿＿＿＿＿＿＿＿＿＿＿
被授权人：＿＿＿＿＿＿＿＿＿＿＿＿＿＿＿＿＿＿＿＿＿＿＿
授权范围：授予＿＿＿＿＿＿＿＿＿（被授权人名称或姓名）代表＿＿＿＿＿＿＿＿
（授权人名称或姓名）在中国境内接受企业登记机关法律文件送达,直至解除授权。

被授权人	证件类型		证件号码	
	固定电话		移动电话	
	地 址			
被授权人联系人	姓 名		地 址	
	证件类型		证件号码	
	固定电话		移动电话	

授权人签字或盖章：　　　　　　　被授权人签字或盖章：

　　　　　　　　　　　　　　　　　　　　　　　　　年　　月　　日

注：1. 仅限外资企业填写。

2.《外商投资企业法律文件送达授权委托书》由外国（地区）投资者（授权人）与境内法律文件送达接受人（被授权人）签署。被授权人可以是外国（地区）投资者设立的在中国境内从事生产经营活动的机构、拟设立的公司（被授权人为拟设立的公司的，公司设立后委托生效）或者其他境内有关单位或个人。被授权人、被授权人地址等事项发生变更的，应当签署新的《外商投资企业法律文件送达授权委托书》，并提交相关主体资格文件或身份证明文件，及时向企业登记机关备案。

3. 被授权人为自然人的，填写"被授权人"信息，被授权人为非自然人的，填写"被授权人"及"被授权人联系人"信息，并提交相关主体资格文件或身份证明文件。

附件 3

制定有限责任公司章程须知

一、为方便投资人，北京市市场监督管理局制作了有限责任公司（包括一人有限公司）章程参考格式。股东可以参照章程参考格式制定章程，也可以根据实际情况自行制定，但章程中必须记载本须知第二条所列事项。

二、根据《中华人民共和国公司法》第二十五条规定，有限责任公司章程应当载明下列事项：

（一）公司名称和住所；

（二）公司经营范围；

（三）公司注册资本；

（四）股东的姓名或者名称；

（五）股东的出资方式、出资额和出资时间；

（六）公司的机构及其产生办法、职权、议事规则；

（七）公司法定代表人；

（八）股东会会议认为需要规定的其他事项。

三、章程中应当载明"本章程与法律法规不符的，以法律法规的规定为准"。经营范围条款中应当注明"以登记机关核定的经营范围为准"。

四、股东应当在公司章程上签名、盖章，自然人股东应亲笔签字，法人股东应加盖公章且法人股东的法定代表人亲笔签字。

五、公司章程应提交原件，并应使用 A4 规格纸张打印。

附：《有限（责任）公司章程》参考格式

北京市市场监督管理局
（2021 年第一版）

_____有限（责任）公司章程

（参考格式）

第一章 总 则

第一条 依据《中华人民共和国公司法》（以下简称《公司法》）及有关法律、法规的规定，由_____等_____方共同出资，设立_____有限（责任）公司（以下简称公司），特制定本章程。

第二条　本章程中的各项条款与法律、法规、规章不符的,以法律、法规、规章的规定为准。

第二章　公司名称和住所

第三条　公司名称：_____。

第四条　住所：_____。

第三章　公司经营范围

第五条　公司经营范围：_____（注：根据实际情况具体填写。最后应注明"以登记机关核定的经营范围为准"）。

第四章　公司注册资本及股东的姓名(名称)、出资额、出资时间、出资方式

第六条　公司注册资本：_____万元人民币。

第七条　股东的姓名(名称)、认缴的出资额、出资时间、出资方式如下：

股东姓名或名称	认缴情况		
	认缴出资额	出资时间	出资方式
合计			

第五章　公司的机构及其产生办法、职权、议事规则

第八条　股东会由全体股东组成,是公司的权力机构,行使下列职权：

（一）决定公司的经营方针和投资计划；

（二）选举和更换非由职工代表担任的董事、监事,决定有关董事、监事的报酬事项；

（三）审议批准董事会(或执行董事)的报告；

（四）审议批准监事会(或监事)的报告；

（五）审议批准公司的年度财务预算方案、决算方案；

（六）审议批准公司的利润分配方案和弥补亏损的方案；

（七）对公司增加或者减少注册资本做出决议；

（八）对发行公司债券做出决议；

（九）对公司合并、分立、解散、清算或者变更公司形式做出决议；

（十）修改公司章程；

（十一）其他职权。（注：由股东自行确定,如股东不做具体规定应将此条删除。）

第九条　股东做出的公司经营方针和投资计划的决定,应当采用书面形式,并由股东签字后置备于公司。

第十条　公司设董事会,成员为_____人,由_____产生。董事任期_____年（注：每届不得超过三年）,任期届满,可连选连任。

董事会设董事长一人,由_____产生(注:股东自行确定董事长的产生方式)。

(注:有限责任公司不设董事会的,此条应改为:公司不设董事会,设执行董事一人,由股东____产生。执行董事任期___年,任期届满,可连选连任。)

第十一条 董事会行使下列职权:

(一)负责向股东报告工作;

(二)执行股东的决议;

(三)审定公司的经营计划和投资方案;

(四)制订公司的年度财务预算方案、决算方案;

(五)制订公司的利润分配方案和弥补亏损方案;

(六)制订公司增加或者减少注册资本以及发行公司债券的方案;

(七)制订公司合并、分立、变更公司形式、解散的方案;

(八)决定公司内部管理机构的设置;

(九)决定聘任或者解聘公司经理及其报酬事项,并根据经理的提名决定聘任或者解聘公司副经理、财务负责人及其报酬事项;

(十)制定公司的基本管理制度。

(注:股东人数较少或者规模较小的有限责任公司,可以设一名执行董事,不设董事会。执行董事的职权由股东自行确定。)

第十二条 公司设经理,由董事会决定聘任或者解聘。经理对董事会负责,行使下列职权:

(一)主持公司的生产经营管理工作;

(二)组织实施公司年度经营计划和投资方案;

(三)拟订公司内部管理机构设置方案;

(四)拟定公司的基本管理制度;

(五)制定公司的具体规章;

(六)提请聘任或者解聘公司副经理、财务负责人;

(七)决定聘任或者解聘除应由股东决定聘任或者解聘以外的负责管理人员。

(注:以上内容也可由股东自行确定。)

第十三条 公司设监事会,成员_____人,监事会设主席一人,由全体监事过半数选举产生。监事会中股东代表监事与职工代表监事的比例为_____:_____(注:由股东自行确定,但其中职工代表的比例不得低于三分之一)。

监事的任期每届为三年,任期届满,可连选连任。

(注:股东人数较少、规格较小的公司可以设一至二名监事,此条应改为:公司不设监事会,设监事____人,由股东会选举产生。监事的任期每届为_____年,任期届满,可连选连任。)

第十四条 监事会或者监事行使下列职权:

(一)检查公司财务;

(二)对执行董事、高级管理人员执行公司职务的行为进行监督,对违反法律、行政法规、公司章程或者股东会决议的执行董事、高级管理人员提出罢免的建议;

（三）当执行董事、高级管理人员的行为损害公司的利益时，要求执行董事、高级管理人员予以纠正；

（四）向股东提出提案；

（五）依照《中华人民共和国公司法》第一百五十二条的规定，对执行董事、高级管理人员提起诉讼。

第六章　公司的法定代表人

第十五条　董事长为公司的法定代表人。

（注：也可是执行董事或者经理，由股东自行确定。）

第七章　股东会会议认为需要规定的其他事项

第十六条　公司的营业期限为____年，自公司营业执照签发之日起计算。

第十七条　有下列情形之一的，公司清算组应当自公司清算结束之日起30日内向原公司登记机关申请注销登记：

（一）公司被依法宣告破产；

（二）公司章程规定的营业期限届满或者公司章程规定的其他解散事由出现，但公司通过修改公司章程而存续的除外；

（三）股东决定解散；

（四）依法被吊销营业执照、责令关闭或者被撤销；

（五）人民法院依法予以解散；

（六）法律、行政法规规定的其他解散情形。

第十八条　一人有限责任公司的股东不能证明公司财产独立于自己的财产的，应当对公司债务承担连带责任。

（注：本章节内容除上述条款外，股东可根据《中华人民共和国公司法》的有关规定，将认为需要记载的其他内容一并列明。）

第八章　附　　则

第十九条　公司登记事项以公司登记机关核定的为准。

第二十条　本章程一式____份，并报公司登记机关一份。

全体股东亲笔签字、盖公章：

（注：自然人股东应亲笔签字，法人股东应加盖公章且法人股东的法定代表人亲笔签字。）

年　月　日

附件 4

指定代表或者共同委托代理人授权委托书

申请人：_____

指定代表或者委托代理人：_____

委托事项及权限：

1. 办理_____（企业名称）的

□设立 □变更 □注销 □备案 □撤销变更登记

□其他_____手续。

2. 同意□不同意□核对登记材料中的复印件并签署核对意见；

3. 同意□不同意□修改企业自备文件的错误；

4. 同意□不同意□修改有关表格的填写错误；

5. 同意□不同意□领取营业执照和有关文书。

指定或者委托的有效期限：自　　年　　月　　日至　　年　　月　　日

指定代表或委托代理人或者经办人信息	签　字：
	固定电话：
	移动电话：

（指定代表或委托代理人、具体经办人身份证件复印件粘贴处）

（申请人签字或盖章）

　　　　　　　　　　　　　　　　　　　　　　　　年　　月　　日

注：以下"说明"供填写申请书参照使用，不需要向登记机关提供。

填 写 说 明

1. 公司及分公司:有限责任公司设立登记申请人为全体股东,国有独资公司设立登记申请人为国务院或地方人民政府国有资产监督管理机构,股份有限公司设立登记申请人为董事会,分公司设立登记申请人为公司;公司变更、注销、备案,申请人为本公司,加盖本公司公章(其中公司清算组备案的,同时由清算组负责人签字;公司破产程序终结后办理注销登记的,同时由破产管理人签字);分公司变更、注销,申请人为公司,加盖公司公章。

2. 非公司企业法人及其分支机构:非公司企业法人设立登记申请人为主管部门(出资人)、营业单位、非法人分支机构设立登记申请人为隶属单位(企业);非公司企业法人变更、注销、备案,申请人为本企业,加盖本企业公章,营业单位、非法人分支机构变更、注销,申请人为隶属单位(企业),加盖隶属单位(企业)公章。

3. 合伙企业及其分支机构:合伙企业设立登记申请人为全体合伙人,合伙企业分支机构设立登记申请人为执行事务合伙人(含委派代表);合伙企业变更、备案、合伙企业分支机构变更、注销登记申请人为执行事务合伙人(含委派代表)(其中清算人备案的,申请人为清算人);合伙企业注销登记,申请人为清算人。

4. 个人独资企业及其分支机构:个人独资企业设立、变更、备案、注销申请人为投资人;个人独资企业分支机构设立、变更、注销申请人为投资人。

5. 农民专业合作社及其分支机构:农民专业合作社设立登记申请人为全体设立人,农民专业合作社分支机构设立登记申请人为法定代表人;农民专业合作社变更、备案、农民专业合作社分支机构变更申请人为法定代表人;农民专业合作注销登记申请人为清算组负责人(因合并、分立而解散的申请人为法定代表人),农民专业合作社分支机构注销登记申请人为法定代表人(隶属合作社已进入清算阶段的,申请人为清算组负责人)。

6. 委托事项及权限:第1项应当选择相应的项目并在□中打√,或者注明其他具体内容;第2、3、4、5项选择"同意"或"不同意"并在□中打√。

7. 自然人申请人由本人签字,非自然人申请人由其法定代表人或负责人签字并加盖公章。

8. 指定代表或者委托代理人可以是自然人,也可以是其他组织;指定代表或者委托代理人是其他组织的,应当另行提交其他组织证照复印件及其指派具体经办人的文件、具体经办人的身份证件。

9. 申请人提交的申请书应当使用A4型纸。依本表打印生成的,使用黑色钢笔或签字笔签署;手工填写的,使用黑色钢笔或签字笔工整填写、签署。

附件 5

企业联系人登记表

企业名称			
联系人姓名		身份证件类型	
身份证件号码			
联系人地址		邮政编码	
固定电话		移动电话	
电子邮件		传真电话	
联系人身份证件复印件正反面粘贴处		本人担任企业联系人,对所填写内容予以确认,并承诺认真履行联系人职责。 签字: 年　月　日	

敬请留意:

1. 联系人职责:及时转达工商行政管理部门对企业主要负责人传达的信息及相关的法律、法规、规章及政策性意见;向工商行政管理部门反映企业的需求或意见;保证工商行政管理部门与企业联系的及时畅通;接受工商行政管理部门的约见。

2. 担任企业联系人的人员应是:A.本企业正式工作人员;B.企业聘请的常年法律顾问;C.本企业的法定代表人(负责人、执行合伙企业事务的合伙人、投资人)或代表机构首席代表。(外国地区企业常驻代表机构的联系人应由首席代表或本机构聘用的雇员担任;合伙企业执行事务合伙人是法人或其他组织的,联系人应是其委派的代表。)

3. 以上栏目敬请如实填写。企业联系人一经确认应当保持相对稳定。发生变化的,可以在企业年度检验时向所在地工商行政管理部门提交。特殊情况有变化的,应当在决定之日起20个工作日内向所在地工商行政管理部门提交《企业联系人登记表》。

4. 请据实填写联系方式所列内容,其中"固定电话"和"移动电话""邮政编码"为必填项。

5. 此表格需提交一式两份,可以复印。

附件6

补充信息登记表

尊敬的申请人,请您如实填写本登记表相关内容,并对本表所填写内容的真实性负责。

　　企业(个体工商户)名称:_____

　　名称预核准号或营业执照注册号:_____

　　一、联系方式:

　　联系电话:_____　　邮 政 编 码:_____

　　传真电话:_____　　电子邮件地址:_____

　　住所使用面积:_____ m²,提供方式:_____,使用期限:_____年。

　　二、党员(预备党员)人数:_____人

　　法定代表人(负责人、执行事务合伙人、投资人)是否为党员:□是　□否

　　(注:"**法定代表人**"指代表企业法人行使职权的主要负责人,公司为依据章程确定的董事长(执行董事或经理);全民、集体企业的厂长(经理);集体所有制(股份合作)企业的董(理)事长(执行董事)。"**负责人**"指各类企业分支机构的负责人;"**执行事务合伙人**"指合伙企业的执行事务合伙人。"**投资人**"指个人独资企业的投资人。)

　　是否建立党组织:□是　　　　□否(选择"是"请继续填写下列党建情况)

　　党组织建制:□党委　　　□党总支　　　□党支部　　□其他

　　党组织组建方式:□单独组建　　□联合组建　　□挂靠　　□其他

　　党组织是否本年度组建:□是　　□否

　　法定代表人(负责人、执行事务合伙人、投资人、经营者)是否担任党组织书记:□是　□否

　　三、是否建立团组织:□是　　□否　　团 员 人 数:_____人

　　是否建立工会组织:□是　　□否　　工会会员人数:_____人

　　四、从业人数:_____人:

　　其中,本市人数:_____人　外地人数:____人

　　安置下岗失业人数:____人　女性从业人数:____人

　　五、投资人中是否有本年度应届高校毕业生:

　　□否　□是(选择"是"请继续填写:该毕业生是否为北京生源:□是　□否)

　　六、仅外商投资企业填写:

　　项目类型:□研发中心　　　□地区总部　　　□投资人为上一年度世界500强企业　□其他

　　七、外国(地区)企业在中国境内从事生产经营活动企业填写:

　　境外住所:_____

　　境外注册资本:_____万美元(折合)

　　境外经营范围:_____

八、投资人中是否有中央在京单位或驻京部队:□否　　□是（选择"是"请继续填写：
该投资人性质:□中央企业　　□中央在京事业单位　　□驻京部队　　□其他）

九、个体工商户填写：
　　城乡标志:□城镇　　□农村　　□其他
　　开业类别:□本辖区内人员　　□市内其他辖区人员
　　　　　　□外省市人员　　□其他

附件 7

合伙企业登记(备案)申请书

□基本信息(必填项)	
名　　称	
统一社会信用代码 (设立登记不填写)	
主要经营 场　　所	北京市_____区_____(门牌号)
联系电话	邮政编码

□设立(仅设立登记填写)				
执行事务 合 伙 人	姓名或名称		国　别 (地区)	
	委派代表姓名 (仅限执行事务合伙人为 法人或其他组织的填写)			
合伙企业 类　　型	□内　　资	□普通合伙　　□特殊普通合伙　　□有限合伙		
	□外商投资			
出资额	认缴_____万元,其中:实缴_____万元(币种:□人民币 □其他_____)			
经营范围 (根据登记机关 公布的经营项目 分类标准办理 经营范围登记)				
合伙期限	□长期　　　　　□_____年			
合伙人数	_____人	其中,有限合伙人数 (仅有限合伙填写)	_____人	
申领执照	□申领纸质执照　　其中:副本_____个(电子执照系统自动生成,纸质执照自行勾选)			

注:1. 本申请书适用合伙企业、外商投资合伙企业申请设立、变更、备案。

2. 申请书应当使用 A4 纸。依本表打印生成的,使用黑色或蓝色墨水钢笔或签字笔签署;手工填写的,使用黑色或蓝色墨水钢笔或签字笔工整填写、签署。

	□变更(仅变更登记填写,只填写与本次申请有关的事项)	
事　项	□名称　　□主要经营场所　　□执行事务合伙人名称或姓名　　□经营范围 □合伙企业类型　　□合伙人姓名或者名称及住所、国家(地区)及住所 □承担责任方式　　□出资额　　　□新合伙人入伙、退伙 □法人或者其他组织的执行事务合伙人委派代表	

变更事项	原登记内容	变更后登记内容

注:变更事项包括名称、主要经营场所、执行事务合伙人名称或姓名、经营范围、合伙企业类型,合伙人姓名或者名称及住所、国家(地区)及住所、承担责任方式、法人或者其他组织的执行事务合伙人委派代表,新合伙人入伙、退伙,出资额。

	□备案(仅备案填写)
事　项	□合伙协议或补充合伙协议 □认缴或实际缴付的出资数额、缴付期限和出资方式 □合伙期限 □联络员 □外国投资者法律文件送达接受人

（续表）

	□指定代表/委托代理人（必填项）			
委托权限	1. 同意□不同意□核对登记材料中的复印件并签署核对意见； 2. 同意□不同意□修改企业自备文件的错误； 3. 同意□不同意□修改有关表格的填写错误； 4. 同意□不同意□领取营业执照和有关文书。			
固定电话		移动电话		指定代表/委托代理人签字

（指定代表或者委托代理人身份证件复（影）印件粘贴处）

□申请人签署（必填项）

本申请人和签字人承诺如下，并承担相应的法律责任：

1. 向登记机关提交的材料文件和填报的信息真实、准确、有效、完整。

2. 使用的名称符合《企业名称登记管理规定》有关要求，不含有损国家、社会公共利益或违背公序良俗及有其他不良影响的内容；名称与他人使用的名称近似侵犯他人合法权益的，依法承担法律责任；如使用的名称被登记机关认定为不适宜名称，将主动配合登记机关进行纠正。

3. 已依法取得住所（经营场所）使用权，申请登记的住所（经营场所）信息与实际一致。

4. 经营范围涉及法律、行政法规、国务院决定规定、地方行政法规和地方规章规定，需要办理许可的，在取得相关部门批准前，不从事相关经营活动。不从事本市产业政策禁止和限制类项目的经营活动。

5. 本企业一经设立将自觉报送年度报告，依法主动公示信息，对报送和公示信息的真实性、及时性负责。

6. 本企业依法纳税，依法缴纳社会保险费，自觉履行法定统计义务，严格遵守有关法律法规的规定，诚实守信经营。

7. 外商投资企业设立、变更或再投资办理登记时，全体投资人已承诺申报内容符合《中华人民共和国外商投资法》及《外商投资准入特别管理措施（负面清单）》要求。

全体合伙人签字（仅限合伙企业设立登记，可另附签字页）：

执行事务合伙人或委派代表签字：

企业盖章（仅限变更、备案登记）

年　月　日

注：1. 合伙人为自然人的由本人签字，为法人和其他组织的由法定代表人、负责人或有权签字人签字，并加盖公章。

2. 合伙企业更换执行事务合伙人（委派代表）的变更登记申请由新的执行事务合伙人（委派代表）签字。

附表 7-1

全体合伙人委托执行事务合伙人的委托书

姓名/名称		国别(地区)	
身份(资格)证明类型		身份(资格)证明号码	
移动电话		固定电话	
电子邮箱			

委托事项

经全体合伙人协商一致,同意委托_____为执行事务合伙人。

全体合伙人签署:

年　月　日

（执行事务合伙人为自然人的,粘贴身份证件复(影)印件）
（执行事务合伙人为法人和其他组织的,主体资格文件另附后页）

执行事务合伙人签署: 　　　　　　　　　　　　　　　　年　月　日

注:自然人由本人签字,法人和其他组织由其法定代表人或负责人签字并加盖公章;横线部分根据实际填写自然人姓名、法人或其他组织的名称。

附表 7-2

委派代表信息

姓名/名称		国别（地区）	
身份（资格）证明类型		身份（资格）证明号码	
移动电话		固定电话	
电子邮箱			

法人或其他组织委派代表的委托书

　　我单位作为合伙企业　　　　　　　　　　　　　的执行事务合伙人，现委托　　　　　　　代表我单位执行合伙事务。

　　委托单位法定代表人（负责人）签字：

委托单位盖章
年　　月　　日

（身份证件复（影）印件粘贴处）

委派代表签字：　　　　　　　　　　　　　　　　　　　　　　　　　年　　月　　日

附表 7-3

全体合伙人名录及出资情况

单位:万元(币种:□人民币　□其他_____)

合伙人名称或姓名	国别(地区)	住所	证件类型	证件号码	承担责任方式	出资方式	评估方式	认缴出资额	实缴出资额	缴付期限

注:1. 本表适用于设立及变更出资情况时填写,本页不够填的,可复印续填。

2. "承担责任方式"根据合伙协议约定填写"无限责任"或者"有限责任"或者"特殊的普通合伙人责任"。"评估方式"栏,以货币出资的,填写"无";以非货币财产出资的,以实物、知识产权、土地使用财产权或其他财产权利出资的,填写"全体合伙人评估或机构评估";以劳务出资的,填写"全体合伙人评估"。"缴付期限"填写合伙协议约定的缴付期限。

附表 7-4

自然人合伙人身份证明页

（身份证件复（影）印件粘贴处）

（身份证件复（影）印件粘贴处）

（身份证件复（影）印件粘贴处）

注：新设立或涉及自然人合伙人（合伙人姓名或名称）变更的，请将其身份证件复印件、影印件正反面粘贴在本页，本页如不够粘贴可复印使用。

附表 7-5

非自然人合伙人资格证明页

（资格证明复（影）印件粘贴处）

（资格证明复（影）印件粘贴处）

（资格证明复（影）印件粘贴处）

注：新设立或涉及非自然人合伙人（合伙人姓名或名称）变更的，请将其资格证明复印件、影印件正反面附于本页。

附表 7-6

主要经营场所使用说明

本表适用于设立及变更住所填写。

名　　称	
主要经营场所	北京市_____区_____（门牌号）
产权人证明	该地址房屋安全，同意将其提供给企业使用。 　　　　　　　　　　　　　　产权人盖章（签字）： 　　　　　　　　　　　　　　　　　　　　　年　　月　　日
需要证明情况	上述主要经营场所房屋安全，产权人为_____， 房屋用途为_____。 特此证明。 　　　　　　　　　　　　　　　　证明单位公章： 　　　　　　　　　　　　　　证明单位负责人签字： 　　　　　　　　　　　　　　　　　　　　　年　　月　　日

附表 7-7

联络员信息

姓　　名		固定电话	
移动电话		电子邮箱	
身份证件类型		身份证件号码	

（身份证件复（影）印件粘贴处）

注：1. 联络员主要负责本企业与企业登记机关的联系沟通，以本人个人信息登录国家企业信用信息公示系统依法向社会公示本企业有关信息等。联络员应了解企业登记相关法规和企业信息公示有关规定。

2. 联络员信息未变更的不需要重填。

附表7-8

外商投资企业法律文件送达授权委托书

授 权 人：_____

被授权人：_____

授权范围：授予_____（被授权人名称或姓名）代表_____（授权人名称或姓名）在中国境内接受企业登记机关法律文件送达，直至解除授权。

被授权人	证件类型		证件号码	
	固定电话		移动电话	
	地　址			
被授权人联系人	姓　名		地　址	
	证件类型		证件号码	
	固定电话		移动电话	

授权人签字或盖章：　　　　　　　　　　　被授权人签字或盖章：

　　　　　　　　　　　　　　　　　　　　　　年　　月　　日

注：1. 仅限外资企业填写。

2.《外商投资企业法律文件送达授权委托书》由外国（地区）投资者（授权人）与境内法律文件送达接受人（被授权人）签署。被授权人可以是外国（地区）投资者设立的在中国境内从事生产经营活动的机构、拟设立的企业（被授权人为拟设立的企业的，企业设立后委托生效）或者其他境内有关单位或个人。被授权人、被授权人地址等事项发生变更的，应当签署新的《外商投资企业法律文件送达授权委托书》，并提交相关主体资格文件或身份证明文件，及时向企业登记机关备案。

3. 被授权人为自然人的，填写"被授权人"信息，被授权人为非自然人的，填写"被授权人"及"被授权人联系人"信息，并提交相关主体资格文件或身份证明文件。

附表 7-9

财务负责人信息

姓　　名		固定电话	
移动电话		电子邮箱	
身份证件类型		身份证件号码	

（身份证件复(影)印件粘贴处）

附件 8

合 伙 协 议

(参考格式)

第一条 根据《中华人民共和国民法典》和《中华人民共和国合伙企业法》及《中华人民共和国合伙企业登记管理办法》的有关规定,经协商一致订立协议。

第二条 本企业为合伙企业,是根据协议自愿组成的共同经营体。合伙人愿意遵守国家有关的法律、法规、规章,依法纳税,守法经营。

第三条 企业的名称:_____。

第四条 合伙人姓名:_____。

第五条 合伙人共出资_____。

第六条 本协议中的各项条款与法律、法规、规章不符的,以法律、法规、规章的规定为准。

第七条 企业经营场所:_____。

第八条 合伙目的:_____。

第九条 经营范围:_____。

第十条 合伙人姓名及其住所。

姓名	住所

第十一条 合伙人的出资方式、数额和缴付出资的期限。

合伙人	出资方式	出资数额(万元)	出资权属证明	缴付出资期限	占出资总额比例

第十二条 利润分配和亏损分担办法。

1. 企业的利润和亏损,由合伙人依照以下比例分配和分担:_____。

2. 合伙企业存续期间,合伙人依据合伙协议的约定或者经全体合伙人决定,可以增加对合伙企业的出资,用于扩大经营规模或者弥补亏损。

3. 企业年度的或者一定时期的利润分配或亏损分担的具体方案,由全体合伙人协商决定或者按照合伙协议约定的办法决定。

第十三条　合伙企业事务执行。

1. 执行合伙企业事务的合伙人对外代表企业。委托合伙人_____为执行合伙企业事务的合伙人,其他合伙人不再执行合伙企业事务。不参加执行事务的合伙人有权监督执行事务的合伙人,检查其执行合伙企业事务的情况,并依照约定向其他不参加执行事务的合伙人报告事务执行情况以及合伙企业的经营状况和财务状况,收益归全体合伙人,所产生的亏损或者民事责任,由全体合伙人承担。

2. 合伙协议约定或者经全体合伙人决定,合伙人分别执行合伙企业事务时,合伙人可以对其他合伙人执行的事务提出异议,暂停该事务的执行。如果发生争议由全体合伙人共同决定。被委托执行合伙企业事务的合伙人不按照合伙协议或者全体合伙人的决定执行事务的,其他合伙人可以决定撤销该委托。

第十四条　入伙、退伙。

1. 新合伙人入伙时,经全体合伙人同意,并依法订立书面协议。订立书面协议时,原合伙人向新合伙人告知合伙企业的经营状况和财务状况。

2. 新合伙人与原合伙人享有同等权利,承担同等责任。新合伙人对入伙前合伙企业债务承担连带责任。

3. 协议约定合伙企业经营期限的,有下列情形之一时,合伙人可以退伙:

(1) 合伙协议约定的退伙事由出现;

(2) 经全体合伙人同意退伙;

(3) 发生合伙人难以继续参加合伙企业的事由;

(4) 其他合伙人严重违反合伙协议约定的义务。

协议未约定合伙企业经营期限的,合伙人在不给合伙企业事务执行造成不利影响的情况下,可以退伙,但应当提前三十日通知其他合伙人。擅自退伙的,应当赔偿由此给其他合伙人造成的损失。

第十五条　解散与清算。

1. 本企业发生了法律规定的解散事由,致使合伙企业无法存续、合伙协议终止,合伙人的合伙关系消灭。

2. 企业解散、经营资格终止,不得从事经营活动,只可从事一些与清算活动相关的活动。

3. 企业解散后,由清算人对企业的财产债权债务进行清理和结算,处理所有尚未了结的事务,还应当通知和公告债权人。

4. 清算人主要职责:

(1) 清理企业财产,分别编制资产负债表和财产清单;

(2) 处理与清算有关的合伙企业未了结的事务;

(3) 清缴所欠税款;

(4) 清理债权、债务;

(5) 处理合伙企业清偿债务后的剩余财产;

（6）代表企业参与民事活动。

清算结束后，编制清算报告，经全体合伙人签字、盖章，在15日内向企业登记机关报送清算报告，办理企业注销登记。

第十六条　违约责任。

1. 合伙人违反合伙协议的，依法承担违约责任；

2. 合伙人履行合伙协议发生争议，通过协商或者调解解决，合伙人不愿通过协商、调解解决或者协商、调解不成的，可以依据合伙协议中的仲裁条款或者事后达成的书面仲裁协议，向仲裁机构申请仲裁。当事人没有在合伙协议中订立仲裁条款，事后又没有达成书面仲裁协议的，可以向人民法院起诉。

全体合伙人签字：

年　月　日

附件 9

个人独资企业登记（备案）申请书

☐基本信息（必填项）			
名　　称		统一社会信用代码 （设立登记不填写）	
联系电话		邮政编码	
住　　所	北京市＿＿＿＿＿＿区＿＿＿＿＿＿＿＿＿＿＿＿（门牌号）		

☐设立（仅设立登记填写）			
出资额	＿＿＿＿万元（人民币）	申领执照	☐申领纸质执照 其中：副本＿＿个 （电子执照系统自动生成，纸质执照自行勾选）
经营范围 （根据登记机关公布的经营项目分类标准办理经营范围登记）			

☐变更（仅变更登记填写，只填写与本次申请有关的事项）		
事　　项	☐名称　☐住所　☐投资人姓名和居所　☐出资额　☐经营范围	
变更事项	原登记内容	变更后登记内容

注：变更事项包括名称、住所、投资人姓名和居所、出资额、经营范围。

注：1. 本申请书适用于个人独资企业申请设立、变更、备案。
　　2. 申请书应当使用 A4 纸。依本表打印生成的，使用黑色或蓝色墨水钢笔或签字笔签署；手工填写的，使用黑色或蓝色墨水钢笔或签字笔工整填写、签署。

（续表）

事　　项	☐备案（仅备案填写）				
	☐联络员				
☐投资人及出资信息（仅设立及变更投资人填写）					
姓　　名		性　　别		民　　族	
出生日期		文化程度		政治面貌	
固定电话		移动电话		邮政编码	
身份证件类型		身份证件号码		电子邮箱	
申请前职业状况		居　　所			
出资方式	☐1. 以个人财产出资； ☐2. 以家庭共有财产为个人出资， 出资人的家庭成员签字： 　　　　　　　　　　　　　年　　月　　日				

（身份证件复（影）印件粘贴处）

(续表)

	□指定代表/委托代理人（必填项）			
委托权限	1. 同意□不同意□核对登记材料中的复印件并签署核对意见； 2. 同意□不同意□修改企业自备文件的错误； 3. 同意□不同意□修改有关表格的填写错误； 4. 同意□不同意□领取营业执照和有关文书。			
固定电话		移动电话		指定代表/委托代理人签字	

（指定代表或者委托代理人身份证件复（影）印件粘贴处）

□申请人签署（必填项）

本申请人和签字人承诺如下，并承担相应的法律责任：

1. 向登记机关提交的材料文件和填报的信息真实、准确、有效、完整。

2. 使用的名称符合《企业名称登记管理规定》有关要求，不含有损国家、社会公共利益或违背公序良俗及有其他不良影响的内容；名称与他人使用的名称近似侵犯他人合法权益的，依法承担法律责任；如使用的名称被登记机关认定为不适宜名称，将主动配合登记机关进行纠正。

3. 已依法取得住所（经营场所）使用权，申请登记的住所（经营场所）信息与实际一致。

4. 经营范围涉及法律、行政法规、国务院决定规定、地方行政法规和地方规章规定，需要办理许可的，在取得相关部门批准前，不从事相关经营活动。不从事本市产业政策禁止和限制类项目的经营活动。

5. 本企业一经设立将自觉报送年度报告，依法主动公示信息，对报送和公示信息的真实性、及时性负责。

6. 本企业依法纳税，依法缴纳社会保险费，自觉履行法定统计义务，严格遵守有关法律法规的规定，诚实守信经营。

投资人签字：

企业盖章（仅限变更、备案登记）

年　月　日

注：投资人发生变更时由新投资人签字。

附表 9-1

住所使用说明

本表适用于设立及变更住所填写。

名　　称	
住　　所	北京市　　　　区　　　　　　　　　　　（门牌号）
产权人证明	该地址房屋安全,同意将其提供给企业使用。 产权人盖章(签字)： 　　　　　　　　　　　年　月　日
需要证明情况	上述住所房屋安全,产权人为＿＿＿＿＿＿＿＿＿＿＿＿＿＿＿, 房屋用途为＿＿＿＿＿＿＿＿＿＿＿＿＿＿＿＿＿＿＿＿＿＿。 　　特此证明。 证明单位公章： 证明单位负责人签字： 　　　　　　　　　　　年　月　日

附表 9-2

联络员信息

姓　　名		固定电话	
移动电话		电子邮箱	
身份证件类型		身份证件号码	

（身份证件复（影）印件粘贴处）

注：1. 联络员主要负责本企业与企业登记机关的联系沟通，以本人个人信息登录国家企业信用信息公示系统依法向社会公示本企业有关信息等。联络员应了解企业登记相关法规和企业信息公示有关规定。

2. 联络员信息未变更的不需要重填。

附表 9-3

财务负责人信息

姓　名		固定电话	
移动电话		电子邮箱	
身份证件类型		身份证件号码	

（身份证件复（影）印件粘贴处）

附件10

个体工商户登记(备案)申请书

\multicolumn{3}{c}{□ 基本信息(必填项)}		
名 称 (选填)				
统一社会信用代码	\multicolumn{4}{l}{(申请设立登记的个体工商户无须填写本栏)}			
经营者信息	姓 名			
	住 所	\multicolumn{3}{l}{(仅从事网络经营的经营者可填写经常居住地的地址)}
经营场所	\multicolumn{4}{l}{(仅从事网络经营的经营者无须填写此栏) 北京市＿＿＿＿区＿＿＿＿＿＿＿＿＿＿＿＿＿＿＿＿＿＿(门牌号) (仅从事网络经营的经营者填写此栏) 网络经营场所网址：＿＿＿＿＿＿＿＿＿＿＿＿＿＿＿＿＿＿＿＿}
	邮政编码		联系电话	
电子商务经营者	\multicolumn{4}{c}{□是　　□否}

\multicolumn{3}{c}{□ 设立(仅设立登记填写)}		
出资额	＿＿＿＿万元(人民币)	申领执照	□申领纸质执照 其中:副本＿＿＿个(电子执照系统自动生成,纸质执照自行勾选)
经营范围 (根据登记机关公布的经营项目分类标准办理经营范围登记)			

注:1. 本申请书适用于个体工商户申请开业、变更、备案、注销。

2. 申请书应当使用A4纸。依本表打印生成的,使用黑色或蓝色墨水钢笔或签字笔签署;手工填写的,使用黑色或蓝色墨水钢笔或签字笔工整填写、签署。

(续表)

☐ 变更登记(仅变更登记填写,只填写与本次申请有关的事项)

事　　项	☐名称　　☐经营场所　　☐经营范围　　☐组成形式 ☐出资额　　☐经营者(姓名)、住所	
变更事项	原登记内容	变更后登记内容

☐备案(仅备案填写)

事　　项	☐参加家庭经营的家庭成员姓名 ☐联络员	
备案事项	原登记内容	备案后登记内容
家庭成员		
联　络　员		

☐经营者及家庭成员信息(设立登记必填项,变更经营者、备案家庭成员填写)

(续表)

经营者姓名		性别		民族	
文化程度		政治面貌		身份证件类型	
身份证件号码		固定电话		移动电话	
职业状况		住所			
组成形式		□个人经营		□家庭经营	

参加经营的家庭成员姓名	参加经营的家庭成员身份证件类型	参加经营的家庭成员身份证件号码	参加经营的家庭成员政治面貌

□注销登记(仅注销登记填写)

注销方式	□普通注销　□简易注销
注销原因	□停止经营　□被依法吊销营业执照　□转型升级为企业　□其他_____
清税情况	□已清理完毕　□未涉及纳税义务
备注	

□指定代表/委托代理人

委托权限	1. 同意□不同意□核对登记材料中的复印件并签署核对意见； 2. 同意□不同意□修改个体工商户自备文件的错误； 3. 同意□不同意□修改有关表格的填写错误； 4. 同意□不同意□领取营业执照和有关文书。		
固定电话		移动电话	
		指定代表/委托代理人签字	

（续表）

（指定代表或者委托代理人身份证件复（影）印件粘贴处）

□申请人签署（必填项）

本申请人和签字人承诺如下，并承担相应的法律责任：
1. 提交的材料文件和填报的信息真实、准确、有效、完整。
2. 使用的名称符合《企业名称登记管理规定》有关要求，不含有损国家、社会公共利益或违背公序良俗及有其他不良影响的内容；名称与他人使用的名称近似侵犯他人合法权益的，依法承担法律责任；如使用的名称被登记机关认定为不适宜名称，将主动配合登记机关进行纠正。
3. 已依法取得住所（经营场所）使用权，申请登记的住所（经营场所）信息与实际一致。以网络经营场所为经营场所登记的，仅通过互联网开展经营活动，不擅自改变其住宅房屋用途用于从事线下生产经营活动。
4. 本人具有完全民事行为能力，且不存在法律法规规定的不得作为个体工商户经营者的情形。
5. 经营范围涉及法律、行政法规、国务院决定规定、地方行政法规和地方规章规定，需要办理许可的，在取得相关部门批准前，不从事相关经营活动。不从事本市产业政策禁止和限制类项目的经营活动。
6. 个体工商户一经设立将自觉报送年度报告，依法主动公示信息，对报送和公示信息的真实性、及时性负责。
7. 个体工商户一经设立将依法纳税，依法缴纳社会保险费，自觉履行法定统计义务，严格遵守有关法律法规的规定，诚实守信经营。

经营者签字：
家庭成员签字（仅家庭经营）：

年　　月　　日

注：1. 申请登记为家庭经营的，以主持经营者为经营者登记，由全体参加经营家庭成员在"申请人签署"中签字予以确认。
2. 香港、澳门、台湾居民个体工商户或台湾农民个体工商户不填写本申请书"经营者"一栏内容，分别填写"个体工商户经营者（港澳居民）登记表"或"个体工商户经营者（台湾居民、农民）登记表"。港澳居民个体工商户和台湾农民个体工商户应当注明经营场所的面积和从业人数。

附表 10-1

个体工商户经营者(港澳居民)登记表

姓　　名		性　　别		出生日期	
身份证件类型		身份证件号码		身份证件有效期	
固定电话		移动电话		职业状况	
文化程度		住　　所			
身　　份	□香港居民　　　□澳门居民					

(身份证件复(影)印件粘贴处,可另附页)

注:住所、固定电话、移动电话须填写经营者在经营场所所在地的相关信息。

附表 10-2

个体工商户经营者(台湾居民、农民)登记表

姓　名		性　别		出生日期	
身份证件类型		身份证件号码		身份证件有效期	
固定电话		移动电话		职业状况	
文化程度		住　所			
身　份	□台湾居民　　□台湾农民　　　　　　　　　　　　　　　　　　　　　　　　　　　　　　　　　台湾农民身份证明文件名称：＿＿＿＿＿＿＿＿　文件编号：＿＿＿＿＿＿＿＿				

(身份证件复(影)印件粘贴处,可另附页)

注:1. 住所、固定电话、移动电话须填写经营者在经营场所所在地的相关信息。
　2. 申请登记为台湾农民个体工商户的,应当提交台湾农民身份证明文件,包括加入台湾农业组织证明或台湾农民健康保险证明或台湾农民老年津贴证明等。

附表 10-3

经营场所使用说明

名 称	
经营场所	北京市_____区_____（门牌号）
产权人证明	该地址房屋安全，同意将其提供给该个体工商户使用。 产权人盖章（签字）： 　　　　　　　　　　　　年　月　日
需要证明情况	上述经营场所房屋安全，产权人为_____， 房屋用途为_____。 特此证明。 证明单位公章： 证明单位负责人签字： 　　　　　　　　　　　　年　月　日

附 10-4

联络员信息

姓　　名		固定电话	
移动电话		电子邮箱	
身份证件类型		身份证件号码	

（身份证件复（影）印件粘贴处，可另附页）

注：1. 联络员主要负责本企业与企业登记机关的联系沟通，以本人个人信息登录国家企业信用信息公示系统依法向社会公示本企业有关信息等。登记联络员应了解企业登记相关法规和企业信息公示有关规定。

2.《联络员信息》未变更的不需要重填。

附件 11

税务登记表

(适用单位纳税人)

填表日期：

纳税人名称						
纳税人识别号						
登记注册类型		批准设立机关		批准设立证明或文件号		
开业(设立)日期		生产经营期限		证照名称		证照号码
注册地址			邮政编码		联系电话	
生产经营地址			邮政编码		联系电话	
核算方式	请选择对应项目打"√" □独立核算 □非独立核算			从业人数		其中外籍人数
单位性质	请选择对应项目打"√" □企业 □事业单位 □社会团体 □民办非企业单位 □其他					
网站网址			国标行业			
适用会计制度	请选择对应项目打"√" □企业会计制度 □企业会计准则 □小企业会计准则 □行政事业单位会计制度					
经营范围	请将法定代表人(负责人)身份证件复印件粘贴在此处。					

内容＼项目	姓名	身份证件		固定电话	移动电话	电子邮箱
联系人		种类	号码			
法定代表人(负责人)						
财务负责人						
办税人						
税务代理人名称		纳税人识别号		联系电话		电子邮箱

（续表）

注册资本或投资总额		币种		金额	

投资方名称	投资方经济性质	投资比例	证件种类	证件号码	国籍	地址

自然人投资比例		外资投资比例		国有投资比例	
分支机构名称		注册地址		纳税人识别号	

总机构名称		纳税人识别号	
注册地址		经营范围	
法定代表人姓名		联系电话		注册地址邮政编码	
代扣代缴代收代缴税款业务情况	代扣代缴、代收代缴税款业务内容		代扣代缴、代收代缴税种	

附报资料：

经办人签章：	法定代表人（负责人）签章：	纳税人公章：
年 月 日	年 月 日	年 月 日

以下由税务机关填写：

纳税人所处街乡		隶属关系	
主管税务机关		主管税务所（科）	

经办人（签章）： 　　　　　　　　　税务登记机关
税务机关经办人： 　　　　　　　　　（税务登记专用章）：

受理日期： 　　　　　　　　　　　　核准日期：
　　年　月　日 　　　　　　　　　　　　年　月　日
　　　　　　　　　　　　　　　　　　主管税务机关：

核发《税务登记证副本》数量：　　　本　　发证日期：　　　年　月　日

国家税务总局监制

【表单说明】

一、本表适用于各类单位纳税人填用。

二、从事生产、经营的纳税人应当自领取营业执照,或者自有关部门批准设立之日起30日内,或者自纳税义务发生之日起30日内,到税务机关领取税务登记表,填写完整后提交税务机关,办理税务登记。

三、办理税务登记应当出示、提供以下证件资料(所提供资料原件用于税务机关审核,复印件留存税务机关):

1. 营业执照副本或其他核准执业证件原件及其复印件;

2. 注册地址及生产、经营地址证明(产权证、租赁协议)原件及其复印件;如为自有房产,请提供产权证或买卖契约等合法的产权证明原件及其复印件;如为租赁的场所,请提供租赁协议原件及其复印件,出租人为自然人的还须提供产权证明的复印件;如生产、经营地址与注册地址不一致,请分别提供相应证明;

3. 公司章程复印件;

4. 有权机关出具的验资报告或评估报告原件及其复印件;

5. 法定代表人(负责人)居民身份证、护照或其他证明身份的合法证件原件及其复印件;复印件分别粘贴在税务登记表的相应位置上;

6. 纳税人跨县(市)设立的分支机构办理税务登记时,还须提供总机构的税务登记证副本复印件;

7. 改组改制企业还须提供有关改组改制的批文原件及其复印件;

8. 税务机关要求提供的其他证件资料。

四、纳税人应向税务机关申报办理税务登记。完整、真实、准确、按时地填写此表。

五、使用碳素或蓝墨水的钢笔填写本表。

六、本表一式二份。税务机关留存一份,退回纳税人一份(纳税人应妥善保管,验换证时需携带查验)。

七、纳税人在新办或者换发税务登记时应报送房产、土地和车船有关证件,包括:房屋产权证、土地使用证、机动车行驶证等证件的复印件。

八、表中有关栏目的填写说明:

1. "纳税人名称"栏:指《企业法人营业执照》或《营业执照》或有关核准执业证书上的"名称";

2. "身份证件名称"栏:一般填写"居民身份证",如无身份证,则填写"军官证""士兵证""护照"等有效身份证件;

3. "注册地址"栏:指工商营业执照或其他有关核准开业证照上的地址。

4. "生产经营地址"栏:填办理税务登记的机构生产经营地地址。

5. "国籍或地址"栏:外国投资者填国籍,中国投资者填地址。

6. "登记注册类型"栏:即经济类型,按营业执照的内容填写;不需要领取营业执照的,选择"非企业单位"或者"港、澳、台商企业常驻代表机构及其他""外国企业";如为分支机构,按总机构的经济类型填写。

分类标准:

110 国有企业	120 集体企业	130 股份合作企业
141 国有联营企业	142 集体联营企业	143 国有与集体联营企业
149 其他联营企业	151 国有独资公司	159 其他有限责任公司
160 股份有限公司	171 私营独资企业	172 私营合伙企业
173 私营有限责任公司	174 私营股份有限公司	190 其他企业
210 合资经营企业(港或澳、台资)		220 合作经营企业(港或澳、台资)
230 港、澳、台商独资经营企业		240 港、澳、台商独资股份有限公司
310 中外合资经营企业		320 中外合作经营企业
330 外资企业		340 外商投资股份有限公司
400 港、澳、台商企业常驻代表机构及其他		500 外国企业
600 非企业单位		

7."投资方经济性质"栏:单位投资的,按其登记注册类型填写;个人投资的,填写自然人。

8."证件种类"栏:单位投资的,填写其组织机构代码证;个人投资的,填写其身份证件名称。

9."国标行业"栏:按纳税人从事生产经营行业的主次顺序填写,其中第一个行业填写纳税人的主行业。

国民经济行业分类标准(GB/T 4754-2017)。

A—农、林、牧、渔业

01—农业	02—林业	03—畜牧业
04—渔业	05—农、林、牧、渔专业及辅助性活动	

B—采矿业

06—煤炭开采和洗选业	07—石油和天然气开采业	08—黑色金属矿采选业
09—有色金属矿采选业	10—非金属矿采选业	11—开采专业及辅助性活动
12—其他采矿业		

C—制造业

13—农副食品加工业	14—食品制造业	15—酒、饮料和精制茶制造业
16—烟草制品业	17—纺织业	18—纺织服装、服饰业
19—皮革、毛皮、羽毛及其制品和制鞋业		20—木材加工和木、竹、藤、棕、草制品业
21—家具制造业		22—造纸和纸制品业
23—印刷和记录媒介复制业		24—文教、工美、体育和娱乐用品制造业
25—石油、煤炭及其他燃料加工业		26—化学原料和化学制品制造业
27—医药制造业		28—化学纤维制造业
29—橡胶和塑料制品业		30—非金属矿物制品业
31—黑色金属冶炼和压延加工业		32—有色金属冶炼和压延加工业
33—金属制品业		34—通用设备制造业

35—专用设备制造业　　　　　　　　　36—汽车制造业
37—铁路、船舶、航空航天和其他运输设备制造业
38—电气机械和器材制造业　　　　　39—计算机、通信和其他电子设备制造业
40— 仪器仪表制造业　　　　　　　　41—其他制造业
42— 废弃资源综合利用业　　　　　　43—金属制品、机械和设备修理业

D— 电力、热力、燃气及水生产和供应业
44—电力、热力生产和供应业　　45—燃气生产和供应业　　46—水的生产和供应业

E—建筑业
47—房屋建筑业　　　　　　48—土木工程建筑业　　　　49—建筑安装业
50—建筑装饰、装修和其他建筑业

F— 批发和零售业　　　　　51—批发业　　　　　　　　52—零售业

G—交通运输、仓储和邮政业
53—铁路运输业　　　　　　54—道路运输业
55—水上运输业　　　　　　56—航空运输业
57—管道运输业　　　　　　58—多式联运和运输代理业
59—装卸搬运和仓储业　　　60—邮政业

H—住宿和餐饮业　　　　　61—住宿业　　　　　　　　62—餐饮业

I—信息传输、软件和信息技术服务业
63—电信、广播电视和卫星传输服务　　　　　　64—互联网和相关服务
65—软件和信息技术服务业

J—金 融 业
66—货币金融服务　　　　　67—资本市场服务　　　　　68—保险业
69—其他金融业

K—房地产业　　　　　　　70—房地产业

L—租赁和商务服务业　　　71—租赁业　　　　　　　　72—商务服务业

M—科学研究和技术服务业
73—研究和试验发展　　　　74—专业技术服务业
75—科技推广和应用服务业

N—水利、环境和公共设施管理业
76—水利管理业　　　　　　77—生态保护和环境治理业
78—公共设施管理业　　　　79—土地管理业

O—居民服务、修理和其他服务业
80—居民服务业　　　　　　81—机动车、电子产品和日用产品修理业
82—其他服务业

P—教 育　　　　　　　　83—教育

Q—卫生和社会工作　　　　84—卫生　　　　　　　　　85—社会工作

R—文化、体育和娱乐业
86—新闻和出版业　　　　　87—广播、电视、电影和录音制作业

88—文化艺术业	89—体育	90—娱乐业

S—公共管理、社会保障和社会组织

91—中国共产党机关	92—国家机构	93—人民政协、民主党派
94—社会保障	95—群众团体、社会团体和其他成员组织	

96—基层群众自治组织及其他组织

T—国际组织

97—国际组织

附件 12

税务登记表
(适用个体经营)

填表日期：

纳税人名称				
纳税人识别号				
登记注册类型	请选择对应项目打"√"		□ 个体工商户	□ 个人合伙
开业(设立)日期		批准设立机关		
生产经营期限		证照名称	证照号码	
注册地址		邮政编码	联系电话	
生产经营地址		邮政编码	联系电话	
合伙人数		雇工人数	其中固定工人数	
网站网址		国标行业	□□ □□ □□ □□	
业主姓名	国籍或户籍地	固定电话	移动电话	电子邮箱
身份证件名称		证件号码		
经营范围	请将业主身份证或其他合法身份证件复印件粘贴此处			

分店情况	分店名称	纳税人识别号	地址	电话

合伙人投资情况	合伙人姓名	国籍或地址	身份证件名称	身份证件号码	投资金额(万元)	投资比例	分配比例

（续表）

代扣代缴代收代缴税款业务情况	代扣代缴、代收代缴税款业务内容	代扣代缴、代收代缴税种

附报资料：

经办人签章：　　　　　　　　　　　　　业主签章：

　　年　月　日　　　　　　　　　　　　　年　月　日

以下由税务机关填写：

纳税人所处街乡		隶属关系	
主管税务机关		主管税务所（科）	
经办人（签章）： 税务机关经办人：		税务登记机关 （税务登记专用章）：	
受理日期： 　年　月　日		核准日期： 　年　月　日 主管税务机关：	

核发《税务登记证副本》数量：　　　本　　发证日期：　　年　月　日

国家税务总局监制

【表单说明】

一、本表适用于个体工商户填用。

二、从事生产、经营的纳税人应当自领取营业执照，或者有关部门批准设立之日起30日内，或者自纳税义务发生之日起30日内，到税务机关领取税务登记表，填写完整后提交税务机关，办理税务登记。

三、办理税务登记应出示、提供以下证件资料（所提供资料原件用于税务机关审核，复印件留存税务机关）：

1. 营业执照副本或其他核准执业证件原件及其复印件；

2. 业主身份证原件及其复印件；

3. 房产证明（产权证、租赁协议）原件及其复印件；如为自有房产，请提供产权证或买卖契约等合法的产权证明原件及其复印件;如为租赁的场所,请提供租赁协议原件及其复印件,出租人为自然人的还须提供产权证明的复印件。

四、纳税人应向税务机关申报办理税务登记。完整、真实、准确、按时地填写此表,并承担相关法律责任。

五、使用碳素或蓝墨水的钢笔填写本表。

六、本表一式二份。税务机关留存一份,退回纳税人一份(纳税人应妥善保管,验换证时需携带查验)。

七、纳税人在新办或者换发税务登记时应报送房产、土地和车船有关证件,包括:房屋产权证、土地使用证、机动车行驶证等证件的复印件。

八、表中有关栏目的填写说明:

1."纳税人名称"栏:指《营业执照》或有关核准执业证书上的"名称";

2."身份证件名称"栏:一般填写"居民身份证",如无身份证,则填写"军官证""士兵证"、"护照"有效身份证件等;

3."注册地址"栏:指工商营业执照或其他有关核准开业证照上的地址。

4."生产经营地址"栏:填办理税务登记的机构生产经营地地址。

5.合伙人投资情况中的"国籍和地址"栏:外国投资者填国籍,中国合伙人填地址。

6.国标行业:按纳税人从事生产经营行业的主次顺序填写,其中第一个行业填写纳税人的主行业。

国民经济行业分类标准(GB/T 4754-2017)。

A—农、林、牧、渔业

01—农业　　　　　　02—林业　　　　　　03—畜牧业

04—渔业　　　　　　05—农、林、牧、渔专业及辅助性活动

B—采矿业

06—煤炭开采和洗选业　07—石油和天然气开采业　08—黑色金属矿采选业

09—有色金属矿采选业　10—非金属矿采选业　　11—开采专业及辅助性活动

12—其他采矿业

C—制造业

13—农副食品加工业　　14—食品制造业　　　15—酒、饮料和精制茶制造业

16—烟草制品业　　　　17—纺织业　　　　　18—纺织服装、服饰业

19—皮革、毛皮、羽毛及其制品和制鞋业

20—木材加工和木、竹、藤、棕、草制品业

21—家具制造业　　　　22—造纸和纸制品业

23—印刷和记录媒介复制业　24—文教、工美、体育和娱乐用品制造业

25—石油、煤炭及其他燃料加工业　　26—化学原料和化学制品制造业

27—医药制造业　　　　28—化学纤维制造业

29—橡胶和塑料制品业　30—非金属矿物制品业

31—黑色金属冶炼和压延加工业　　32—有色金属冶炼和压延加工业

33—金属制品业　　　　34—通用设备制造业

35—专用设备制造业　　　　　　　　　　36—汽车制造业
37—铁路、船舶、航空航天和其他运输设备制造业　　38—电气机械和器材制造业
39—计算机、通信和其他电子设备制造业　　40—仪器仪表制造业
41—其他制造业　　　　　　　　　　　　42—废弃资源综合利用业
43—金属制品、机械和设备修理业

D—电力、热力、燃气及水生产和供应业
44—电力、热力生产和供应业　　45—燃气生产和供应业　　46—水的生产和供应业

E—建筑业
47—房屋建筑业　　　　　　　　48—土木工程建筑业　　　　49—建筑安装业
50—建筑装饰、装修和其他建筑业

F—批发和零售业　　　　　　　　51—批发业　　　　　　　　52—零售业

G—交通运输、仓储和邮政业
53—铁路运输业　　　　　　　　54—道路运输业
55—水上运输业　　　　　　　　56—航空运输业
57—管道运输业　　　　　　　　58—多式联运和运输代理业
59—装卸搬运和仓储业　　　　　60—邮政业

H—住宿和餐饮业　　　　　　　　61—住宿业　　　　　　　　62—餐饮业

I—信息传输、软件和信息技术服务业
63—电信、广播电视和卫星传输服务　　　　64—互联网和相关服务
65—软件和信息技术服务业

J—金融业
66—货币金融服务　　　　　　　67—资本市场服务　　　　　68—保险业
69—其他金融业

K—房地产业　　　　　　　　　　70—房地产业

L—租赁和商务服务业　　　　　　71—租赁业　　　　　　　　72—商务服务业

M—科学研究和技术服务业
73—研究和试验发展　　　　　　74—专业技术服务业
75—科技推广和应用服务业

N—水利、环境和公共设施管理业
76—水利管理业　　　　　　　　77—生态保护和环境治理业
78—公共设施管理业　　　　　　79—土地管理业

O—居民服务、修理和其他服务业
80—居民服务业　　　　　　　　81—机动车、电子产品和日用产品修理业
82—其他服务业

P—教育　　　　　　　　　　　　83—教育

Q—卫生和社会工作　　　　　　　84—卫生　　　　　　　　　85—社会工作

R—文化、体育和娱乐业
86—新闻和出版业　　　　　　　87—广播、电视、电影和录音制作业

88—文化艺术业	89—体育	90—娱乐业

S—公共管理、社会保障和社会组织

91—中国共产党机关	92—国家机构
93—人民政协、民主党派	94—社会保障

95—群众团体、社会团体和其他成员组织

96—基层群众自治组织及其他组织

T—国际组织　　　　　　　　　97—国际组织

277：行为性题目是对过去处理问题的反映行为进行总结回答的题目。

285：了解谁是目标客户群体

附件 13

中国人民财产保险股份有限公司
财产综合险(2009版)①投保单

投保单号码：

投保人	单位名称					
	通讯地址					邮编：
	组织机构代码		联系人		联系电话	
被保险人	单位名称					
	通讯地址					邮编：
	组织机构代码		联系人		联系电话	

行业类别：　　　　　　　　行业代码：

保险标的地址个数：共　　　个，详见《财产综合险(2009版)投保标的项目清单》

保险标的地址：　　　　　　　　邮编：

被保险人资产及营业额状况
注册资本：　　　　　总资产：　　　　　上一年度实际营业额：

投保主险险种：　　□基本险　　　□综合险　　　□一切险

有关保险标的投保信息，请见《财产综合险(2009版)投保标的项目清单》；有关附加险条款投保信息，请见《财产综合险(2009版)附加险条款投保清单》。上述投保清单为本投保单的组成部分。

除另有约定本保险合同的每次事故免赔额为　　　元，或损失金额的　　　%，二者以高者为准。

是否有其他有关保险合同：　　□有　　　□无
如有,请说明标的项目、保险金额、免赔额、保险公司名称以及其他相关信息：

是否为续保合同		□是	□否

总保险金额：人民币(大写)：　　　　　　(小写)：

保险期间：　　月,自　　年　　月　　日零时起至　　年　　月　　日二十四时止

总保险费：人民币(大写)：　　　　　　(小写)：

保险费交付时间：　　年　　月　　日

保险合同争议解决方式：□诉讼　　□提交_____仲裁委员会仲裁

特别约定：

---

① 注：目前并没有固定格式保单，本示例仅作为教学参考。

(续表)

投保人声明	保险人已向本人提供并详细介绍了《中国人民财产保险股份有限公司财产综合险条款（2009版）》及其附加险条款（若投保附加险）内容，对其中免除保险人责任的条款（包括但不限于责任免除、投保人被保险人义务、赔偿处理、其他事项等），以及本保险合同中付费约定和特别约定的内容向本人做了明确说明，本人已充分理解并接受上述内容，同意以此为订立保险合同的依据，自愿投保本保险。 投保人签章： 年　月　日

（以下公司内部作业栏，客户无须填写）

初审情况	业务来源： 　　□直接业务　　□个人代理 　　□专业代理　　□兼业代理 　　□经纪人　　　□网上业务 代理（经纪）人名称： 业务员签字： 　　　　　　年　月　日	核保意见	核保人签字： 年　月　日

中国人民财产保险股份有限公司
财产综合险（2009版）投保标的项目清单

本清单为财产综合险（2009版）投保单的有效组成部分。

投保单号码：＿＿＿＿＿＿＿＿＿＿＿＿＿＿＿＿＿　共　　页　第　　页

1. 保险标的地址：＿＿＿＿＿＿＿＿＿＿＿＿＿＿＿＿＿＿＿＿邮编：＿＿＿＿＿＿＿＿

2. 保险标的地址内被保险人所从事的生产经营活动的简要描述：
＿＿
＿＿

＊国民经济行业分类代码：＿＿＿＿＿＿＿（此信息由保险人填写）

3. 保险标的项目投保信息

序号	保险标的名称	单位	数量	保险金额/赔偿限额	以何种方式确定保险价值	备注
1						
2						
3						
4						
5						
6						
7						
8						
9						
10						
11						
12						
13						

注：投保标的为特约标的时，请在备注栏中注明"特约"字样。

投保人（盖章）

年　　月　　日

参考文献

KIRZNER I. Perception, opportunity and profit[M]. Chicago, IL: University of Chicago Press, 1979.

STERNBERG R, LUBART T. The concept of creativity: prospects and paradigms[M]// STERNBERG R, LUBART T. Handbook of creativity. London: Cambridge University Press, 1999: 3-15.

布莱克韦尔.创业计划书(第5版)[M].褚芳芳,闫东,译.北京:机械工业出版社,2009.

德斯勒.人力资源管理(第12版)[M].刘昕,译.北京:中国人民大学出版社,2012.

丁爱珍.营业税改增值税对企业影响的利弊分析[J].纳税,2019(22):12-13.

高兴.大学毕业生综合素质测评[M].北京:北京出版社,2007.

国际劳工组织北京局.创办你的企业:创业计划书[M].北京:中国劳动出版社,2003.

国际劳工组织北京局.创办你的企业:创业意识培训册[M].北京:中国劳动出版社,2003.

黄群慧.企业家激励约束与国有企业改革[M].北京:中国人民大学出版社,2000.

黄群慧. 企业家激励约束与国有企业改革[M].北京:中国人民大学出版社,2000.

江小兴,李文燕.员工管理手册[M].北京:民主与建设出版社,2014.

李润亚,刘世民,郭源芬.大学生创新创业教育认知的调查研究[J].教育研究,2022:28-30.

李迎鑫.疫情防控常态化背景下大学生就业困境及对策分析[J].现代商贸工业,2022(6):47-48.

林强,姜彦福,张健.创业理论及其架构分析[J].经济研究,2001(9):85-94.

刘阳燕.经管类大学生创新创业教育现状及对策研究[J].科教文汇,2021(36):47-49.

陆介雄.经济法[M].北京:法律出版社,2009.

吕景胜.经济法实务[M].北京:中国人民大学出版社,2009.

洛克.把握你的职业发展方向(第5版)[M].钟谷兰,曾垂凯,时勘等,译.北京:中国轻工业出版社,2006.

毛庆根.职业素养与职业发展[M].北京:科学出版社,2011.

潘泰萍.工作分析:基本原理、方法与实践[M].上海:复旦大学出版社,2011.

人力资源和社会保障部培训与就业司,中国就业培训技术指导中心.就业·创业指导:创业案例实践篇[M].北京:中国劳动社会保障出版社,2005.

人力资源和社会保障部职业能力建设司.创办你的企业:创业培训手册(大学生版)[M].北京:中国劳动社会保障出版社,2010.

孙宗虎,庄俊岩.人员测评实务手册[M].北京:人民邮电出版社,2012.

谭贺.高校大学生创新创业现状及路径探析[J].老字号品牌营销,2021(11):123-124.

王丽娟.员工招聘与配置[M].2版.上海:复旦大学出版社,2012.

王铭,曹权,郭豪,等.互联网时代大学生自主创业现状及能力提升策略研究[J].投资与创业,2021(19):51-53.

王歆玫.中国大学生创新创业教育发展历程及阶段特征研究:基于2008—2017年《中国教育报》的文本分析[J].高教探索,2018(8):107-113.

肖佩娟.从创业教育历史发展的视角分析大学生就业指导课程中的指导大学生创业[J].黑河学刊,
　　2013(8):99-100.

张佳.创办公司与"模拟公司"互动化实习[M].北京:清华大学出版社,2009.

张婧婧,龚心玥,华雪彤,等.我国高校大学生创新创业执行成效的现状分析:基于四所大学的实证研究[J].
　　教育教学论坛,2021(52):5-8.

赵延忧.大学生创业教材[M].北京:北京大学出版社,2010.

钟礼松.经济法[M].北京:中国邮电大学出版社,2010.

教辅申请说明

北京大学出版社本着"教材优先、学术为本"的出版宗旨,竭诚为广大高等院校师生服务。为更有针对性地提供服务,请您按照以下步骤通过**微信**提交教辅申请,我们会在1~2个工作日内将配套教辅资料发送到您的邮箱。

◎ 扫描下方二维码,或直接微信搜索公众号"北京大学经管书苑",进行关注;

◎ 点击菜单栏"在线申请"—"教辅申请",出现如右下界面:

◎ 将表格上的信息填写准确、完整后,点击提交;

◎ 信息核对无误后,教辅资源会及时发送给您;如果填写有问题,工作人员会同您联系。

温馨提示:如果您不使用微信,则可以通过以下联系方式(任选其一),将您的姓名、院校、邮箱及教材使用信息反馈给我们,工作人员会同您进一步联系。

联系方式:

北京大学出版社经济与管理图书事业部

通信地址:北京市海淀区成府路 205 号,100871

电子邮箱:em@ pup.cn

电　　话:010-62767312

微　　信:北京大学经管书苑(pupembook)

网　　址:www.pup.cn